LÍNEAS DE SANGRE

**LA HISTORIA VERDADERA SOBRE EL CARTEL, EL FBI Y
LA BATALLA POR UNA DINASTÍA DE CARRERAS DE CABALLOS**

MELISSA DEL BOSQUE

HarperCollins *Español*

Editora en Jefe: *Graciela Lelli*
Traducción y adaptación del diseño al español: *www.produccioneditorial.com*
Diseño por: *Suet Yee Chong*
Fotografía de la Página Titular por: *Ziviani/Shutterstock, Inc.*

ISBN: 978-1-41859-956-0
Impreso en Estados Unidos de América
19 20 21 22 23 LSC 9 8 7 6 5 4 3 2

A Miroslava Breach, Javier Valdez, Regina Martínez y
otros periodistas mexicanos asesinados en acto de servicio, y a
los que viven exiliados o buscan asilo y —para vergüenza de
Estados Unidos— solo encuentran celdas de detención.

La hora más oscura es justo antes del amanecer.

UNO

EL AGENTE ESPECIAL SCOTT LAWSON ENTRÓ EN EL ESTACIONAMIENTO vacío y apagó el motor. Desde el otro lado del río, en territorio mexicano, oía la amortiguada cadencia de los disparos de un rifle automático: *pop, pop, pop, pop*. Bajó el cristal de la ventanilla, protegiéndose los ojos del sol texano con la mano izquierda.

Lawson era nuevo en Laredo, y había ido a aquel parque junto al río porque era el punto más cercano a Nuevo Laredo desde territorio estadounidense, dentro de su jurisdicción. Aunque la ciudad mexicana no distaba más de cuatrocientos metros de su destartalado Chevy Impala, parecía encontrarse en otro mundo. Escrutó el ancho cauce del río Bravo que fluía lentamente bajo el puente internacional hacia el golfo de México.

Había oído que la calma del río era equívoca, que en su seno se movían corrientes ocultas. Por algo los mexicanos lo llamaban río Bravo. Lawson salió del coche y anduvo hasta la orilla. Desde la ribera, se veía un caótico revoltijo de cables telefónicos y eléctricos, vallas publicitarias en español y deteriorados edificios blancos de estilo colonial parecidos a los del centro de Laredo. Las dos localidades habrían podido ser una sola ciudad de no haber sido por el río.

Se sobresaltó instintivamente al oír una nueva sucesión de rápidos disparos al otro lado del río. Una columna de humo negro comenzó a destacarse en el firmamento. Algo estaba ardiendo, aunque no podía precisar qué era. Al otro lado del puente, junto al edificio de aduanas, ondeaba una bandera mexicana; era la más grande que había visto en su vida. Pensó que no podía estar más lejos de su hogar en Tennessee. Pero siendo su primer destino en el FBI no había tenido elección. Y tras seis semanas en la frontera, seguía intentando entender aquel lugar en que había aterrizado.

Lawson leía cada día artículos sobre las matanzas y veía las espeluznantes fotografías en webs como Borderland Beat, que consignaban de forma obsesiva cada tira y afloja de la guerra contra el narcotráfico en México. Pero seguía percibiéndolo como una abstracción. Por ello, cuando había sabido que en Nuevo Laredo se estaba produciendo un nuevo tiroteo, había salido de la oficina y conducido su vehículo hasta la orilla del río. Mirando desde la ribera, Lawson —alto, rubio y con botas de vaquero— sabía que estaba completamente fuera de lugar, como si llevara una diana en el pecho, y no podía ver nada de Los Zetas o del Cártel del Golfo, que solo unos días antes se habían declarado la guerra. Únicamente conseguía escuchar los sonoros disparos de las armas automáticas y ver rastros de humo, a medida que el violento combate de las dos facciones se iba extendiendo por todo Nuevo Laredo.

A su alrededor, en la parte estadounidense del río, la vida seguía como siempre. La región llevaba ya siete años de guerra contra el narcotráfico y todo había adoptado un irreal aspecto de normalidad. A una cuadra de donde había estacionado su coche patrulla, la gente seguía de compras en las tiendas del centro, mientras los mexicanos —algunos de ellos inocentes transeúntes— morían al otro lado del río. Las fuentes del FBI en México habían predicho que esta guerra sería aún más cruel que la de cinco años atrás, cuando los dos antiguos aliados se habían enfrentado contra el grupo del Cártel de Sinaloa en la ciudad. En aquel entonces, en 2005, los pistoleros del cártel habían aniquilado a las fuerzas policiales de Nuevo Laredo, dejando sus cuerpos descuartizados y decapitados en bolsas de basura. El ejército mexicano había patrullado las calles en vehículos blindados y la gente había llamado a la ciudad «Pequeña Bagdad».

A su llegada a Laredo sus superiores le habían dicho a Lawson que su misión sería evitar que la violencia se extendiera al otro lado del río. Pero hasta aquel momento había pasado la mayor parte del tiempo sentado en un cubículo con moqueta gris, estudiando un manual de reglamento del FBI del tamaño de una guía telefónica y escribiendo informes, que llamaban 1023, para los analistas del FBI sobre cualquier información que pudiera conseguir acerca de la escalada de violencia al sur del río Bravo.

Echaba de menos el servicio de calle como ayudante por las afueras de Nashville. Allí en la orilla del río, con treinta años y la nueva insignia de oro del FBI en el cinturón, se preguntaba si se había equivocado. De niño, sus ídolos eran los polis de pueblo como su padre. Pero este había insistido en que tenía que conseguir algo más que el exiguo salario de un policía. Le había infundido desde muy pequeño la idea de entrar en el FBI. ¿Pero qué sentido tenía formar parte de una agencia federal de élite si se pasaba los días delante de un ordenador? «Nuevo Laredo está en llamas —pensaba sombrío— y yo estoy aquí redactando informes».

EN LA ACADEMIA DE entrenamiento nadie se había molestado en decirle a Lawson que Laredo se consideraba un destino peligroso. Muy pocos agentes se ofrecían voluntarios porque estaba demasiado cerca de la guerra contra el narcotráfico de México para agentes con familia, y muchos se sentían un tanto aislados si no hablaban español. Siendo su primer año en la agencia, era el candidato perfecto, porque estaba obligado a ir donde le mandaran. Mejor aún, no tenía esposa ni hijos en los que pensar. Puesto que era un destino peligroso, tenía que comprometerse a permanecer en él durante cinco años. Pero había un beneficio. Si aguantaba, podía escoger la ciudad siguiente, y la mayoría de los agentes no tenían aquel privilegio hasta que llevaban más de una década en el FBI. Seguía siendo joven, pensaba, y en cinco años podría regresar a Tennessee.

Había llegado una semana antes de la Navidad de 2009, con algunas bolsas de viaje llenas de ropa y un sombrero de vaquero que había comprado en San Antonio. Desde allí había ido hacia el sur por tierras ganaderas mayormente baldías. Cuando comenzaba a preocuparse pensando que se había pasado la salida (¡solo veía indicadores a México!), llegó a los aledaños de Laredo. No era una ciudad grande. Con una población de menos de 240.000 habitantes, Laredo se extendía por un recodo del río Bravo. Al otro lado del río estaba México y una desparramada Nuevo Laredo que era dos veces más extensa que su hermana estadounidense. Puede que por ello Laredo se sintiera tan desarraigada. Las dos ciudades estaban conectadas por cuatro puentes para vehículos y uno ferroviario. El tráfico de los puentes era permanente en ambos sentidos. En su mayor parte se trataba de camiones con remolque cargados de mercancías que se dirigían a México o que, procedentes de este país, tenían como destino otras zonas de Estados Unidos o Canadá. Cuando buscó información sobre Laredo, supo que se la llamaba «Parada de camiones de Estados Unidos» porque era el puerto interior más grande del país. Cada día, más de doce mil camiones articulados atravesaban la ciudad fronteriza. Los gases de los motores diésel dejaban una neblina azul que daba al aire un sabor metálico.

Se preguntó por qué el FBI había decidido enviarle a la frontera. Puede que fueran las cinco semanas de español en México, un idioma que ahora se esforzaba en recordar. O quizá porque había trabajado en narcóticos. En las fuerzas de la lucha contra los estupefacientes del condado de Rutherford, había arrestado su cuota de traficantes y colaborado en la incautación de kilos de metanfetamina, marihuana y pasta de heroína en la interestatal. Tras las incautaciones, había hablado con las mulas y había visto el temor en sus ojos cuando le contaban que sus parientes en México morirían porque ellos habían perdido la carga. En aquel momento pensaba que lo entendía, pero antes de dejar la formación del FBI en Quantico, Virginia, le habían llamado para una sesión informativa especial cuando todos los demás habían vuelto a casa. Recordaba la secuencia de sangrientas imágenes de decapitaciones y torsos desmembrados marcados con una zeta parpadeando una tras otra en la computadora de su instructor. El hombre le había dicho que Los Zetas eran una nueva clase de cártel superviolento y con formación militar. Creado en 1999 por desertores de las fuerzas de élite mexicanas, el Grupo Aeromóvil de Fuerzas Especiales, o GAFE, Los Zetas comenzaron como guardaespaldas y supervisores para el Cártel del Golfo, pero acabaron formando una nueva organización, generando una violencia y brutalidad sin precedentes en la guerra del narcotráfico. Su instructor le explicó que Los Zetas luchaban por el control de la frontera entre Estados Unidos y México, y estaban matando gente también en Laredo.

—No tienes idea de dónde te estás metiendo —le había advertido—. Tu vida estará cada día en peligro.

Pero para su sorpresa, había descubierto que Nashville tenía un índice de homicidios más elevado que Laredo, ¡aunque nadie le creía! Sin embargo, desde la orilla del río estaba oyendo explosiones de granadas y disparos de armas automáticas a menos de cuatrocientos metros de distancia. ¿Cómo podía haber seis asesinatos al año en una ciudad, y trescientos en otra tan parecida?

Durante su primera semana en Laredo, el agente especial supervisor, David Villarreal, le había puesto al corriente de la situación y le había explicado lo que se esperaba de él:

—En esta brigada nos ocupamos exclusivamente de Los Zetas. Esta es nuestra tarea. Y tienes que aprender todo lo que puedas sobre ellos.

Lawson había, pues, acompañado a otros agentes en sus encuentros con sus fuentes y había redactado los 1023 correspondientes para aprender lo más posible sobre Los Zetas. Lo que había descubierto hasta el momento era que Heriberto Lazcano Lazcano, conocido como Z-3, era el líder del cártel, y Miguel Ángel Treviño Morales, o Z-40, el número dos. También había sabido que Treviño gobernaba Nuevo Laredo como un señor feudal con la ayuda de Omar, su hermano menor, Z-42, quien, con treinta y cuatro años, era tres años más joven que Miguel y su brazo derecho. A Lawson se le dijo que la zeta representaba su indicativo de llamada de radio, y el número tras el guion el orden en que el zeta en cuestión se había unido al cártel. Los hermanos Treviño habían sido de los primeros de Nuevo Laredo en incorporarse a la organización.

Miguel no había tardado en adquirir relevancia entre Los Zetas por su reputación de asesino sádico y frío, cuyo apetito por la violencia rayaba en lo patológico. Según uno de los relatos que circulaban, Miguel había asesinado al bebé de uno de sus rivales metiéndole en un microondas; otra versión aseguraba que lo había hecho en una tinaja de aceite hirviendo. Lawson no sabía si esta historia era cierta, pero todos los agentes de orden público de la zona fronteriza habían oído alguna variante de ella, y nadie parecía dudar de que Miguel fuera capaz de algo así.

Cuando no investigaba sobre Los Zetas o estudiaba el manual de reglamento del FBI, salía a patrullar por Laredo con los policías asignados a su brigada, simplemente para salir de la oficina y sentirse nuevamente un agente de calle. Al menos la agencia le había puesto en delitos violentos, que era lo que había solicitado. La oficina local del FBI en Laredo, donde había sido asignado, era una pequeña delegación con su cuartel general en San Antonio, a 260 kilómetros de distancia.

La agencia de Laredo estaba formada por dos secciones: la administrativa y la de delitos violentos. Cada sección contaba con ocho agentes y cuatro policías de Laredo para aliviar la fricción que había siempre entre los federales y los locales.

El personal de delitos violentos estaba formado principalmente por puertorriqueños y cubanos transferidos desde Miami, que se quejaban de haber sido rebajados a Laredo porque hablaban español. A Lawson, un rubio de casi dos metros, le llamaban güero por su tez pálida, y se reían de él cuando se esforzaba por hablar español con su fuerte acento de Tennessee. Lawson, que era hijo de policía, se lo tomaba bien. Sabía que lo estaban poniendo a prueba para ver cómo y dónde encajaría.

Para facilitar su transición a la oficina de Laredo, el FBI había designado al veterano Jason Hodge como su agente instructor. Hodge, que tendría casi cuarenta años, seguía vistiéndose como cuando era contable. Era un hombre lleno de energía nerviosa y a menudo llevaba manchas de café en la camisa. Sentados en cubículos contiguos, Lawson observó que Hodge tenía el hábito de restregar nerviosamente la suela de los zapatos en el suelo, y que la goma de uno de ellos se había despegado un poco. *Thwap, thwap, thwap*, oía siempre que Hodge le daba vueltas a algo en alguno de sus casos.

Hodge estaba consternado por su traslado al Departamento de Delitos Violentos. Prefería redactar informes de inteligencia o trabajar en investigaciones de tipo administrativo. Era feliz con un montón de documentos que revisar o con una hoja de cálculo. Pero la idea de hacer labores secretas o de vigilancia le hacía sentir incómodo. Su tema preferido era su inminente traslado a otro destino, que él esperaba para finales de año. Ya había planificado sus días restantes al milímetro.

No podrían ser más distintos. Sin embargo, su instructor había sido también uno de los primeros en hacerle sentir bien recibido en Laredo, invitándole a su casa para saborear la comida casera de su esposa. Lawson agradecía la comida y la compañía. Lo último que quería era volver a la vacía habitación de su residencia, frente a un sórdido bar de camioneros. La idea era comprarse una casa — puesto que estaba en un destino peligroso, el FBI se la recompraría cuando cambiara de puesto si no conseguía venderla—, pero ni siquiera había comenzado a buscar. Todavía no se había acostumbrado a la idea de que durante los cinco años siguientes iba a estar viviendo en aquella ciudad.

DOS

NQUIETOS TODAVÍA POR LA ADRENALINA, MIGUEL Y OMAR TREVIÑO TENÍAN ganas de celebrarlo. Acababan de escapar por los pelos de un enconado tiroteo con los militares en el centro de Nuevo Laredo. Al menos seis hombres habían muerto, y los soldados habían alcanzado tres coches de policía que habían acudido en defensa del cártel. Pero los hermanos habían conseguido escapar de la emboscada. Para cuando se reagruparon en las afueras de la ciudad, había caído la noche y la única luz que veían en la desierta autovía eran los faros de su convoy.

Era finales de octubre de 2009 y faltaban todavía cuatro meses para que Los Zetas declararan la guerra al Cártel del Golfo. Pero Miguel era de los que siempre planeaban con anticipación. Durante los últimos dos años había estado invirtiendo en carreras de cuarto de milla; no solo era algo que le resultaba apasionante, sino también un reflejo de que su reconocimiento dentro de Los Zetas iba en aumento. En México, las carreras de cuarto de milla eran, desde hacía mucho tiempo, una obsesión grabada a fuego en la orgullosa herencia de los rancheros del norte, algo que estaba también profundamente arraigado en sus antiguos territorios de California y el sudoeste de Estados Unidos. Cada cártel tenía sus yoqueis, entrenadores y agentes de caballos preferidos. Ser el propietario de los mejores linajes equinos señalaba que la riqueza y poder de Miguel iban en aumento entre los cárteles. Y él sabía que, muy pronto, se pondría a prueba su lugar dentro de este mundo.

Dos semanas antes, tras conocer las buenas noticias procedentes de Texas, había comenzado a trazar un plan. Tempting Dash, un potro alazán de su propiedad, se había clasificado para participar en una de las carreras de cuarto de milla más prestigiosas de Estados Unidos. Un tiempo atrás, aquel caballo no le inspiraba demasiado entusiasmo. Aunque descendiente de uno de los mejores linajes, era tan cenceño y pequeño que en los hipódromos mexicanos lo llamaban El Huesos. No obstante, su velocidad había sorprendido a propios y extraños. Dos días después, Tempting Dash correría en el Dash for Cash Futurity de Texas, una de las carreras más lucrativas de la temporada, con un premio en metálico de 445.000 dólares. Esta carrera se celebraba cada octubre en el hipódromo Lone Star Park de Grand Prairie, no lejos de la clasista Dallas donde los hermanos Treviño habían vivido su adolescencia, con sus suntuosas y seguras mansiones y sus coches de lujo. A Miguel siempre le había gustado Dallas, que le había mostrado un lado más tentador de la vida que los barrios pobres y obreros de Nuevo Laredo.

Durante los últimos dos años, Ramiro Villarreal, un agente de caballos de Monterrey, había estado comprando caballos y participando en carreras en representación de Miguel en Estados Unidos. Fue precisamente Villarreal quien le había dado la noticia sobre Tempting Dash. Con tanto dinero en juego, Miguel no iba a dejar que el resultado de la carrera lo decidieran únicamente la suerte y las capacidades naturales del caballo.

Le mandó a su hermano menor que llamara por radio a Villarreal en su Nextel para asegurarse de que en Texas todo iba según lo que habían planeado. Omar había ascendido junto a Miguel por el escalafón del cártel. Aunque sus mejillas redondas y rostro aniñado le hacían parecer menos amenazador que su hermano, con sus fieros ojos oscuros y afilados pómulos, Omar —que siempre se había esforzado por ser el igual de su hermano mayor— era tan implacable y proclive a la violencia como él.

Villarreal se puso en su Nextel para responder al mensaje de Omar. Estaba camino de una subasta de caballos en el Heritage Place de Oklahoma City, para dirigirse después a Lone Star Park para la carrera del sábado.

—¿Cómo te va, Gordo? —preguntó Omar al rechoncho Villarreal—. Dime, ¿cuál es el plan? ¿Cuándo se marcha Chevo?

—Después de las 9:40. Pero tiene que llegar allí a la misma hora para que el veterinario revise a los animales —repuso Villarreal.

—¿Has cargado las baterías?

Era un viejo truco. Para ganar la carrera, se aplicaba una pequeña descarga eléctrica a Tempting Dash con un artilugio portátil. Esta maniobra, que los yoqueis llamaban «buzzing» se había declarado ilegal en los hipódromos de EE. UU. Pero durante una sesión de entrenamiento la habían usado con Tempting Dash para ver la reacción del potro y si la descarga le daba el plus de velocidad que este necesitaba para ganar.

—Ya lo he hecho —repuso Villarreal, dándole a entender que el experimento había funcionado.

—¿Dónde estás ahora?

—En ruta, entre San Antonio y Austin.

—¡Ganarás, Gordo; vas a ganar! —dijo Omar. Treviño indicó a Villarreal que posara con Tempting Dash en el círculo del ganador y que, cuando se tomara la foto, hiciera una determinada señal con la mano, que los hermanos reconocerían, para que se supiera quién era el verdadero propietario del caballo.

—Vamos a ganar —dijo Omar.

—¿Y si gano qué? —preguntó Villarreal. La conexión del Nextel comenzaba a fallar.

—Vamos a ganar. ¡Ya lo verás!

EL ASCENSO DE MIGUEL al poder había sido insólito. No tenía conexiones políticas y procedía de un barrio pobre de la periferia de Nuevo Laredo. Pero era un hombre de su tiempo, influenciado en gran medida por el pasado de México. Y cuando a finales de 2009 el Cártel del Golfo y Los Zetas llegaron al borde de la guerra, Miguel estaba a punto de obtener un poder aún mayor.

De muchas formas, la política había allanado el camino para la ascensión de Miguel. Durante varias décadas, el semiautoritario Partido Revolucionario Institucional (PRI) había gobernado México. Sus dirigentes habían amasado verdaderas fortunas bajo la consigna plata o plomo, es decir, sobornando a quienes se avenían a colaborar o amenazando a quienes desafiaban el monopolio de su poder. Con esta dinámica habían florecido el amiguismo y la corrupción.

Cuando la economía del tráfico de drogas creció en México (acabó generando más de 35 mil millones de dólares al año), los dirigentes del PRI dividieron el país entre un pequeño número de organizaciones como el Cártel del Golfo y el de Sinaloa. Los cárteles que trabajaban en los territorios divididos pagaban una parte a los generales, las fuerzas del orden y los políticos, y, a cambio, estos se mostraban comprensivos. Parte del acuerdo era que los líderes de los cárteles se comprometían a mantener la violencia dentro de sus círculos y a ser discretos en la imagen pública de sus florecientes imperios ilegales. Puesto que el noventa por ciento de la cocaína y el setenta por ciento de las metanfetaminas y la heroína que se consumían en Estados Unidos —el mayor mercado de estupefacientes del mundo— o bien se producía en México o atravesaba su territorio, aquel fue un pragmático plan de ajuste que también enriqueció enormemente a las élites políticas.

Pero hacia el año 2000, comenzó a verse el deterioro de los antiguos acuerdos cuando el PRI perdió las elecciones por primera vez en más de setenta años. El nuevo presidente, Vicente Fox, un antiguo ejecutivo de Coca-Cola, y el partido que estaba en la oposición, el PAN (Partido Acción Nacional), prometieron formar un gobierno menos corrupto y más democrático. «México no se merece lo que hemos sufrido. Es urgente que se haga un cambio democrático», proclamó.

Era un mensaje que los mexicanos habían estado esperando desde la revolución, pero ya era demasiado tarde. Los cárteles se habían hecho demasiado fuertes y el imperio de la ley era demasiado débil. Cuando, con el presidente Fox, los antiguos acuerdos con el PRI perdieron vigencia, los cárteles vieron una oportunidad. Comenzaron a ejercer un control más estricto de sus territorios. Fuertemente armados y bien financiados, dejaron de aceptar órdenes de los políticos. Ahora sería al revés. Fue una terrible ironía que, precisamente cuando se proclamaba por todo el mundo la floreciente democracia de México, se estaba formando la primera organización paramilitar para el tráfico de estupefacientes (Los Zetas).

Los fundadores militares del cártel habían sido formados por las fuerzas armadas estadounidenses para combatir la creciente amenaza del narcotráfico. Pero los señores de la droga pagaban mejor que el gobierno. Osiel Cárdenas, líder del Cártel del Golfo, con su cuartel general en Matamoros, en el estado fronterizo de Tamaulipas, contrató a estos desertores militares para que fueran sus guardaespaldas y proteger la plaza de Nuevo Laredo, o territorio de contrabando, el más codiciado de su enorme imperio narco, que se extendía desde la frontera de Texas y México por toda la costa del Golfo de México. Cárdenas llamaba a su organización La Compañía. Sus enemigos eran innumerables. Paranoico e implacable, se había ganado el apodo de Mata Amigos, tras conseguir que uno de los soldados fundadores de Los Zetas, Arturo Guzmán Decena, asesinara a uno de sus socios disparándole en la cabeza por la espalda.

En 2003, Cárdenas fue arrestado y enviado a una cárcel de alta seguridad cerca de Ciudad de México, desde donde siguió dirigiendo La Compañía. Envió a sus Zetas para que ahogaran cualquier revuelta en sus territorios de la mitad oriental de México.

Con el arresto de Cárdenas, el astuto señor de la droga Joaquín «El Chapo» Guzmán intuyó la debilidad, vio una oportunidad y envió a su ejército de sicarios para que se hicieran con el control de la rentable plaza de Nuevo Laredo. El Cártel de Sinaloa que dirigía

Guzmán, y que controlaba el fértil triángulo dorado de la zona occidental mexicana, donde se cultivaba la mayoría del opio del país, era la red de narcotraficantes más grande y poderosa de México. Y El Chapo y sus socios querían el control de todo el país.

Miguel y Omar se pusieron del lado de Los Zetas, los guardianes de La Compañía, para enfrentarse al Chapo y al Cártel de Sinaloa. Nuevo Laredo, su ciudad natal, siempre había sido una plaza deseada por las redes de narcotráfico. Sus cinco puentes internacionales mantenían un constante flujo de trenes y camiones en ambas direcciones. Casi la mitad del comercio entre ambos países —al menos 180 mil millones de dólares en importaciones y exportaciones— pasaba cada año por Nuevo Laredo. Entre los miles de remolques abarrotados de televisores, repuestos de automóviles y motores de combustión, pasaban también otras mercancías valiosas como paquetes de cocaína, heroína y metanfetaminas hábilmente escondidos en falsos compartimentos o introducidos con la connivencia de agentes de aduana estadounidenses sobornados por el cártel.

La tarea de los hermanos Treviño era eliminar a los pistoleros y colaboradores del Cártel de Sinaloa en Nuevo Laredo, que La Compañía llamaba contras. Miguel sobresalió inmediatamente en el desempeño de su nuevo cometido. Aunque no tenía formación militar como los otros Zetas, era, no obstante, un experimentado cazador. No veía ninguna diferencia entre matar contras y los ciervos que cazaba en los desiertos parajes fuera de la ciudad. Si no mataba a alguien cada día, sentía que no había hecho su trabajo. Si alguna vez no podía rematar él mismo a un contra, lo hacía su hermano Omar, que le seguía siempre a todas partes.

La reputación de Miguel por su brutalidad y violencia comenzó a extenderse. En 2006, Los Zetas habían repelido la incursión de los de Sinaloa y preservado el territorio de La Compañía. El peso de Miguel dentro de la jerarquía del cártel iba en aumento.

Heriberto Lazcano, uno de los exsoldados de las fuerzas especiales, era ahora el jefe de Los Zetas. Lazcano era un dirigente pragmático, ambicioso e implacable. Se había hecho merecedor del apodo «El Verdugo» por sus barrocos métodos de tortura, como echar a sus víctimas a los leones y tigres que tenía en uno de sus muchos ranchos. En 2007, México extraditó finalmente a Osiel Cárdenas a una prisión de alta seguridad en Estados Unidos. El control del Mata Amigos sobre La Compañía se iba debilitando y Lazcano entendió que aquello era una oportunidad. Comenzó a plantearse la independencia y la expansión. Como exmilitar, Lazcano tenía su propia idea de cómo había que dirigir a Los Zetas. Mientras que el Cártel del Golfo se conformaba con el tráfico de drogas, Los Zetas estaban en condiciones de exigir una parte de cada transacción del mercado negro dentro de sus territorios, ya fuera el petróleo robado del monopolio nacional Pemex, una partida de CD piratas o la prostitución. Podían también imponer un impuesto a los negocios y comercios legales a cambio de protección.

En Miguel Treviño, su nuevo número dos, Lazcano reconoció a un aliado útil e igualmente implacable, y le envió a conquistar más territorio. Sirviéndose de su formación militar, Los Zetas recopilaron información sobre sus rivales y las fuerzas gubernamentales utilizando un sistema de espías e informadores y crearon redes privadas de comunicación.

Pero su táctica más efectiva fue extender el terror para subyugar a sus enemigos y a las comunidades que conquistaban. Colgaban de los puentes los cadáveres de los miembros de las bandas rivales, y diseminaban bolsas de basura llenas de cuerpos descuartizados por las autovías. Amontonaban los cadáveres de sus enemigos frente a las comisarías o en importantes cruces de carretera, con una letra Z grabada en el pecho. Esta era la especialidad de Miguel y su tarjeta de visita.

En 2008, Lazcano había encargado también a Miguel el reclutamiento de hombres por todo el país para ampliar sus filas. Por primera vez en el ámbito del tráfico de drogas mexicano, Los Zetas crearon campos de entrenamiento de tipo militar, dirigidos por paramilitares colombianos y kaibiles (comandos especiales del ejército guatemalteco, famosos por su experiencia en la guerra en la selva), para adiestrar hombres en el uso de misiles portátiles, ametralladoras de calibre 50 y otro armamento militar introducido clandestinamente desde Estados Unidos o América Central. Los Zetas entrenaban a hombres corrientes que se convertirían en mercenarios. Miguel se interesaba en jóvenes que, como él mismo, procedían de ambientes pobres y tenían poca educación o futuro. Quería saber si estos, la mayoría de apenas veinte años, eran suficientemente implacables para ser Zetas. Se les daba un machete o una maza y se les decía que mataran a una persona atada delante de ellos. Las víctimas que usaban para estas pruebas eran contras secuestrados o emigrantes centroamericanos que atravesaban sus territorios camino de Estados Unidos. Aquellos que no sentían remordimientos tras matar brutalmente a estas personas eran asignados a la guardia personal de Miguel o como soldados de primera línea. Aceptaban el hecho de que sus vidas serían cortas y violentas. Era un pacto con el diablo a cambio de dinero y de sentir, por una vez, cómo era tener poder.

En el año 2006, y a medida que Los Zetas crecían en poder y en número, México escogía un nuevo presidente del PAN, el mismo partido que el de su predecesor, Vicente Fox. Sin embargo, el presidente Felipe Calderón adoptó una postura más dura y batalladora contra el creciente poder de los traficantes de droga. En el primer año de su legislatura, Calderón llevó las fuerzas armadas a las calles en su lucha contra los cárteles, y el choque con los narcos mexicanos adquirió una dimensión de guerra total. Sin embargo, en 2010 el balance no era demasiado positivo para el gobierno de México. Lo único que tenía Calderón era un montón de cadáveres —unos 120.000— y un creciente número de desaparecidos, víctimas de la guerra en expansión contra el narcotráfico.

Más perturbador todavía era que, a comienzos de 2009, el ejército estadounidense había publicado un informe sobre seguridad mundial con la advertencia de que México estaba en riesgo de un «rápido y súbito colapso» si la campaña militar de Calderón no tenía éxito. Indignado, el presidente mexicano declaró ante los medios de comunicación estadounidenses: «Afirmar que México es un estado

fracasado es una absoluta falsedad. No he perdido ninguna parte
—ni una sola— de territorio mexicano». Sin embargo, la verdad era
mucho más compleja de lo que Calderón estaba dispuesto a reconocer. Muchos de los soldados, policías y hasta algunos de sus minis-
tros trabajaban ya para la otra parte.

MIGUEL Y LOS ZETAS estaban ganando tanto dinero que había comenzado a ser una carga. Cuando, en los aledaños de Nuevo Laredo,
preparaban la carrera que iba a disputarse próximamente en Texas,
los dos hermanos llevaban bolsas de deporte llenas de dinero para
sobornar a los mandos militares y evitar las emboscadas y los controles. La mayor parte del dinero eran dólares estadounidenses,
pero solo servía para los sobornos hasta que pudieran blanquearlo
e introducirlo en el sistema bancario. Un equipo de contables y
abogados trabajaba a diario para idear nuevas formas de blanquear
el dinero sucio.

El volumen de negocio de Los Zetas era de miles de millones de
dólares, como el de empresas multinacionales como General Mo-
tors o ExxonMobil, y no había territorio más lucrativo y codiciado
para el movimiento de mercancías que su ciudad natal. En un solo
mes, pasando entre mil y tres mil kilos de cocaína colombiana a los
Estados Unidos, Miguel podía ganar treinta millones de dólares.
Y esto era en una sola ciudad, dentro de un enorme territorio en
expansión bajo su control por toda la mitad oriental de México.

Con todos estos ingresos, los hermanos Treviño invirtieron en
negocios con gran manejo de efectivo como casinos y bares, y compraron bienes inmuebles, vehículos deportivos y minas de carbón.
Pero Miguel mantenía su fijación por los caballos, una pasión que
compartía con sus hermanos y su padre, que había administrado
ranchos para terratenientes ricos en el norte de México.

Si Tempting Dash ganaba la Futurity, con su premio en metálico de 445.000 dólares, Miguel tendría un valioso activo. Cada
vez tenía mejores razones para desarrollar su negocio de carreras

de caballos en Estados Unidos y mayores facilidades para sacar su dinero de México. La batalla por el territorio y el poder que se vislumbraba entre Los Zetas y el Cártel del Golfo prometía ser más cruel y mortífera que ninguna otra que se hubiera producido.

Hasta aquel momento, la única riqueza que su familia había conocido estaba en el número de sus miembros. Eran un clan numeroso y extendido de siete hermanos y seis hermanas, en el que Miguel se situaba exactamente en la mitad, seguido inmediatamente por Omar. La familia había crecido en ambos lados de la frontera, siempre en zonas marginales, obligados por la pobreza, especialmente cuando el padre les abandonó siendo ellos niños.

Si algo les era familiar eran las penurias. El hermano mayor, Juan Francisco, estaba cumpliendo una condena de veinte años en una cárcel estadounidense por tráfico de marihuana. En Nuevo Laredo, un pistolero del Cártel de Sinaloa había abatido a su hermano menor en la calle, frente a la casa de su madre. En aquel tiempo ella pasaba buena parte del tiempo en Texas, donde estaba más segura, junto con los hermanos y hermanas que le quedaban, lejos de la interminable espiral de muerte y venganza que se desarrollaba en México.

Pero el narcotráfico había hecho a Miguel más rico de lo que nadie habría podido imaginar. Con sus millones podía forjar una dinastía de caballos de carreras en Estados Unidos que sería su legado y que aseguraría el futuro de su madre, María, que siempre les había cuidado a pesar de sus luchas. Trabajando con Villarreal, había visto lo fácil que era comprar caballos de carreras en Estados Unidos, donde las transacciones eran a menudo en efectivo y se sellaban con un mero apretón de manos. Miguel utilizaría los caballos para ingresar más de su dinero en bancos estadounidenses, donde estaría a salvo de sus enemigos. También reclutaría a otros para que establecieran empresas fantasma en Estados Unidos que le permitieran ocultar sus movimientos. Podían pujar por caballos valiosos, como había venido haciendo Villarreal, y Miguel podía poner cualquier nombre en el documento de propiedad.

¿Pero en quién podía confiar para llevar a cabo esta operación? En el mundo del narcotráfico, la traición y el doble juego eran inevitables. Solo tenía que mirar el reguero de cadáveres que había dejado atrás durante su rápido ascenso a la cima. Miguel sospechaba que Ramiro Villarreal había estado hinchando sus gastos. Después de dos años, Villarreal sabía demasiado sobre sus negocios. Había que hacer algo con el agente de caballos. Solo su familia podía inspirarle algo parecido a la confianza. Últimamente había estado pensando en José, el segundo de sus hermanos, de cuarenta y tres años y que seguía persiguiendo el sueño americano en un suburbio de Dallas. José era ciudadano estadounidense y no tenía antecedentes penales. Nunca había querido saber nada de los negocios con drogas de Miguel y Omar. En un buen año José podía llegar a ganar 50.000 dólares trabajando de albañil, pero con cuatro hijos que criar, apenas daban para salir adelante.

Su hermano podría vivir con más holgura. Y Miguel le convencería con el hecho de que nunca tendría que tocar ni un gramo de cocaína. Todo parecería perfectamente legal. José sería su nuevo testaferro. De este modo, el dinero se quedaba en la familia. Y el nombre de Treviño se relacionaría con los mejores campeones y linajes de Estados Unidos. El plan era casi perfecto. Ya se encargaría de Villarreal cuando llegara el momento.

TRES

DESDE EL EDIFICIO DEL FBI, DE TONOS AMARILLENTOS Y OXIDADOS, SE VEÍA la interestatal a poco más de un kilómetro de la frontera internacional. Con sus seis plantas, era uno de los edificios más altos de Laredo cuyo perfil se recortaba en la imprecisa línea del horizonte. La negra cerca de hierro y el detector de metales de la entrada eran las únicas señales externas de que el edificio albergaba varias agencias federales de orden público, entre ellas las instalaciones del FBI. En la jerarquía de las agencias federales que libraban la guerra contra el narcotráfico en la zona fronteriza, el *bureau* se situaba en algún lugar intermedio. En las dos plantas superiores del edificio estaba la DEA, con una asignación del doble de agentes y recursos. Algunos de los otros agentes les llamaban los «*cowboys* del Departamento de Justicia» porque no dudaban en ignorar completamente a las otras agencias en sus investigaciones relacionadas con las drogas. Los de Investigaciones de Seguridad Interior [HSI por sus siglas en inglés] eran los que gozaban de menos consideración. Dependían del Departamento de Seguridad Interior, tenían menos de una década de existencia y seguían buscando su espacio como agencia de investigación. El FBI y el HSI compartían la planta inmediatamente inferior a la DEA.

Scott Lawson llevaba solo dos meses en su nuevo trabajo y seguía fantaseando con la idea de ponerse al volante de su camioneta y poner rumbo norte hacia Tennessee. Pero cuando pensaba en la desilusión que se llevaría su padre, se quitaba esta idea de la cabeza. Aparte del enorme manual de reglamento del FBI, la única cosa que tenía sobre el escritorio era una fotografía de su tío abuelo, Bailey Howell, seis veces All-Star en la NBA, disputándole balones a Wilt Chamberlain debajo de los aros cuando jugaba con los Boston Celtics. Llegar a jugador profesional había sido también el sueño de Lawson, pero en la universidad se vio forzado a aceptar que este deseo nunca se cumpliría. Había, pues, optado por el plan B, que era ser policía como su padre.

De niño, él le había acompañado después de la escuela a escenas de accidentes de tráfico y robos. Sus padres se habían divorciado cuando él tenía tres años y ambos se habían vuelto a casar. Su padre estaba ahora atareado con una nueva esposa y un bebé en casa. Por ello esperaba con impaciencia aquellas noches que pasaba solo con él, patrullando las carreteras rurales. Era muy raro que se produjera algún homicidio en el recóndito Hardeman County de Tennessee. Con dos periodos de servicio en Vietnam antes de cumplir los veintiuno, su padre había tenido una generosa cuota de contacto con la muerte. Para cuando cumplió los quince, su padre comenzó a tratarle más como un ayudante. Le mandaba a tomarles el pulso a los accidentados para ver si estaban vivos o muertos. Él hacía todo lo que le pedía para seguir acompañándole por la noche. Le encantaba la camaradería que su padre tenía con los otros agentes del cuerpo, casi todos fumadores empedernidos. A él le parecía que aquellos hombres se sacrificaban para proteger al inocente. Le hacía sentirse parte de una fraternidad especial.

Pero por mucho que trabajara, su padre nunca ganaba suficiente. Como a la mayoría de policías, le encantaba bromear diciendo que los federales les dejaban el trabajo sucio mientras ellos se sentaban en sus oficinas con aire acondicionado, «con su traje y corbata y con sus buenos sueldos y beneficios». Pero poder ganar el pan de tu familia y retirarte algún día, especialmente en la provinciana Tennessee, no era nada fácil, y por ello su padre le había animado a hacerse agente federal —con un buen salario y beneficios— y tener una vida mejor que la suya.

Lawson sabía que a su padre no le faltaba razón cuando recordaba lo mucho que había trabajado. De modo que cuando acabó su licenciatura en psicología criminal, se hizo agente en la zona sur de Nashville con la idea de entrar en el FBI tan pronto como adquiriera un mínimo de experiencia en las fuerzas del orden. Tras cuatro años como agente presentó una solicitud y fue aceptado en la academia de formación del FBI en Quantico. Lo único que hizo que su padre se sintiera más orgulloso fue su graduación seis meses más tarde. Y ahora aquí estaba el hijo obediente, convertido en todo un agente del FBI y preguntándose si no le hubiera ido mejor como agente en Tennessee. Con un suspiro pasó página del manual de reglamento y comenzó un nuevo capítulo.

Hodge le interrumpió en su lectura, volviéndose hacia él en su silla giratoria.

—Tengo algo para ti —le dijo bajando la voz hasta el susurro. Lawson se dio la vuelta y se quedó mirando a Hodge con aire perplejo.

—Quiero que me acompañes a Central Texas —continuó Hodge— y que me ayudes en una nueva investigación.

Lawson asintió, esperando el resto. Daba por sentado que Hodge se refería al aviso que había recibido desde México la oficina del FBI en McAllen sobre una reciente subasta de caballos en Oklahoma. Un estadounidense había pujado por algunos caballos de carreras y había llegado a ofrecer 875.000 dólares por un caballo llamado Dashin Follies. Fue noticia en los periódicos de Oklahoma, pero la fuente aseguraba que el verdadero comprador era Miguel Treviño. Cuando Hodge lo había mencionado un par de semanas atrás, Lawson ya estaba al corriente de esta información. Se había sentido inmediatamente atraído por el asunto cuando Hodge le mencionó al jefe de Los Zetas, pero su esperanza se disipó con la misma rapidez cuando le comentó que era otro agente quien estaba al frente de la investigación.

Se acercó más para oír lo que Hodge quería decirle. Le explicó que junto con el otro agente de la oficina de McAllen habían visitado al estadounidense que había pujado en la subasta. Su nombre era Tyler Graham, y era un tipo joven de una importante familia de las afueras de Austin que habían hecho su fortuna criando caballos de cuarto de milla y participando en carreras.

Para Hodge, la entrevista en la granja de Graham se había hecho muy cuesta arriba, y por eso necesitaba ahora la ayuda de Lawson. Le resultaba difícil entablar una relación con él, dijo Hodge, porque no sabía nada de caballos.

—Tú eres un chico de pueblo. Llevas botas de vaquero —le dijo—. Sé que sabes algo de caballos.

Durante una de las muchas cenas en casa de Hodge, Lawson había mencionado que su madre tenía varios caballos de cuarto de milla en un establo cerca de su casa e insistió en que aprendiera a montar. Algún día esperaba tener un rancho propio en Tennessee, con algunos caballos. Ahora Lawson se sentía un poco tonto por haberles contado su sueño. Aquello estaba muy lejos de un agente joven que vivía en una pensión barata cerca de la interestatal.

—¿Qué quieres que haga? —le preguntó.

Hodge le explicó que la investigación la llevaban los de McAllen. En febrero de 2010 el FBI había hecho algunos cambios porque Los Zetas y el Cártel del Golfo se habían dividido, partiendo su territorio en dos zonas. El área de responsabilidad (AOR) de la oficina de McAllen, ubicada en la frontera, a unos 250 kilómetros al sudeste de Laredo, se centraba ahora únicamente en el Cártel del Golfo. Todo el territorio al oeste de McAllen era ahora de Los Zetas, lo cual significaba que Laredo era de los Treviño.

—Quiero que conozcas a Tyler Graham y que intentes conseguir que colabore con nosotros —le dijo Hodge. La tarea de Lawson consistiría en mostrarse amable, establecer una relación con Graham y ver si estaría dispuesto a trabajar con ellos como fuente—.

¿Por qué no pruebas a ver si congenias con él? —añadió Hodge, alentándole.

Por primera vez en varios días Lawson sintió que se animaba. No era experto en Los Zetas, pero sí sabía algo de caballos. En aquel momento Hodge había dicho que no tenían gran cosa, solo a Graham, que en el primer encuentro había dicho poco, y el aviso de México.

Lawson no estaba seguro de conseguir que Graham colaborara con ellos.

Procedía de una familia rica, y esta clase de gente solía esconderse tras un muro de abogados. Pero Lawson estaba dispuesto a intentarlo si aquello le llevaba fuera de la oficina y le ponía de nuevo en la calle.

CUATRO

CUANDO SE ACERCABAN AL RANCHO, LAWSON VIO EL LOGOTIPO ROJO CON
las tres eses de la granja de sementales Southwest Stallion Station pintado en la pared de un establo blanco. Era mitad de marzo de
2010, y habían comenzado a brotar las primeras hojas verdes y trans-
lúcidas de las pacanas y los almeces alineados junto al largo camino
de entrada. No le importaría en absoluto vivir en aquel lugar, pensó.

Veinte años antes, la Southwest Stallion Station, situada en el
pequeño pueblo agrícola de Elgin, a unos cincuenta y cinco kilómetros al este de Austin, había sido una de las mejores granjas de
sementales, de la que habían salido algunos de los campeones de
carreras de cuarto de milla más famosos.

Sin embargo, con el paso de los años había perdido parte de su
esplendor. Una sequía devastadora y la gran crisis económica habían
acentuado las dificultades. Lawson observó que las caballerizas parecían medio vacías y que la hierba reseca y amarillenta había dado
paso al polvo. Sin embargo, con sus más de quinientas hectáreas de la
mejor tierra de Central Texas, aquella granja seguía siendo una joya.

Durante las cuatro horas de viaje desde Laredo, Lawson había
bombardeado a Hodge con preguntas sobre Tyler Graham, recabando toda la información posible para su reunión. El abuelo
de Graham, Charles «Doc» Graham, fue un personaje tenaz y
persuasivo, producto de la Gran Depresión que había comenzado
con una pequeña clínica veterinaria en las afueras de Austin y había

invertido hábilmente en instalaciones de engorde de ganado y otros negocios fructíferos. Uno de estos negocios era el Heritage Place de Oklahoma City, una de las casas de subastas de caballos de carreras más importantes del país y el lugar en que su nieto Tyler había hecho la elevada puja que había llamado la atención del FBI. La pasión de Doc eran las carreras de cuarto de milla. En la década de 1980 había influido en la cámara legislativa de Texas para que se reintrodujeran las apuestas en los hipódromos. Esta medida había revitalizado el sector de las carreras en Texas. Pero después, en la década de 1990, la legalización de los casinos asestó otro golpe devastador. Ahora todos los estados limítrofes tenían casinos en sus hipódromos y Texas se vio de nuevo con el sector de las carreras en cuidados intensivos. En la cámara legislativa de Texas, un obstinado bloque de conservadores y bautistas hacía que cualquier esfuerzo por legalizar el juego quedara bloqueado antes incluso de llegar al despacho del gobernador.

Lawson había estado varias veces en el Derby de Kentucky para ver carreras de purasangres, pero aunque había crecido montando caballos de cuarto de milla, nunca los había visto en competición. Sabía que estos caballos eran famosos por su explosiva velocidad en tramos cortos, mientras que los purasangres se criaban para competir en carreras más largas. No había nada más estadounidense, más del oeste, que las carreras de cuarto de milla. Criados a partir de pequeños y robustos caballos españoles, cruzados con razas de huesos más grandes introducidas por los colonos ingleses, los caballos de cuarto de milla eran tan comunes en aquella zona fronteriza como los cactus. Cada ranchero tenía uno de aquellos caballos — de pecho ancho y patas cortas pero ágiles e inteligentes—, capaces de trabajar todo el día en el cuidado del ganado y correr después los fines de semana en una pista provisional en las afueras del pueblo. En las carreras de cuarto de milla, incluso un caballo normal de rancho (y su propietario) tenía la oportunidad de convertirse en campeón. Las carreras de purasangres eran para las élites.

Tyler Graham estaba comenzando a despuntar en el negocio de las carreras por méritos propios. Había seguido los pasos de su abuelo y se había licenciado por la Universidad A&M de Texas, una de las mejores escuelas de agricultura del país. Se había especializado en ciencias animales y había estudiado también economía para entender algo de negocios y poder capitalizar el legado de su abuelo. Lawson pensó en lo arriesgado que había sido aquel proyecto de ganarse la vida con la agricultura: las sequías, la escasez de agua, el elevado precio de los piensos y los bajos beneficios hacían que fuera más un trabajo desinteresado que un sólido proyecto empresarial. En la situación de Graham la mayoría habrían optado por un camino más fácil y habrían parcelado su valioso terreno con la ayuda de una promotora inmobiliaria para convertir su granja de caballos en barrios residenciales, con nombres como Cowboy Acres y Heritage Ranch. Mantener intacto el legado de su abuelo era una pesada responsabilidad para un joven de veintiséis años recién egresado de la universidad.

Camino del rancho, Hodge le dio más detalles a Lawson sobre su primera reunión con Graham, que había mencionado un caballo de carreras llamado Tempting Dash. Aquel caballo se había convertido ya en una especie de leyenda en el mundo de las carreras de cuarto de milla tras ganar dos prestigiosas competiciones en Texas aquel invierno. Graham había estado trabajando durante varios meses para el propietario del campeón a fin de que este procreara en su granja de cría. Habían incluso acordado que él pujaría para el propietario en la subasta de enero en Heritage Place. El nombre del propietario, le había dicho a Hodge, era José Treviño.

No le costó demasiado a Hodge determinar que José era el hermano mayor de Miguel Treviño. Aquel día, el agente de McAllen y Hodge habían sido especialmente francos con Graham sobre quiénes eran Los Zetas y de qué eran capaces. Hodge se dio cuenta de que Graham no tenía ni idea de con quién estaba tratando. La visita de los agentes le había desconcertado y había concluido con una cierta tensión. Ahora tendrían que tener mucho tiento para convencerle de que les ayudara más en su investigación. Graham tenía una elección: podía ayudarles a detener a José y a sus hermanos o arriesgarse a caer con ellos. Todo dependería de si Lawson era o no capaz de entablar una buena relación con él y de convencerle para que trabajara con el FBI, le dijo Hodge. Nada de presión entonces, pensó Lawson, que estaba comenzando a sudar bajo su camisa de cuadros.

Apretó la mandíbula cuando enfilaron hacia la oficina de la granja en su vehículo sin distintivos y Hodge llamó en su celular a la secretaria de Graham. No querían correr el riesgo de que los trabajadores de la granja conocieran su identidad e hicieran correr la noticia de que el FBI les había hecho una visita. Bajaron del automóvil y fueron a mirar un caballo en un establo cercano. Lawson llevaba vaqueros y botas, pero no se había atrevido a ponerse un sombrero de *cowboy* (no quería que Graham pensara que se había pasado de la raya). Graham podía percibirle como un jinete de pacotilla. Ante los trabajadores que pudieran estar observándoles, los agentes se mostraban como posibles compradores. Con una gorra de béisbol con publicidad de la granja familiar, Graham salió de su oficina y se dirigió a ellos estrechándoles la mano con firmeza.

—Vayamos dentro —dijo inclinando la cabeza hacia la puerta abierta de su oficina.

En el interior, Graham se mostró tranquilo ante los dos agentes del FBI de pie en su recibidor. Las rústicas paredes de madera estaban llenas de retratos de caballos campeones, entre ellos el legendario semental Three Oh'S, que en 1970 había impulsado la carrera de Doc como criador y había dado a conocer la Southwest Stallion Station. Una gran cantidad de trofeos de carreras se alineaban en las paredes, y una serie de artículos enmarcados subrayaban el trabajo de Graham y de su abuelo, tanto en la granja como en el hipódromo.

Graham hizo un gesto para indicar a Lawson y a Hodge que se sentaran sobre un gastado sofá de cuero. Él se dejó caer en otro sofá frente a ellos. Sus manos callosas y sus botas llenas de rozaduras hablaban de un hombre que trabajaba mucho por aquello que había heredado, pero su actitud despreocupada le decía a Lawson que había tenido una vida fácil y llena de privilegios. Igual que su abuelo, estaba acostumbrado a que las circunstancias le fueran favorables o se adaptaran a su voluntad. Lawson y Graham tenían más o menos la misma edad. El agente intentó imaginarse lo que sería tener la responsabilidad de gestionar aquella granja y algunos otros negocios.

Ambos se evaluaron el uno al otro mientras Hodge presentaba a Lawson. A continuación, Hodge comenzó a interrogar de nuevo a Graham sobre Dashin Follies y los otros tres caballos que había comprado en la subasta de Oklahoma City. Les preocupaba que aquella fuera su última oportunidad antes de que Graham llamara a sus abogados. Querían que entendiera que, mezclándose con los Treviño se ponía en un grave peligro, y que supiera que el FBI podía ayudarle. No tenían suficiente fuerza para obligarle a cooperar. Por ello Lawson tenía que encontrar un terreno común con él y sacarle de aquella situación.

—He oído que Tempting Dash es un caballo absolutamente excepcional e irrepetible —dijo Lawson—. Y entiendo que la granja necesita este caballo y que usted ha aprovechado la oportunidad para relanzar el negocio familiar. Pero ha comenzado a tratar con gente muy peligrosa. Para poder avanzar hemos de saber que está de nuestro lado.

Con la mención de Tempting Dash, Graham se puso a la defensiva.

—No he hecho nada ilegal —dijo.

—Lo sé —respondió Lawson—, pero está camino de hacerlo.

Le explicó de nuevo quién era Miguel Treviño, y le recordó su reputación de hombre extremadamente violento. No quería ahuyentar a Graham, pero sí asustarle lo suficiente para que quisiera ayudarles a cambio de protección.

Graham asintió y los miró con aturdimiento.

—Quiero enseñarles algo —dijo levantándose y dirigiéndose hacia una de las fotografías de la pared—. Este es Tempting Dash.

Lawson y Hodge también se levantaron y se acercaron a la foto para mirarla más de cerca. Era una imagen tomada en el círculo del ganador del hipódromo Lone Star Park en Grand Prairie.

—Este es José Treviño —siguió diciendo Graham señalando a un hombre con una gorra de béisbol beige y una chaqueta Carhartt marrón, posando junto a un caballo cobrizo frente al marcador de neón. El hombre estaba de espaldas a la cámara y mirando al caballo de modo que no se le veía la cara.

Un mes antes de aquella fotografía, explicó Graham, el propietario de Tempting Dash era un agente de caballos mexicano llamado Ramiro Villarreal. Graham señaló a Villarreal en la foto; estaba de pie, en uno de los extremos de la multitud, al otro lado de José y el caballo. Graham dijo que conocía a Villarreal desde hacía muchos años. Era bien conocido por ser uno de los grandes postores, que gastaba millones en Heritage Place y otras subastas de caballos. Era también un puntal en los hipódromos.

—Villarreal vendió a Tempting Dash a José Treviño por una suma irrisoria —dijo Graham.

Tempting Dash se había clasificado para la Texas Classic Futurity en Lone Star Park solo unas semanas después de ganar el Dash for Cash y batir el récord de la pista en octubre. ¿Qué razón tendría Villarreal para venderlo solo unas semanas antes de la Futurity de noviembre? José pagó 25.000 dólares por un caballo que acababa de ganar 445.000.

—¡Es completamente absurdo! —dijo Graham.

Lawson sabía que quería decirles algo. Graham explicó que su amigo Eusevio «Chevo» Huitrón, el entrenador de Tempting Dash, le había presentado a José en Lone Star Park antes de la Texas Classic Futurity de noviembre. Chevo le había dicho que los propietarios mexicanos del caballo tenían una interminable cantidad de dinero. Les gustaban las carreras, pero no sabían nada sobre la cría de caballos.

—Necesitan ayuda —le había dicho, ofreciéndole un activo tan valioso.

Para enero, el caballo ya había ganado dos importantes carreras, establecido un nuevo registro de velocidad y se le había otorgado el premio al caballo de carreras del año en Heritage Place. Graham necesitaba aquel campeón para relanzar la granja de cría de su abuelo. Un caballo como Tempting Dash atraería nuevos clientes a Southwest Stallion Station y les aportaría beneficios y prestigio. Graham se puso inmediatamente manos a la obra invitando a José y a Chevo a comer y a salir de copas, intentando ganarse a José antes de que lo hicieran sus competidores. Incluso había soltado 12.000 dólares para invitar a José, a su hijo mayor y al hijo de Chevo a una cacería de ciervos en el sur de Texas para que José viera con buenos ojos la idea de dejarle a Tempting Dash para que lo criara en su granja.

Lawson examinó la foto más de cerca. Junto a una enorme pancarta blanca con letras negras que decía «Ganador del Texas Classic Futurity 2009» había dos adolescentes. La muchacha tenía una sonrisa radiante; con los dedos había formado un 4 y un 0 para la foto. El muchacho que estaba junto a ella con una camisa de cuadros roja formaba un 4 y un 2 con sus dedos. Tras ellos estaba Tyler Graham con una camisa de vestir rosa y una débil sonrisa en el rostro. Aunque Lawson era nuevo en el FBI y en la zona fronteriza y aún no sabía mucho sobre Los Zetas, sí recordaba que los apodos de Miguel y Omar Treviño eran el «40» y el «42». No era precisamente sutil. Puede que pensaran que nadie prestaba atención.

Graham les dijo que había tenido la sensación de que algo no cuadraba con José Treviño. Pero no había entendido plenamente la situación hasta la primera visita de Hodge y el agente de McAllen, que le había dejado muy intranquilo aunque ahora lo disimulara.

—Entonces ¿cómo puedo ayudarles? —preguntó Graham con aire resignado.

Lawson se animó. Graham les estaba abriendo una puerta. Lawson le planteó que mantuviera su relación comercial con José Treviño y ellos le protegerían. Graham les mantendría informados de los movimientos de José, con quien mantenía un trato regular, y de si había algún contacto con su hermano Miguel.

—Viva con total normalidad —dijo Lawson transmitiéndole seguridad—. Pero hablaremos con regularidad.

Graham no dijo nada. Le estaba dando vueltas. Había estado compartiendo información con el FBI sobre uno de los dirigentes del cártel más temido de México. Era un acuerdo terrible. Lo mirara como lo mirara aquello le superaba. Si lo aceptaba podía acabar muerto, pero si no lo hacía se arriesgaba a tener problemas con el FBI. Acababa de pasar meses esforzándose por ganarse a José para que le dejara cuidar de Tempting Dash y, finalmente, este había accedido a mandarle al campeón. Graham ya tenía en su granja a los otros caballos de la subasta. Uno de ellos, Dashin Follies, era una de las yeguas de cría más cotizadas del sector. Tampoco quería perder a Tempting Dash. Graham asintió.

—De acuerdo —dijo.

Se dieron la mano. Graham tenía de nuevo aquella mirada perpleja, como si no pudiera creerse lo que acababa de suceder. Pero fuera lo que fuera lo que le preocupaba, se lo guardó para sus adentros mientras los acompañaba al exterior.

—Pronto hablaremos de nuevo —dijo Lawson.

Graham se mantuvo en el umbral de su oficina y asintió, antes de entrar y cerrar la puerta. «Sería difícil ganarle al póker», pensó Lawson.

DURANTE EL VIAJE DE vuelta a Laredo, Lawson recordó su primera semana en el FBI. Su jefe, David Villarreal, les había dicho que la mejor forma de llegar a los líderes de los cárteles era a través de sus parientes de Estados Unidos. En aquel momento, Lawson no había prestado mucha atención. Atrapado todo el día en un cubículo, nunca tendría ocasión de comprobarlo, pensó. Pero de repente tenían una pista. Lawson había leído informes internos en el sentido de que Miguel tenía una extensa familia en ambos lados de la frontera.

A lo largo de los años, muchos policías y agentes federales se habían cruzado en el camino de los Treviño, pero nunca habían conseguido pruebas contra Miguel ni Omar. En 1994 hubo una redada en Dallas en la que se detuvo a Juan Francisco, conocido como Kiko. Era el hermano mayor y se le consideraba el patriarca de la familia. Se le condenó a veinte años por una operación de tráfico de marihuana entre Nuevo Laredo y Dallas. Según el testimonio de algunos testigos durante el juicio, tanto Miguel como José estaban en Dallas trabajando como correos para su hermano. Aunque en aquella ocasión no se les imputó, faltó muy poco. Durante el juicio, Juan Francisco había culpado a José de haberle corrompido, diciendo que su hermano había sido el verdadero cerebro de la operación. Al parecer nunca hubo suficientes pruebas para llevar a José a la cárcel. Desde entonces estaba bajo el radar de Dallas, trabajando de albañil y sin meterse en problemas. Tras el arresto de Juan Francisco, Miguel había huido a México. Durante el juicio, el nombre de Omar no se relacionó con la operación. Este se encontraba ya en Nuevo Laredo, donde pronto se uniría a Miguel en su rápido ascenso por el inframundo del crimen organizado.

A Hodge le gustó la forma en que Lawson había hablado con Graham. Como agente instructor de Lawson, pensó que había sido importante ayudarle a reclutar su primera fuente. Graham era una pista prometedora, situado ya dentro del círculo de confianza de José Treviño. En teoría, José no tenía antecedentes y parecía un tipo normal de clase trabajadora. Pero era también el hermano mayor de dos señores del narcotráfico. Acababa de soltar un millón doscientos mil dólares por cuatro caballos en la subasta de Oklahoma, donde Graham había actuado como su testaferro. Estaba también ese otro caballo, Tempting Dash, un campeón de carreras que José parecía haber comprado a un precio irrisorio. Las huellas de Miguel Treviño estaban por todas partes, pero tendrían que demostrarlo. Esto sería lo difícil.

Durante el viaje de vuelta, Hodge estuvo más nervioso de lo habitual. Le preocupaba lo que sucedería si iban tras José para llegar hasta Miguel. Estaban hablando de poner a disposición judicial a un hombre que se dedicaba a matar. También él tenía sus espías en Laredo. En una ocasión, Miguel había puesto en marcha una red de sicarios para que mataran a varias personas en territorio estadounidense. Los pistoleros de Miguel eran adolescentes contratados en los barrios pobres de Laredo y Nuevo Laredo a quienes seducía con dinero, grandes cantidades de cocaína y coches de lujo. Aunque implacables, estos jóvenes sicarios eran también temerarios, y a veces mataban a otras personas por error. En una ocasión abatieron a un hombre en la puerta de su casa y luego resultó que a quien Miguel quería matar era a su hermano. En el transcurso de dos años mataron al menos a seis personas en Laredo. Otra vez mataron a un hombre delante de su esposa e hijos en el estacionamiento de un Torta-Mex. Finalmente, en 2006 la policía había conseguido desmantelar la red y meter en la cárcel a los jóvenes asesinos de Miguel. Hodge le recordó también a Lawson que las hermanas de Miguel vivían en Laredo, no lejos de su urbanización cerrada. Hodge estaba convencido de que tarde o temprano se toparía con alguien del clan Treviño cuando saliera a algún restaurante con su familia.

Lawson sabía que era una posibilidad, pero dudaba que se encontraran con Miguel u Omar. La mayoría de los agentes pensaban que los hermanos no se arriesgarían a cruzar el río ahora que estaban en la lista de criminales más buscados de Estados Unidos. Al norte del río Bravo, Los Zetas no podían contar con la misma impunidad que habían comprado en México. Pero esto significaba también que los agentes necesitarían la ayuda de las fuerzas mexicanas militares y de orden público si querían arrestar a los Treviño en su territorio. Depender de la cooperación de México podía ser arriesgado, puesto que los cárteles se habían infiltrado en todos los niveles de la policía y el ejército. Nunca sabían en quién podían confiar completamente, y quién recibía órdenes de Los Zetas o de otro cártel. El camino que tenían por delante sería peligroso, y aun los agentes federales tendrían que pensarlo dos veces antes de dar otro paso. Hodge tenía esposa e hijos. Lawson, que había crecido en una extensa tribu de hermanastros, siempre se había mostrado reticente al matrimonio. Ahora se alegraba de ello. Solo tenía que preocuparse de sí mismo.

CINCO

LAWSON ESTABA DESEOSO DE AVANZAR EN LA INVESTIGACIÓN. PERO TRAS
su viaje al rancho de Graham, Hodge le había dicho que tendría poco tiempo para ocuparse de caballos. Estaba investigando a un grupo de narcotraficantes que contaba con la complicidad de un sargento de policía corrupto de Laredo. Llevaba dos años trabajando en aquella investigación, pero todavía no tenía cargos para acusarlos. Y estaba desesperado por resolver el caso antes de final de año para poder dejar Laredo sin tener que seguir pensando en ello.

Aquello era, pues, cosa de Lawson. Buscó el nombre de José Treviño en la base de datos integrada de la agencia, que coordinaba la información federal y local, para ver si otra administración estaba investigando al mismo sospechoso. La DEA y el Departamento de Policía de Laredo iban tras Miguel y Omar Treviño. Pero la búsqueda no había arrojado ningún resultado sobre José. Lawson abrió un historial del FBI, consignó a Jason Hodge como agente principal y a continuación añadió su propio nombre. Nunca había trabajado en un caso de blanqueo de dinero. Sabía proceder con una investigación de narcotráfico: durante los últimos cinco años en Tennessee no había hecho otra cosa, aunque nunca había trabajado a una escala como la de Los Zetas. Era temprano para saber si en algún momento de la investigación aparecerían las drogas. Tanto él como Hodge sospechaban que José era muy meticuloso. La forma en que había organizado la subasta de Oklahoma, utilizando a Tyler Graham como comprador de paja, mostraba que estaba blanqueando mucho dinero para sus hermanos y se esforzaba para que todo pareciera legal. Mezclar drogas en aquella operación solo conseguiría llamar la atención de las fuerzas del orden.

Una semana atrás Lawson había jugado con la idea de abandonar el FBI, y ahora estaba ante un caso que podía marcar su carrera. Tenían acceso directo a dos de los criminales más buscados del FBI a través de su hermano mayor que, hasta donde sabía, no estaba en el radar de ninguna otra agencia. Y por medio de Tyler Graham, Lawson podía infiltrarse en la operación de José sin que los Treviño pudieran sospechar que estaban bajo vigilancia. Lo más importante ahora era evitar que Graham se echara atrás.

Graham le había dicho que le llamaría tan pronto como tuviera alguna información. Antes de abandonar su rancho de Elgin, había conseguido que firmara un acuerdo por el que se convertía oficialmente en una fuente del FBI. Lawson había puesto el documento sobre el escritorio, delante de él, y Graham había garabateado su firma de mala gana en la parte inferior, como si estuviera renunciando a su vida. A medida que iban pasando los días en Laredo, sin saber una palabra de Graham, Lawson se preguntaba si de verdad valía la pena seguir aquella línea de investigación. Lo único que tenía era una hoja de papel y una promesa.

CON LA LLEGADA DE la primavera de 2010, la oficina del FBI en Laredo comenzó a recibir mucha información sobre los daños colaterales de la guerra que se libraba al otro lado del río. Cada día se producían secuestros, pero las familias de los secuestrados no lo denunciaban a la policía porque la mayoría de los agentes trabajaban para Los Zetas. Entraban muchas llamadas sobre personas que habían desaparecido en México. Pero los agentes solo podían investigar aquellos secuestros que afectaban a los ciudadanos estadounidenses. A Lawson no le gustaba ver que se negaba la ayuda a las familias de Nuevo Laredo, que estaban igual de desesperadas que las estadounidenses. Sentía que aquello no era correcto, pero era la política de la agencia.

Entre los desaparecidos estaban los hermanos García, ciudadanos estadounidenses y prósperos empresarios que formaban parte de una numerosa familia que vivía en ambos lados de la frontera. Una tarde habían ido a Nuevo Laredo con sus motocicletas y no regresaron. Se le asignó el caso a Lawson, el primero como agente principal. En pocos días había pasado de no tener ningún caso a tener dos. Por fin comenzaba a sentirse nuevamente policía.

Pero en el FBI seguía siendo un novato. Puesto que había sido comisario, Lawson sabía desarrollar una investigación. No obstante, hacerlo según los procedimientos del FBI era otra cosa. Por cada hora de investigación parecía haber dos horas de papeleo. Solo había llegado a la mitad del manual de reglamento del FBI. Necesitaba ayuda de algún agente espabilado y con experiencia. Y en su unidad solo había un agente de este perfil.

Lawson sabía que, a primera vista, él y Alma Pérez parecían colaboradores poco compatibles. Ella era de la zona fronteriza y hablaba español con fluidez, mientras que él, un gringo de Tennessee, cuando pretendía hablar el idioma de Cervantes lo destrozaba. Pero aparte de las comidas caseras en casa de Hodge, Alma Pérez era la única razón por la que había sobrevivido a sus primeras semanas en Laredo. Alma había llegado dos semanas después que él, trasladada desde Miami.

Había pasado los últimos cinco años realizando investigaciones sobre narcóticos, interviniendo teléfonos de traficantes colombianos e incautando paquetes de cocaína de muchas toneladas. Era también la única agente de la unidad que había pedido Laredo como destino, le gustaba estar allí y conocía bien la zona. Casada y con dos hijos pequeños, Pérez quería estar más cerca de su familia. Con poco más de treinta años, pelo largo, negro y ondulado, y ojos castaños, Alma tenía también un aire imperturbable que la hacía atractiva.

Como sí hacían algunos de los agentes, ella no apagaba el teléfono a las 6 de la tarde, y parecía tener tantas ganas como él de volver al trabajo de calle. Un día, no mucho después de su llegada,

Lawson la había invitado a almorzar y acabó contándole todas sus dudas y frustraciones sobre el nuevo trabajo. El FBI le parecía una enorme burocracia, con muchos agentes de distintos trasfondos y un montón de divisiones diferentes. No acababa de ver dónde encajaba él. Pérez admitió que se había sentido igual durante su primer año en Miami. «Espera un poco y encontrarás tu lugar —le había asegurado—. No te arrepentirás».

Durante las semanas siguientes estas palabras le habían ayudado a mantener el ánimo. También había llamado a su padre, pero no le había ayudado mucho oírle decir que el verdadero trabajo policial no se hacía en una computadora. «Tienes que volver a la calle, hijo —le había recomendado—. Llama a algunas puertas, comienza a hablar con algunas personas». Estuvo a punto de contestarle: «Sí, a lo mejor si se lo digo en otro idioma...», pero se calló. Había estado utilizando un programa llamado Rosetta Stone para aprender más vocabulario en español, pero el *software* de reconocimiento de voz no entendía bien su acento sureño. Lo probó un par de días y lo dejó. «Creo que Rosetta Stone no entiende el pueblerino del sur», le dijo a Pérez bromeando.

El día después de que le asignaran a Lawson el caso García, Pérez le echó un cable. Se puso al teléfono para llamar a algunas fuentes del FBI en México, mientras Lawson comenzaba a contactar con los parientes de los hermanos García en Laredo. Pronto se dieron cuenta de que tenían un problema: todas las pruebas que necesitaban estaban al otro lado del río. Pero Lawson sabía que iba a ser complicado conseguir alguna ayuda del jefe de policía de Nuevo Laredo. Si Miguel Treviño le había dicho al jefe de policía que aquello era cosa de Los Zetas, el oficial no iba a mover un dedo. Los Zetas tenían su propio código de justicia. Si alguien cometía un asesinato sin autorización de Miguel, Los Zetas se ocupaban personalmente del asunto. En el caso de que la consulta afectara a otra organización investigada por el FBI, como el Cártel de Sinaloa —enemigos jurados de Los Zetas—, el jefe de policía podía ser muy complaciente.

Era una lástima, dijo uno de los polis de Laredo asignados a su unidad, que no hubieran estado allí en los viejos tiempos. Los policías mexicanos siempre les ayudaban a capturar a la persona que buscaban. Pero en el año 2005, el jefe de policía de Nuevo Laredo había cometido el error, en su primer día de trabajo, de decir a los medios de comunicación que no iba a dejarse intimidar por Los Zetas. Seis horas después yacía muerto en la calle rodeado de un cerco de casquillos de bala. Otros varios agentes fueron también acribillados. Miguel Treviño había dejado claro su mensaje. Después de aquello, la policía de Laredo había quedado abandonada a su suerte.

Ahora Lawson no tenía que ir a la orilla del río para comprender la tragedia que se desarrollaba a pocos centenares de metros. Bastaba con mirar los rostros desolados de las esposas y padres de los hermanos García, sentados al otro lado de la mesa de conferencias del FBI. Intentaba entender a familias como los García, que solo veían en aquella frontera una línea imaginaria. Los padres, aunque de avanzada edad, seguían desplazándose a Nuevo Laredo, aunque sus hijos acababan de ser secuestrados en esta ciudad. Las dos localidades, que los vecinos llamaban «Los Dos Laredos», habían coexistido desde la promulgación en 1848 del Tratado de Guadalupe Hidalgo después de la guerra de intervención estadounidense. Estaban ligadas inextricablemente por sangre y cultura. Lawson le preguntó al padre, de unos setenta y tantos, cómo se arriesgaba a desplazarse hasta Nuevo Laredo sabiendo que la ciudad estaba controlada por Los Zetas y que se estaba librando una guerra.

—Es lo que siempre hemos hecho —dijo el anciano—. Mi hermana vive allí, como la mayoría de mi familia.

Dejar de ir era impensable. Tras la reunión con los García, Alma Pérez no pudo evitar pensar en su propia familia del otro lado del río. Como la mayoría de las familias de la zona fronteriza, habían pasado la vida con un pie en México y otro en Estados Unidos. Pero desde que había vuelto de Miami no había estado en Nuevo Laredo. Sus parientes le habían dicho que no se arriesgara. En su campaña de dominación y terror, Los Zetas estaban dirigiendo sus ataques a las fuerzas armadas, los políticos y la policía. Cada día había nuevos y espantosos titulares sobre decapitaciones y fosas comunes.

Pérez sabía que para Lawson y los demás agentes de su nueva unidad esto eran principalmente estadísticas y nombres. Pero aquellas masacres y tiroteos se estaban produciendo en unos pueblos de la frontera mexicana que ella conocía desde su niñez. Le venían a la mente felices recuerdos de su infancia con sus tías y tíos, fiestas de quinceañera y bodas. Alma había nacido en el lado estadounidense del río, pero parte de sus raíces seguían en México. Todo lo que había conocido en la tierra natal de sus padres estaba desapareciendo y nunca volvería a ser igual. Era como vivir con un miembro fantasma que, aunque amputado, sigue doliendo. Por mucho que lo intentara, era incapaz de reconciliar la dolorosa información que le llegaba cada día mediante los informes de la agencia con sus propios recuerdos. En los últimos cinco años habían cambiado muchas cosas, y ella seguía esforzándose por asimilarlas.

Pérez era una agente del FBI, pero no estaba asignada a México. David Villarreal, su nuevo jefe, ya se lo había dejado claro. Antes incluso de llegar a su destino se había dado cuenta de que, aunque era una agente con experiencia, Villarreal no estaba muy entusiasmado con su transferencia a Laredo. De los más de 13.500 agentes del FBI, menos del veinte por ciento eran mujeres. Pérez sabía, pues, que era un elemento periférico. La mayoría de las agentes con hijos no querían trabajar en las unidades de delitos violentos porque estas eran reactivas, lo cual significaba que en cualquier momento podían ser convocadas a una escena del crimen. Esto hacía que los días fueran a menudo largos e impredecibles. Pero a Pérez le había gustado trabajar en la unidad de narcotráfico en Miami, y estaba contenta de que la hubieran asignado a la unidad de delitos violentos de Laredo. Estaba decidida a hacer que funcionara.

Puede que se hubiera asociado con Lawson porque también él, a su manera, era un elemento periférico: alguien que nunca había estado en la frontera y que apenas hablaba español. Algunos otros agentes y oficiales de las fuerzas especiales decían que, según habían oído, Lawson procedía de algún recóndito lugar de Tennessee. Estaban seguros de que, para finales de año, estaría suplicando un traslado.

SEIS

TRABAJANDO EN SU PRIMER CASO DE SECUESTRO, LAWSON ESTABA COMEN-zando a entender lo pequeños que podían ser Los Dos Laredos. Una noche se detuvo en una gasolinera para repostar y al otro lado de la estación vio a la esposa de uno de los hermanos García. Él y Pérez se habían reunido con ella días atrás, pero ahora no le reconocía. De repente Lawson se sintió muy incómodo. Aquella mujer estaba desesperada por encontrar a su marido y aquí estaba él, en pantalón corto y lleno de sudor, recién llegado de un parque cercano. Había estado trabajando todo el día en el caso, pero ella le encontraba ahora que había ido a jugar a *softball* después del trabajo con algunos de los policías locales. Por supuesto casi había anochecido en el exterior. ¿Era posible que no le hubiera visto? Volvió a su camioneta y se dirigió a su casa.

Finalmente había comprado una vivienda en la misma urbanización cerrada donde vivían Hodge y su familia. Su casa estaba cerca del río Bravo, un lugar donde lo único que le separaba de Nuevo Laredo eran arbustos de mezquite y ciervos de cola blanca, algo que le pareció irónico. La verja que rodeaba su parcela era más decorativa que otra cosa. Siempre había vivido con mochilas de lona y en apartamentos baratos, y su nueva casa de clase media le hacía sentir que había tomado una buena decisión haciéndose agente federal, aunque esta tampoco tenía más que una cama y algunas sillas de plástico en la cocina.

Cuando viró hacia Mines Road y se dirigía al norte, camino de su casa, pasadas las empresas de transporte y los restaurantes de comida rápida, vio por el retrovisor que la mujer iba ahora detrás de él. Quizás era una coincidencia, pensó. O quizás estuviera comenzando a contagiársele la paranoia de Hodge. Esperaba que ella tomara otra dirección en cualquier momento. Pero cuando dobló a la derecha y se dirigió hacia su residencia, ella todavía le seguía. Lawson siguió conduciendo. Cuando viró hacia la calle sin salida donde vivía, ella seguía tras él. ¿Debería acaso detenerse y preguntarle si quería decirle algo? Viró hacia la rampa de entrada de su casa. Esperaba que ella se detuviera, pero para su sorpresa siguió adelante, estacionó dos casas más allá y salió de su automóvil, ajena por completo a su presencia. Sonrió pensando en su paranoia. ¡Eran vecinos! Se preguntó cuántos más de sus vecinos sufrían los efectos de lo que estaba sucediendo al otro lado de aquel apacible río verde.

LAWSON ESTABA PERDIENDO TODA esperanza de que Graham se pusiera en contacto con él cuando, finalmente, tres semanas después de su entrevista, recibió su llamada. Tempting Dash acababa de llegar a Southwest Stallion Station tras meses de presiones y agasajos por parte de Graham. Él y su abuelo ya habían pasado horas con José Treviño hablando de las cuestiones más delicadas, como el herraje de los caballos o la mejor mezcla de forraje para antes de una carrera. José hacía muchas preguntas, y no tenía reparos en reconocer que sabía poco sobre carreras y menos todavía sobre la crianza de caballos. Graham le explicó que parecía muy dispuesto a aprender y decidido a entrar en el mundo de las carreras por todo lo alto.

Mientras Graham hablaba, Lawson tomaba notas en su escritorio. No estaba seguro todavía de poder confiar completamente en Graham. Sabía que las primeras semanas serían una prueba para ver si podrían trabajar juntos y si Graham era capaz de proporcionarle información útil.

Había otra cosa que Lawson tenía que saber, dijo Graham. Al día siguiente, un remolque de caballos saldría del rancho de Graham rumbo a México. José quería enviar los dos potros que compró en la subasta de enero a un rancho del país vecino.

Lawson pensó que Miguel quería ver de cerca los animales que había comprado en Oklahoma. Igual que Tempting Dash, los caballos serían entrenados y probados en los hipódromos de México. Si ganaban o parecían prometedores, se les enviaría al norte a competir en las carreras importantes y jugosas.

Si el remolque con los caballos se dirigía a Nuevo Laredo tendría primero que pasar por Laredo. Lawson podría poner vigilancia y comenzar a documentar a los otros actores de la operación de compra de caballos de José, así como contrastar la solidez de la información que Graham le estaba proporcionando. Puesto que Hodge era el agente principal del caso, Lawson tendría que ponerle primero al corriente de la situación. Volvió la silla hacia él. Hodge estaba concentrado en una hoja de cálculo y enredando, como siempre, con el zapato.

—Graham se ha puesto, por fin, en contacto conmigo —le dijo.

—¡Vaya, esto es fantástico! —Hodge respondió volviéndose en la silla para mirar a Lawson—. ¿Qué te ha dicho?

—José va a mandar dos caballos por aquí en un remolque mañana.

—Hemos de poner vigilancia —repuso Hodge.

—Esto es lo que yo estaba pensando —dijo Lawson, un poco molesto por no haber tenido ocasión de mostrar que ya estaba trabajando en ello.

—¿Cuándo va pasar por aquí el remolque?

—Mañana por la tarde —respondió Lawson—. Quizá podríamos poner un localizador en el vehículo.

—No, no hay tiempo para conseguir autorización.

—Podemos sentarnos cerca de él y ver adónde va, con quién habla —dijo Lawson.

Hodge asintió.

—Se lo digo a los hombres.

Al día siguiente, Lawson y Hodge estacionaron en una pequeña área de descanso en la interestatal 35 al norte de la ciudad. Era un lugar desierto sin otra cosa que un roble que daba sombra y un pequeño contenedor de basura. Pero estaba también en un punto de elevación sobre la interestatal 35 que les hacía casi invisibles para los vehículos que se dirigían al sur. Lawson probó sus prismáticos en los carriles de la autovía hacia el sur.

Hodge había pedido la ayuda de otros dos agentes y algunos funcionarios de las fuerzas especiales de Laredo para las tareas de vigilancia. Lawson observó que Pérez no estaba entre ellos. Se preguntó si estaba ocupada en otro caso o si Hodge no se lo había pedido. Se lo preguntaría más tarde. Los oficiales de las fuerzas especiales se desplegaron por los alrededores del puente internacional en sus automóviles y camionetas sin distintivos para ver bien el vehículo con los caballos antes de que este cruzara a México. Hodge y Lawson seguirían al remolque una vez que este hubiera entrado en los límites de la ciudad.

Tras esperar casi dos horas, el vehículo con el remolque apareció doblando la curva de la interestatal y Hodge comunicó a los oficiales de las fuerzas especiales que se habían puesto en marcha. Lawson anotó la matrícula para buscarla en las bases de datos y ver de quién era aquel vehículo. Esperaban que, fuera quien fuera el conductor, hiciera alguna parada en el camino que les diera más pistas para hacer su seguimiento. Cuantas más caras nuevas mejor. Pero el vehículo siguió avanzando lentamente, sin detenerse, hacia el sur, camino de México. Cuando se acercaban al puente internacional, Hodge y Lawson pararon junto a la carretera y avisaron por radio a los oficiales de las fuerzas especiales: el objetivo era ahora todo suyo. Mientras tanto, el remolque se iba alejando por los carriles que se dirigían por el puente hacia Nuevo Laredo.

—¿Crees que va directamente donde está Miguel? —preguntó Lawson a Hodge, que iba en el asiento del acompañante.

—Posiblemente Miguel está ahí mismo esperándole —dijo Hodge, moviendo nerviosamente la pierna arriba y abajo mientras miraba de nuevo el remolque con los prismáticos. Ahora el vehículo no era sino un destello plateado que desaparecía entre el denso tráfico del puente.

—¡Ha cruzado! —resonó por la radio la voz de un oficial de las fuerzas especiales unos minutos más tarde.

Hodge dejó los prismáticos y tomó la radio. Parecía aliviado de que el dispositivo hubiera terminado.

—De acuerdo, dejémoslo por hoy. Gracias, muchachos.

Mientras volvían a la oficina de Laredo, Lawson sentía el peso de la desilusión tras la subida de adrenalina que había experimentado siguiendo al remolque. Una de las cosas que le había convencido para unirse al FBI era que podría cruzar cualquier frontera estatal para seguir la pista de un delincuente. No estaba limitado por cuestiones de jurisdicción como cuando era policía en Tennessee. Pero nunca había pensado que pudieran enviarle a la frontera, donde tendría todo un país al lado fuera de su jurisdicción.

EN LA OFICINA, HODGE volvió a ensimismarse en el caso de los narcotraficantes, mientras que Lawson buscó la matrícula del remolque en la base de datos. Si el conductor era un «amigo» —alguien vinculado a Los Zetas— podían intentar presionarlo para que les diera información. Realizó una indagación de antecedentes penales con el nombre que apareció tras la búsqueda de la placa. Los resultados fueron ambivalentes. El conductor vivía en Laredo, lo cual era bueno. Las malas noticias eran que estaba relacionado con los Treviño, lo cual significaba que era demasiado arriesgado acercarse a él. Lawson se dirigió al cubículo de Pérez al otro lado de la sala, que en la agencia de Laredo llamaban el «corral» (pura tradición; nadie parecía saber la razón). Quería comentar sus hallazgos con Pérez antes de hablar con Hodge.

Cuando se acercaba a su cubículo en el rincón de la oficina, vio que estaba atareada escribiendo algo en el teclado de su computadora. Tenía una fotografía de su hijo con uniforme de fútbol y otra de su hija con un lazo púrpura clavadas con tachuelas encima de su escritorio, y pulcros montones de papel. Aquel espacio de trabajo era la imagen misma de la organización, a diferencia del suyo, que estaba lleno de bolsas de pipas que le ayudaban a evitar el ansia por la lata de tabaco que solía guardar en el bolsillo trasero del pantalón.

—Te eché de menos el otro día en la vigilancia —dijo Lawson, de pie cerca de su escritorio.

—Creo que no me llegó el correo electrónico —dijo ella, mirándole desde su computadora con una media sonrisa. Ni le había sorprendido, ni parecía preocuparle—. De todos modos, estoy muy ocupada con otro caso de agresión a un oficial federal, y está el secuestro de los García.

A la oficina llegaban muchos casos de agresiones a oficiales. Eran principalmente denuncias que cursaban los agentes de patrullas fronterizas contra inmigrantes que se habían resistido al arresto y se habían defendido. O, a veces, tiraban piedras a los agentes desde la orilla mexicana del río para distraerles mientras los contrabandistas pasaban los paquetes de droga. La mayoría de estos casos eran más papeleo que otra cosa, ya que los que tiraban las piedras estaban en México y, normalmente, cuando el caso llegaba a sus escritorios se encontraban a muchos kilómetros de Laredo.

Con cinco años ya en una unidad de investigación, Pérez debería haber estado trabajando en algo más ambicioso. Comían juntos con frecuencia y Lawson le había hablado de sus encuentros con Graham; era evidente que estaba intrigada por el caso. La unidad con la que trabajó en Miami se había especializado en vigilancias de cuatro a cinco meses e incautaciones de cocaína a gran escala. Pero rara vez seguían el rastro del dinero.

—¿Puedo consultarte algo? —le dijo él.

—Claro —repuso ella, volviéndose en la silla y prestándole ahora toda la atención.

Lawson le contó todo lo que había descubierto: el trasfondo del sospechoso y el hecho de que era pariente de los Treviño y que vivía cerca de su barrio. Era la pesadilla de Hodge hecha realidad.

—No me sorprende —dijo ella—. Laredo es una ciudad pequeña y ellos son una familia grande.

—Sería demasiado arriesgado acercarse a él —dijo Lawson.

—Sí —Pérez asintió—. En Miami vigilaríamos un par de días el lugar para ver si alguien más se pasaba por allí.

Lawson había estado pensando lo mismo. De momento no estaba dispuesto a olvidar al conductor. Y se sintió bien al ver que Pérez tenía una opinión similar.

—¿Has hablado ya con la fuente de Zapata? —preguntó Lawson pasando ahora al caso del secuestro. El análisis de los celulares de los hermanos García mostraba que se habían hecho varias llamadas en México desde uno de ellos a un número del condado de Zapata, un condado fronterizo rural al sur de Laredo. Puesto que cada teléfono celular dejaba un rastro digital por su constante conexión a las torres de telefonía, podrían seguir la pista del secuestrador de los hermanos García si en algún momento cruzaba el río.

Lawson ya se había desplazado a Zapata y localizado a la mujer que había recibido las llamadas. Resultó ser una pariente de su sospechoso. Pero accedió de buen grado a cooperar. Ella sabía que no era una buena persona, le dijo, y estaba dispuesta a ayudarles siempre que pudiera hacerlo en español. Pérez había estado, pues, hablando con ella y recabando información.

—La mujer dice que él no puede cruzar legalmente porque tiene una orden de detención —dijo Pérez—. Pero aun así sigue cruzando la frontera. La próxima vez que lo haga nos avisará.

LAWSON ESTUVO LA MAYOR parte de la noche vigilando el apartamento del conductor del remolque, situado en un barrio venido a menos a pocas manzanas de la interestatal. Echó atrás el asiento del acompañante y tomó un pellizco de tabaco para mascar. Había dejado lo de las pipas. Sus pensamientos le llevaron a su padre, como sucedía a menudo cuando hacía una vigilancia larga. A su padre le encantaba ser policía, pero el trabajo se había cobrado su peaje. Era fumador

inveterado y bebedor, y se había casado cinco veces. Lawson sabía
que su padre estaba orgulloso de él, aunque nunca lo había expresado abiertamente. Lo sabía porque su hermanastro mayor le había
dicho que su padre hablaba a menudo del hijo que trabajaba en el
FBI con sus amigos del pueblo. Sin embargo, parecía que su padre
tenía todavía ciertas reservas con su decisión de seguir sus pasos en
las fuerzas del orden. Una noche, poco después de llegar a Laredo, le
había contado algo por teléfono que todavía no sabía cómo tomarse.

Le dijo que, cuando solo llevaba unos años en la policía, estando
en el turno de noche en el departamento del *sheriff*, le llamaron a
la escena de un accidente. Era muy tarde, estaba nevando y el automóvil había dado varias vueltas de campana por la autovía. Cuando
miró al interior del vehículo, vio a un niño y a sus padres. Los padres
estaban muertos, pero el niño seguía vivo. Le sacó del automóvil.
Recordaba que, mientras los paramédicos le acomodaban en una
ambulancia, él solo pensaba en volver a la oficina, fichar y marcharse
a casa. Realmente no sentía nada. Era tarde y estaba agotado.

La ropa de aquella familia estaba esparcida por la autovía, y él y
otro policía la fueron arrastrando a puntapiés hasta una zanja para
que los automóviles que se habían detenido pudieran seguir su trayecto. A continuación se subió al coche patrulla y se dirigió a la oficina. Pero cuando entró en el estacionamiento, de repente sintió un
golpe terrible: ¡se había convertido en un bastardo desalmado! Aquel
niño de seis años lo había perdido todo y él ni siquiera lo había ano-
tado. Se había limitado a meter en una zanja a puntapiés lo que había
quedado. De modo que dio la vuelta y volvió al lugar del accidente.
Estaba a punto de amanecer y seguía nevando, pero él recogió toda
la ropa, todo lo que había en la zanja, y lo llevó al hospital.

«El trabajo te endurecerá —le había advertido su padre—. No
lo permitas. No pierdas nunca el corazón».

En su corta carrera, Lawson había visto ya que, en Tennessee,
algunos de los policías de más edad habían dejado de preocuparse
por las víctimas de sus casos y solo contaban los días que les faltaban para la jubilación. Pensó en la familia García y se hizo una

promesa a sí mismo: si alguna vez comenzaba a actuar con hipocresía en su trabajo, buscaría otra cosa.

TRAS UN PAR DE días de vigilancia sin nuevas pistas, Hodge suspendió la tarea. No era el audaz comienzo que Lawson había esperado. Sin querer perder más tiempo, llamó a Graham para ver si tenía alguna otra cosa que pudiera ser útil para la investigación. Seguía recelando de sus motivaciones y de si estaba compartiendo todo lo que sabía o solo les daba medias verdades. Necesitaba saber si podía confiar en él. Le preguntó si había visto que José se relacionara con alguien más, y si sabía de otros caballos además de los de la subasta de enero que Miguel hubiera podido comprar.

La respuesta de Graham le levantó el ánimo. José acababa de mandar otros diez caballos a su rancho, le dijo. Y junto a los caballos había entrado un nuevo jugador: Carlos Nayen, o «Carlitos», como le llamaba José. Nayen, que no parecía mucho mayor que Graham, le explicó que él se encargaría de pagar los gastos de la crianza y alojamiento de los caballos. En un curioso diálogo mediante nociones básicas de inglés y español, Graham entendió que Nayen se pasaría por el rancho con regularidad.

Graham le contó también que, poco después de aquel encuentro, Nayen le presentó a Fernando García, también de veintitantos años. Con sus Levi's gastados y sus botas de trabajo, García parecía un jinete más experimentado que Nayen, que llevaba siempre un llamativo Rolex de oro y camisas de marca a los establos. García también hablaba inglés, lo cual hacía más fácil tratar con él, puesto que Nayen tenía problemas con el idioma. Parecía que Nayen estaba sustituyendo a Ramiro Villarreal, el primer propietario de Tempting Dash. Graham también había notado que Villarreal ya no gastaba grandes sumas de dinero en las subastas como solía. Lawson quería saber más sobre aquellos dos hombres que habían sustituido a Villarreal. Le pidió a Graham que le mantuviera al tanto de cualquier cosa que oyera.

Para plantear una causa judicial viable, Lawson estaba trabajando con lo que había aprendido en sus días como investigador de narcóticos. Pero su conocimiento tenía límites, especialmente en cuestiones de blanqueo de dinero. Puesto que los documentos financieros y la contabilidad eran el punto fuerte de Hodge, Lawson supo, tras consultarle, que tenía que presionar a Graham para que le diera más información sobre las compras de José. Su acceso a Heritage Place, la casa de subastas de su abuelo, le permitía consultar documentos sin que nadie supiera que el FBI estaba implicado. Lawson se había dado cuenta de que el mundo de las carreras de cuarto de milla era pequeño e insular, y que giraba alrededor de Heritage Place. Lo último que quería era que se filtraran noticias de su investigación, lo cual podría poner en alerta a José y a sus hermanos. Pero pensó que había visto lo suficiente del carácter de Graham para saber que tenía la audacia necesaria para conseguir esta información.

Lawson le lanzó la idea a Graham y, para su alivio, Graham accedió. Investigaría los registros de compra explicando que necesitaba información para José, puesto que estaba alojando muchos de sus caballos en su rancho.

Al cabo de unos días, Graham llamó para decirle que tenía los documentos. Puesto que era miembro del consejo de Heritage Place y nieto del propietario, nadie había cuestionado sus averiguaciones, lo cual tranquilizó a Lawson. Los resultados de su búsqueda habían arrojado datos útiles. En los documentos de la subasta de enero, Lawson pudo ver que el propietario oficial de Dashin Follies, una cara yegua de cría, no era José sino otro hombre llamado Luis Aguirre. Y para hacerlo aún más complicado, Heritage Place había recibido transferencias bancarias de un tal Alejandro Barradas, que era propietario de una agencia de aranceles en Veracruz, México, llamada Grupo Aduanero Integral, para pagar el coste de Dashin Follies y los otros tres caballos. Solo que estos pagos no cubrían la totalidad del precio. Todavía debían 100.000 dólares a Heritage Place.

Graham le dijo que ya había hablado varias veces con José y Nayen sobre el dinero que faltaba. Tras la venerable casa subastadora, cuyo lema era «El lugar donde se venden los campeones», estaba la reputación de su familia, y los antiguos propietarios de los caballos seguían esperando su dinero.

Poco después de mandar los documentos, Graham llamó con una novedad: aquella mañana, Nayen y García se habían pasado por el rancho y Nayen le había dado una mochila pesada y voluminosa. Cuando abrió la cremallera superior, vio que estaba llena de paquetes de cien y de veinte. Nayen le dijo que eran los 100.000 dólares que se debían a Heritage Place. Cuando Nayen abrió la puerta de su automóvil, Graham vio otras cinco o seis mochilas más como la que le acababa de dar a él. Después de hablar un poco de caballos y del tiempo, se marcharon. En aquel automóvil había probablemente medio millón de dólares, o más.

SIETE

ANTES DE SU LLEGADA A LAREDO, LAWSON SIEMPRE HABÍA PENSADO QUE el mantenimiento del orden público era una tarea conjunta y de colaboración. Cuando trabajaba en narcóticos, nunca tuvo reservas para compartir una investigación con otros policías o agencias federales de Tennessee.

Laredo le hizo ver lo ingenuo que había sido. No había un entorno más competitivo que el de la zona fronteriza, donde las agencias de orden público estatales, locales y federales se disputaban los mismos objetivos. El dinero del gobierno para las operaciones de los cuerpos de seguridad era limitado, y arrestar al dirigente de un cártel significaría una promoción y un aumento de la financiación de Washington. Había, por tanto, mucho en juego.

Todas las agencias querían cazar a Miguel y Omar. Pero nadie se estaba fijando en José. Lawson sabía que era solo cuestión de tiempo. Había estado investigando durante tres meses y, tarde o temprano, iban a necesitar la entrada de otra agencia para que un fiscal federal asumiera el caso. La elección lógica era la DEA, que era la agencia con mayor presencia en México y que podía ayudarles a establecer la conexión entre el negocio de cocaína de Miguel y los caballos de carreras en Estados Unidos.

Lawson había conocido a un agente especial de la DEA en la planta superior. Tomando unas cervezas, Jeff Hathaway mostraba actitudes y opiniones agresivas sobre cómo había que manejar los casos. Hathaway llevaba ya un par de años en la frontera, y a Lawson le parecía un experimentado veterano en el frente de la guerra contra el narcotráfico. Pero Hodge le había dicho que fuera prudente. La DEA no dudaría en apropiarse de cualquier investigación relacionada con el tráfico de drogas. Hodge le dijo que solo había dos cosas capaces de persuadir a la DEA para compartir una investigación —especialmente con el FBI, a quienes ellos considerarían intrusos—: líneas telefónicas intervenidas y una fuente blindada. Lawson no tenía micrófonos, lo cual haría que le vieran como alguien prescindible, pero sí tenía a Tyler Graham. Mientras se mantuviera el acuerdo entre Graham y el FBI, Lawson tenía algo que la DEA quería.

Con esto en mente, se dirigió a la planta de arriba. Consideraba un amigo a Hathaway, pero sabía que debía andarse con cuidado. Lo primero que decidió fue informar a Hathaway de que tenía una fuente bien situada dentro del círculo íntimo de José Treviño, pero que solo iba a trabajar con el FBI. Si la DEA estaba, pues, interesada sería un acuerdo con condiciones. Lo que Lawson tenía por ahora era un caso de blanqueo, pero ellos tendrían que demostrar que el dinero que se usaba para comprar los caballos en los Estados Unidos procedía de la venta de cocaína de Los Zetas. Y la mayoría de las pruebas estarían en México, donde la DEA tenía una presencia mucho más amplia que el FBI.

Hathaway asintió y anotó algunas cosas en una libreta. Parecía abierto a la idea de una colaboración. Lawson salió animado de la reunión. Pero el buen humor no iba a durar mucho. Pocos días después, su jefe, David Villarreal, le convocó en su oficina junto con Hodge, y cuando vio su expresión supo que no era para algo bueno.

—La DEA quiere que dejemos el caso —dijo Villarreal—. Su oficina de Houston está trabajando en un caso y tienen su propia fuente en la operación de los caballos de carreras. Quieren que nos larguemos.

Lawson pensó detenidamente. Sabía que no podía ser Tyler Graham. Era imposible. —¿Han dicho quién es?

—¿Estás de broma? —Villarreal se pasaba la mano por el pelo y se arrellanó en la silla considerando sus opciones.

—¡Ni de lejos tienen una fuente como Tyler! ¡Usted lo sabe, jefe! —dijo Hodge sacudiendo la cabeza—. ¡Nos están manipulando!

—He llamado a Houston para concretar una reunión —repuso Villarreal—. Van a tener que mojarse si quieren que nos retiremos del caso. Quiero saber lo que tienen.

OCHO

TEMPTING DASH ERA AHORA UN CAMPEÓN DE LOS HIPÓDROMOS Y ESTABA bajo el control de su hermano. El plan de Miguel estaba dando su fruto. Treviño convocó una reunión en uno de sus ranchos de la ciudad de Piedras Negras en Coahuila, otro estado fronterizo no lejos de Nuevo Laredo, para hablar de la fase siguiente de su plan. Faltaban solo unos meses para algunos de los premios más lucrativos de las carreras de cuarto de milla, entre ellos la All American Futurity. En México la guerra se estaba intensificando. El Cártel del Golfo había unido fuerzas con el de Sinaloa, su antiguo competidor, para barrer a su mayor enemigo, y el grado de crueldad se estaba acrecentando enormemente. Para los señores mexicanos de la droga, el rápido ascenso de Los Zetas había sido tan inesperado como sus cada vez más atrevidas emboscadas dentro del territorio del Chapo.

En Nuevo Laredo, convoyes de todoterrenos llenos de hombres fuertemente armados y equipados, con el logo CDG (Cártel del Golfo) en los cristales traseros, culebreaban por los estrechos bulevares en busca de Zetas que matar.

Pero Treviño y Lazcano ya habían conseguido convertir el vecino estado fronterizo de Coahuila en un refugio seguro desde el que podían operar libremente con la protección de la policía. Aquella sería la nueva base operativa de Miguel desde la que podría dirigir su actividad. Había convocado en su rancho a unos pocos hombres que serían cruciales para establecer su dinastía de caballos de carreras en

Estados Unidos. Francisco Colorado Cessa, al que todos llamaban «Pancho», llegó desde Veracruz en su avión privado junto a Alejandro Barradas. Colorado era propietario de ADT Petroservicios, una compañía de servicios petroleros con sede en Tuxpan, y se había hecho rico gracias a sus lucrativos contratos con Pemex, la compañía petrolífera nacional. Pancho era también un viejo jugador y aficionado a las carreras de caballos. Barradas, propietario de Grupo Aduanero Integral en la ciudad de Veracruz, llevaba mucho tiempo implicado, como Colorado, en carreras de caballos organizadas por Los Zetas y otros cárteles.

Aparte de Miguel y Omar, que les esperaban en el rancho, estaba también Enrique Rejón Aguilar, o Z-7, a quien todo el mundo llamaba «Mamito». Su relación con los hermanos Treviño había sido un tanto complicada desde que Lazcano había hecho a Miguel su segundo al mando. Mamito era un exsoldado y miembro fundador de Los Zetas. Pero los Treviño tenían valiosos contactos en la frontera, y Miguel había hecho ganar mucho dinero a Los Zetas. Rejón estaba dispuesto tanto a matar a un amigo como a un enemigo, y esta era la razón por la que Lazcano le quería cerca. El rápido ascenso de Miguel también humilló a Mamito, porque Treviño venía de la calle y no tenía formación militar.

Y peor aún, Miguel le había quitado a Tempting Dash. Mamito estaba obsesionado con las carreras, y era casi el único tema del que hablaba. Estar en posesión de los mejores linajes era un símbolo de estatus. Y Mamito había sido el primero en pedirle a Ramiro Villarreal que le comprara a Tempting Dash en California. El potro era descendiente de First Down Dash, uno de los sementales de carreras más codiciados de Estados Unidos. Los 21.500 dólares que pedían por él eran una ganga por un caballo de tan preciado linaje. Pero poco antes de la subasta, Miguel había pedido a Villarreal que comprara el caballo para él. Y Mamito no había tenido otra elección que acceder porque Miguel era ahora su superior.

Completando aquella reunión había otra figura clave para el éxito del plan de Miguel. Mario Alfonso Cuéllar, también llamado

«Poncho», era uno de los asesores financieros de Miguel, responsable del envío anual de varias toneladas de cocaína al otro lado de la frontera. Desde Piedras Negras, el trabajo de Cuéllar era conseguir que la cocaína llegara a los distribuidores de Los Zetas en Estados Unidos. A continuación recaudaba los dólares estadounidenses escondidos en falsos compartimentos de camiones o llevados al otro lado del río por correos. En total, Cuéllar recaudaba unos 20 millones de dólares al mes.

El encuentro duraría todo el día. Colorado, un sibarita, preparó el marisco que había traído de Veracruz.

—¿No me digas que también sabes cocinar? —bromeó Omar.

—Naturalmente —dijo Colorado.

Cuéllar y Barradas jugaban al billar mientras Miguel, Omar, Mamito y Nayen seguían una transmisión en directo en la computadora de Miguel de uno de sus caballos que disputaba una carrera en California.

Tras la carrera, Miguel expuso sus razones para la reunión. Tenía un plan para expandir su imperio al norte de la frontera. Lo que necesitaban eran hombres de negocios que pudieran gastar millones en Estados Unidos sin levantar sospechas. Colorado tenía cuentas bancarias considerables en Estados Unidos y hacía muchas veces negocios en este país. Con su agencia de aranceles, Barradas también transfería frecuentemente dinero al país vecino. En Estados Unidos no era anormal que dos hombres ricos, apasionados por las carreras, gastaran grandes cantidades de dinero en caballos.

Colorado y Barradas estaban ya tan metidos en Los Zetas que no podían negarse. Como Coahuila, el estado de Veracruz donde vivían estaba bajo el control de Miguel Treviño y su cártel. El exdirigente del cártel en Veracruz, Efraín Torres o Z-14, le había dado al menos seis millones a Colorado para empezar su empresa petrolífera, ADT Petroservicios. Colorado también había servido de intermediario durante las elecciones gubernamentales de 2004 en Veracruz, entregándole varios millones a Fidel Herrera, el candidato del PRI, de parte de Z-14 y Los Zetas. Herrera había ganado las elecciones. Más adelante, el nuevo gobernador había movido los hilos para que ADT Petroservicios recibiera importantes contratos de Pemex, la empresa gestionada por el gobierno, que habían convertido a Colorado en un hombre rico (Herrera ha negado las acusaciones de colaboración con Los Zetas). Pero Colorado tenía también gustos caros y Pemex era famosa por su lentitud para pagar a sus proveedores. Desesperado por mantener su empresa a flote durante los tiempos difíciles, Colorado había tomado prestado dinero de Miguel, que siempre tenía a mano varios millones en efectivo y rara vez le cobraba intereses. Pero Colorado sabía demasiado para ignorar que cualquier préstamo de Miguel tendría su precio. En aquel momento le debía 2 millones. Y nunca era bueno tener deudas demasiado prolongadas con el jefe de los narcotraficantes.

Colorado se avino enseguida al plan.

—¿Somos o no somos amigos? —le dijo a Miguel.

Barradas tampoco tuvo dudas. Puesto que Cuéllar manejaba el dinero de las ventas que pasaba por Piedras Negras, él se ocuparía de que tuvieran el dinero necesario para comprar los caballos de carreras. Sería cosa de Barradas y Colorado absorber el dinero de los beneficios de las drogas en la contabilidad de su empresa, y después usar el dinero blanqueado para pagar los caballos y sus gastos en Estados Unidos. De este modo ayudarían a José, el hermano de Miguel, a expandir su recién constituida Tremor Enterprises, una empresa dedicada a las carreras de caballos.

Pero Colorado sabía que primero tenía que pagar la deuda que tenía con Miguel. Cuando regresó a Veracruz llamó a Nayen. Para Nayen, de veinticinco años, Colorado era una figura paterna, y a menudo le llamaba, afectuosamente, padrino. Nayen había estado comprando valiosos caballos y organizando carreras para el rico ranchero desde que era un adolescente. Ahora había pasado a encargarse de los caballos de Miguel.

—Estoy preparado… Tengo el dinero para pagar la deuda —le dijo Colorado.

Nayen le dijo que hablaría con Miguel y trasladaría su respuesta a Colorado.

Unos minutos después, Nayen le devolvió la llamada y le transmitió la respuesta, un tanto críptica, de Miguel.

—Dice que esté preparado. Él le dirá cuándo y cómo quiere que le pague.

NUEVE

L AWSON SE SENTÓ EN LA MESA DE CONFERENCIAS ABARROTADA DE AGENTES de la DEA. Vestido con traje y corbata, estaba comenzando a sudar a pesar de que el aire acondicionado estaba a tope aquel día de finales de mayo. Solo conocía a Jeff Hathaway, sentado frente a él, y a René Diéguez, un veterano agente que dirigía la oficina de la DEA en Nuevo Laredo. Lawson contó un total de nueve agentes de la DEA en la habitación por los tres del FBI.

El centro de operaciones de la DEA en Houston estaba en el distrito de River Oaks, una de las zonas más ricas de la ciudad. Las oficinas eran enormes y estaban llenas de agentes; parecía que toda la reunión se había preparado para mostrarles a los agentes del FBI, procedentes de una agencia pequeña y provinciana de la frontera, que estaban en un nivel muy por debajo de ellos. No es de extrañar que la reunión no fuera mucho mejor que la primera. El supervisor de grupos de la oficina de Houston fue el que habló la mayor parte del tiempo, y Lawson, Hodge y Villarreal le escucharon.

Les explicó que la DEA había estado vigilando a un hombre de confianza de Miguel Treviño y su hermano Omar. Su nombre era Ramiro Villarreal, dijo. Lawson se mostró imperturbable ante la mención de Villarreal. Asintió y escuchó, asumiendo el papel de novato ignorante, mientras el supervisor de la DEA explicaba quién era Villarreal y que no tenía ni idea de que sus agentes estaban siguiendo sus pasos. Lo único que conseguiría la investigación del FBI sería ponerle sobre aviso.

No tenían ningún interés en José Treviño, el blanqueo de dinero o los caballos. La cuestión de los caballos sería un costoso quebradero de cabeza logístico para cualquier agencia federal. Por otra parte, tenían ya cargos contra Miguel por drogas en Estados Unidos. Y querían utilizar a Villarreal para llegar hasta él en México, donde seguía estando fuera de su alcance. Lo qué querían saber era el paradero actual de Miguel para poder mandar un equipo de investigación y arrestar al cerebro de la organización, que por ahora había conseguido eludirles. Con su dinero, Miguel se había asegurado de que sus contactos en las fuerzas armadas mexicanas y la policía le informaran siempre horas antes de una redada.

Pero Lawson tenía dudas de que estuvieran realmente trabajando tanto con Villarreal como afirmaban. Si lo estuvieran, sabrían entonces que Villarreal ya no formaba parte del círculo de Miguel y había sido sustituido por Carlos Nayen. Lawson entendía que arrestar a Miguel y a Omar Treviño sería algo que marcaría un hito en la carrera de cualquier agente, y que detener a los dos cabecillas era su prioridad máxima. Pero la DEA acababa de decirle al FBI que se esfumara, de modo que si no sabían nada sobre Nayen él no iba a hacerles el trabajo.

Finalmente, su jefe, David Villarreal, interrumpió el monólogo del supervisor. Sostuvo que habría alguna vía intermedia. Sus agentes podrían trabajar con la DEA de Laredo y mantenerles al corriente de sus avances en el caso del blanqueo de dinero, mientras la DEA de Houston seguía con sus pistas sobre Ramiro Villarreal. En ambos casos la DEA participaría en las investigaciones.

Lawson y Hodge se apresuraron a asegurar a los agentes de Houston que se mantendrían lejos de Ramiro Villarreal, y que informarían a Hathaway y René Diéguez de todos sus movimientos. Hathaway ya sabía que Lawson tenía a Tyler Graham como fuente, de manera que asintió rápidamente. La DEA de Laredo trabajaría con el FBI, aseguró a los agentes de Houston.

La reunión terminó mejor de lo que Lawson había imaginado. Podría seguir trabajando con Tyler Graham mientras la DEA seguía con Ramiro Villarreal. Sabía que la meta del FBI era enviarle a Miguel el mensaje de que no podría empezar negocios en Estados Unidos con su dinero manchado de sangre. Miles de personas estaban muriendo en México simplemente para que Los Zetas pudieran controlar una parte mayor del comercio internacional de estupefacientes, y los estadounidenses estaban haciendo cola para comprar lo que Miguel quisiera venderles. Para más inri, con los beneficios estaba construyendo su dinastía de caballos de carreras en Estados Unidos. Su ego le permitía creer que podía salirse con la suya sin que lo notara el FBI o alguien más. Cuando volvieron a Laredo, Lawson solo pensaba en conseguir que José los llevara hasta Miguel. No solo iban a desmantelar Tremor Enterprises, sino que también enviarían a su propio equipo de veteranos para que arrestaran a Miguel y a Omar en México. Esta era su meta. Y Tyler Graham le ayudaría a conseguirla.

DIEZ

LAWSON VIO LA CAMIONETA BLANCA DE TYLER GRAHAM DETENERSE EN EL estacionamiento medio vacío del supermercado. Puesto que Graham estaba siempre atareado gestionando el imperio de su abuelo, Lawson se lo había puesto más fácil esta vez y organizó un encuentro con él en Elgin, más cerca de su rancho.

La última vez se habían citado en el hotel Omni en el centro de Austin. Después de la reunión informativa, salieron a estirar las piernas y llegaron a un *pub* donde pidieron hamburguesas y una cerveza. Cuando los altavoces comenzaron a retumbar con un rap de la vieja escuela, ambos comenzaron a cantar la letra, sorprendidos de que el otro conociera la canción. Ya no estaban pendientes del reloj, sino pasando el rato y tomando unas cervezas. Lawson se dio cuenta de que tenían mucho en común. Él había decidido seguir a su padre como agente del orden público, y Graham había escogido hacer lo propio con los negocios de su abuelo. Ambos habían crecido entre caballos, pero mientras para Graham estos eran una forma de ganar dinero, en su familia solo habían servido para avivar las tensiones económicas. Era difícil no fantasear sobre una vida como la de Graham: heredero de un rancho y ganando dinero con caballos de carreras.

Para este encuentro, Lawson le había pedido a Hodge que fueran en su Pathfinder. No estaba seguro de que el destartalado Chevy Impala dorado que el FBI le había asignado para trabajos encubiertos pudiera cubrir todo el trayecto desde Laredo. El Chevy, con el parachoques delantero abollado porque el agente anterior había atropellado a un ciervo, era exclusivamente para los novatos. Tomaron, pues, el SUV de Hodge, pero Lawson había insistido en ponerse al volante porque, cuando se alteraba por algo (y sucedía a menudo), Hodge tenía la tendencia de aminorar la velocidad. En el asiento del acompañante, Lawson se sentía como si estuvieran yendo a la deriva en un mar turbulento.

Ahora su confianza en Graham era firme. El joven criador de caballos no se había negado a hacer nada que Lawson le hubiera pedido. Y su información había sido de enorme valor. Graham estacionó junto al SUV de Hodge y bajó la ventanilla.—¿Cómo va? —dijo de forma despreocupada.

—Va —respondió Lawson—. Gracias por venir.

—¿Quiere subir atrás? —dijo Hodge, volviéndose para abrir la puerta.

Graham saltó de su camioneta y subió al SUV. Llevaba una gorra de béisbol granate de Texas A&M, su *alma mater*.

Lawson fue al grano. Sabía que si Graham se ausentaba demasiado tiempo se notaría. Siempre había también el peligro de que les viera Nayen, u otra persona que trabajara para José, puesto que estaban cerca del rancho de Graham.

—Explícanos más sobre el funcionamiento de la organización de José —dijo Lawson. Graham les explicó que había estado en las pruebas para la Rainbow Futurity en Ruidoso, Nuevo México, y había notado que José, Nayen y García habían presentado varios caballos con distintos nombres de propietarios. Y había otra cosa extraña: se había renombrado a todos los caballos y se les había puesto nombres de vehículos deportivos caros como Bugatti y Porsche Turbo, lo cual era extraño porque la mayoría de los propietarios querían mantener el nombre original de los animales, especialmente si el caballo era caro, puesto que indicaba su linaje.

Lawson escuchaba con atención. Aquella fue la primera vez que oyó hablar de Ruidoso y se enteró, con cierta frustración, que había perdido la oportunidad de ver a José y a sus colaboradores en acción.

—¿Puedes darnos algunos de los nombres de estos propietarios? —preguntó.

Graham no respondió de inmediato. Lawson entendió que estaba rebuscando en su memoria.

—La mayoría eran sociedades de responsabilidad limitada: Santa Fe Roldán, Fast and Furious... —dijo Graham.

Lawson anotó estos nombres. Estaba empezando a notar aquella subida de adrenalina que experimentaba cuando sabía que había encontrado algo.

—¿Cuándo se celebra la próxima carrera importante? —preguntó.

—Es la All American Futurity —respondió Graham—. Este año habrá un premio de 2 millones en metálico: el más cuantioso de su historia. Estará allí todo el mundo de las carreras de caballos.

La All American se consideraba la Kentucky Derby de las carreras de cuarto de milla. Se celebra anualmente el Día del Trabajador, el primer lunes de septiembre, después de una de las subastas más importantes de potros jóvenes que serían entrenados para competir la próxima temporada. Graham dijo que José presentaba varios caballos a las pruebas, lo cual era notoriamente agotador. Solo se clasificaban diez caballos para la que se anunciaba como «la carrera de cuarto de milla mejor dotada del mundo».

Lawson anotó la fecha de la carrera en su libreta. Si José iba a estar en Ruidoso, él también estaría allí.

ONCE

CUANDO VOLVÍAN A LAREDO, HODGE LE DIJO A LAWSON QUE ESTABA DEMA-siado ocupado para ir a Nuevo México. Hodge detestaba ya los largos viajes hasta Elgin para hablar con Graham. Y ahora actuó como si le hiciera un favor a Lawson permitiéndole ir solo a Ruidoso. Pero Lawson no podía llevar a cabo la vigilancia sin la ayuda de otro agente. Era una política establecida. Pensó en Alma Pérez, pero todavía no se sentía suficientemente cómodo para pedirle que le acompañara en un viaje de tres días durante un fin de semana largo. Otro obstáculo era que Alma estaba embarazada de seis meses, lo cual le había sorprendido cuando se lo dijo semanas atrás, aunque sabía que siempre había querido tener una familia grande. Ahora sentía una responsabilidad añadida hacia ella cuando intervenían juntos en dispositivos o trabajaban en el secuestro de los hermanos García. Pero si le hubiera dicho cómo se sentía, Alma se habría mostrado furiosa. Para Pérez no había nada peor que sentir que la trataban de forma distinta a los hombres de la unidad.

Para cuando se enteró por Graham de la All American, casi todas las habitaciones de Ruidoso estaban ya reservadas. La carrera era un gran acontecimiento para la pequeña localidad de montaña. La única habitación que había podido encontrar estaba en un Best Western venido a menos y costaba 280 dólares por noche. A Villarreal no le había hecho ninguna gracia, pero sabía lo que estaba en juego, en especial tras su reunión con la DEA en Houston. Por primera vez, Lawson estaría entrando en el mundo de José y podría documentar quiénes eran los actores, las empresas fantasma y los caballos. Decidió pedirle a Raúl Perdomo, uno de los agentes cubanos procedente de Miami, que le ayudara. Para ahorrar dinero en el presupuesto del viaje y para que Villarreal estuviera contento, podrían también compartir la habitación.

Lawson ya había pensado en una tapadera: si alguien les preguntaba dirían que un amigo rico de Texas les había pedido que se dieran una vuelta por la subasta para ver si había algo interesante.

Antes de salir de Laredo, Lawson le había pedido a Perdomo que hiciera todo lo posible por representar el papel de un ranchero mientras estaban en Nuevo México. Pero a Perdomo se le hacía difícil ocultar sus raíces caribeñas.

—No te preocupes, pareceré un pueblerino total —le dijo bromeando, pero Lawson no las tenía todas consigo.

En la habitación del Best Western, Perdomo sacó de su maleta un par de botas blancas con puntera y una camisa púrpura con un dragón estampado en el pecho.

—¡Madre mía! —dijo Lawson, mirando la vestimenta de su compañero—. ¡No puedes ponerte esta porquería de *Miami Vice* para ir al hipódromo!

—¿Qué problema hay? —dijo Perdomo, en tono ofendido.

—Nada. ¡Olvídalo! —respondió Lawson.

A la mañana siguiente se pasaron por el Lodge de Sierra Blanca, un complejo vacacional con campo de golf donde Tyler Graham se alojaba siempre que iba a Ruidoso. Lawson sintió una punzada de envidia cuando entraron en las blancas dependencias del complejo, que hacían que su habitación en el Best Western pareciera todavía más cutre. El estacionamiento estaba lleno de caras camionetas diésel y elegantes remolques para caballos.

Graham abrió la puerta vestido con vaqueros y un polo. Iba a jugar al golf después de la reunión, dijo con despreocupación. A Lawson le impresionó, de nuevo, su capacidad de gestionar aquel momento, que para muchos sería estresante, con una sorprendente naturalidad y desenvoltura. La presencia de dos agentes del FBI en su habitación del hotel no alteraba su rutina. Lawson y Perdomo tomaron una silla y se sentaron, mientras Graham apagaba el televisor.

Lawson quería saber qué podían esperar y qué cosas tenían que buscar durante los próximos días. Graham explicó que el fin de semana estaría dedicado a unas subastas donde los compradores pujarían por algunos de los linajes de caballos de carreras más valiosos del mercado. Todos los grandes licitadores estarían allí evaluando el próximo plantel de potrillos. El fin de semana largo culminaría el lunes, que era el Día del Trabajador, con la All American Futurity.

Graham les mostró el catálogo de ventas para la próxima subasta y les explicó qué eran los números de los caballos. Cada caballo en venta tendría un número que correspondía a su entrada en el catálogo, junto a una descripción del año de nacimiento, su linaje y otras características. Graham sabía que José se sentiría atraído por determinados caballos que pertenecían a los linajes más valiosos y caros de la subasta.

—No pierdan de vista estos caballos.

Graham recorrió el grueso catálogo señalando algunos caballos que José había dicho querer comprar. Lawson escribió los nombres y números en una pequeña libreta que se había sacado del bolsillo trasero del pantalón.

—Aquí hay algunos otros que probablemente querrán comprar porque son caros —dijo Graham señalando algunos otros animales del catálogo. Lawson y Perdomo se acercaron más para examinar en detalle los nombres de los potros, todos ellos descendientes de sementales extraordinarios como First Down Dash, Corona Cartel, y Mr. Jess Perry; todos ellos se venderían probablemente por decenas de miles de dólares en la subasta. Lawson escribió los números asignados a cada caballo.

—Gracias por esto —dijo Lawson, cerrando la pequeña libreta de espiral y guardándola en el bolsillo trasero de sus vaqueros. Graham asintió.

—Faltaría más —repuso.

—Una vez comiencen las subastas será demasiado arriesgado vernos de nuevo —dijo Lawson—. Mejor usar mensajes de texto o el teléfono.

No podía alejar el temor de que José les identificara. Había comenzado como un molesto pensamiento el día anterior cuando aterrizaron en El Paso y había ido creciendo exponencialmente a medida que su automóvil de alquiler se iba acercando a Ruidoso. Sería quizá la camisa púrpura de Perdomo, o Lawson y su cámara, lo que de repente podía despertar sus sospechas. Varios agentes le habían dicho que José era un tipo paranoico, alguien que había pasado décadas evitando los radares de las fuerzas de orden público. Y sospechaba que estaría ojo avizor, especialmente mientras gastaba el dinero de su hermano en Nuevo México.

EL HIPÓDROMO RUIDOSO DOWNS se asentaba en un valle verde moteado de arbustos de enebro y rodeado de montes repletos de pinos. El firmamento era de un azul intenso, pero el calor no era húmedo y asfixiante como en Laredo. Para sorpresa de Lawson, cuando llegaron al hipódromo Perdomo se integró en el paisaje mejor que él. No tuvo que decirle: «¡Te lo dije!». Su sonrisita lo decía todo. Algunos de los hombres mexicanos iban engalanados con lo último de la parafernalia narco: enormes relojes de diamantes, vaqueros Ed Hardy con bolsillos tachonados de lentejuelas y botas de vaquero de colores brillantes con la punta ondulada. Lawson se preguntó si trabajaban para Miguel o si eran de otro cártel. Solo los eclipsaban algunas mujeres ricas de Texas, con sus largas chaquetas bordeadas de cuero, sus botas vaqueras a juego y montones de joyas de plata.

Los agentes pasaron el primer día dando vueltas por el pabellón de ventas situado al este del hipódromo. El pabellón parecía un inmenso granero hecho de acero corrugado y rodeado de largas hileras de establos donde se guardaban los caballos. En el interior había un anfiteatro donde los rancheros se sentaban en grupos para pujar por los caballos que les iban llevando al círculo de venta. Un corpulento subastador con sombrero negro de vaquero se sentó en un escritorio sobre una plataforma elevada situada tras el círculo, llamando a cada caballo por su nombre y número, en una cantinela de barítono interrumpida por el agudo golpe de su mazo cuando se vendía un caballo. La subasta era un baile sutil en el que Lawson no acababa de descifrar quién estaba haciendo qué. Tres hombres mayores con camisas vaqueras que recorrían los pasillos escrutando a los concurrentes eran los encargados de determinar si un determinado guiño era una puja o un espasmo involuntario. Cuando alguno de los hombres tenía un postor asegurado, gritaba «¡Hep!» y el subastador registraba la puja: «Tengo 150, ¿quién da 200?».

Fue fácil descubrir a Nayen cerca del círculo de venta: llevaba una camisa rosa desabrochada casi hasta el ombligo y una cadena de oro en el cuello. José, con una gorra blanca de vaquero, estaba sentado cerca de él, valorando cada caballo. Pero Lawson observó que no pujaba.

Nadie podría imaginar que, con sus vaqueros y botas gastadas, era el hermano mayor de dos ricos señores del narcotráfico. No se sentía atraído por las joyas llamativas o por la ropa como sí sucedía con Nayen. Había conseguido hacerse invisible. Pero Lawson sabía que a medida que sus hermanos se habían hecho más conocidos, José era cada vez más observado. Cada vez que cruzaba el puente de Nuevo Laredo para entrar en Laredo, los agentes de aduanas y protección fronteriza le retenían durante horas interrogándole acerca de sus hermanos.

Lawson se sentó al otro lado del círculo para conseguir un buen ángulo de cámara; mientras tanto, Perdomo salió al exterior para encontrar los establos donde Fernando García guardaba algunos de los caballos del cártel. Con su sombrero de vaquero gris y sus botas, Lawson esperaba parecer un comprador más buscando una buena oportunidad. Enfocó la cámara hacia el círculo como si estuviera tomando fotografías de los caballos. Siempre que José y Nayen miraban a otro lado o estaban distraídos tomaba una foto. Cuando oprimía el disparador de la cámara Lawson sentía latirle el corazón como el bombo de una batería. Graham se puso cerca de Nayen con el catálogo abierto en las manos. Lawson sabía que podía contar con que Graham pondría cara de póquer si sus miradas se cruzaban.

Cada vez que pujaba, Nayen tomaba una foto con el móvil del precio de venta indicado en el panel de neón y después comenzaba a mandar mensajes de texto frenéticamente. Apenas levantaba la cabeza de su BlackBerry. Lawson dedujo que estaba comunicándole a Miguel los precios de venta. Sacó más fotografías... clic, clic, clic. De repente, José se volvió y pareció mirarle fijamente. De forma instintiva Lawson respiró hondo. Lo peor que podía hacer era amedrentarse y huir del anfiteatro. Rápidamente fingió interesarse por el catálogo que había tomado a la entrada. Se sentía culpable por pifiar la vigilancia. Se imaginó a Villarreal lamentando haber mandado a un novato en lugar de confiar la misión a un agente experimentado. Estuvo pasando páginas unos minutos y volvió a mirar. Graham hablaba con José de algo del catálogo de la subasta y parecía completamente absorto en lo que estaban tratando. Lawson esperaba no haber estropeado algo. Llamaría a Graham tan pronto como pudiera. Ya había tenido bastantes emociones, así que guardó rápidamente la cámara con una sensación de temor en la boca del estómago y se dirigió a la salida.

No se relajó hasta que Graham le devolvió la llamada un par de horas más tarde. Para su alivio, Graham le comentó que José no se había fijado especialmente en él. Estaba seguro de ello, le dijo. De modo que, después de todo, no había estropeado la vigilancia. ¡Y con cuánta rapidez se había puesto en lo peor!

Cuando llegó el Día del Trabajador, las gradas estaban llenas de espectadores para la carrera que todos habían estado esperando. Lawson y Perdomo se abrieron paso hasta la baranda para observar a los delgados yoqueis sobre sus monturas, calentando en la recta opuesta para la All American Futurity. Los yoqueis se acoplaban a sus caballos en perfecta unión aerodinámica cuando esprintaban por la pista. A Lawson casi le parecía que se deslizaban. Antes de que comenzara la carrera, se dieron una vuelta rápida por la zona de apuestas, abarrotada de apostantes y de gente que hacía cola para comprar bebidas en los quioscos. Hicieron una apuesta de tres dólares y otra de cinco para parecer ocupados. Lawson había aprendido lo suficiente de Graham sobre los mejores linajes de caballos de carreras para pensar que podría hacer una jugada en la All American. Pensó que si ponía el dinero en apuestas al primer, segundo y tercer clasificados y escogía los caballos con mejores pedigríes, al menos le devolverían el dinero. Apostó tres dólares a favor de Mr. Piloto, que era la posibilidad más remota de la carrera. El gran semental alazán tenía un linaje de primera clase, pero no había tenido una actuación precisamente brillante; había marcado uno de los tiempos de clasificación más bajos de la historia de la All American y había quedado el último de los diez caballos clasificados.

Graham le había dicho que clasificarse para la carrera de 440 yardas implicaba un esfuerzo especialmente extenuante. El pasado mes de agosto, más de cuatrocientos caballos habían competido durante tres días para ocupar una de las diez casillas de salida de la carrera. Los caballos que se habían ganado un codiciado lugar en la All American podían afirmar estar entre los más rápidos del mundo. Durante la carrera de 2006 se estableció un récord mundial de velocidad cuando un caballo llamado No Secrets Here recorrió los 400 metros en menos de veintiún segundos, a una velocidad media de casi setenta kilómetros por hora.

La mitad del premio de 2 millones de dólares sería para el ganador y el resto se dividiría entre los otros nueve caballos de acuerdo con su clasificación. Ganar el Futurity era el sueño de todo yóquey, propietario y entrenador del mundo de las carreras de cuarto de milla. Algunos veteranos de las carreras de caballos que llevaban décadas de duro trabajo para clasificarse para la All American todavía no lo habían conseguido. El hecho de que Tremor Enterprises, la empresa de José, que llevaba poco más de un año en el mundillo, tuviera un caballo en la carrera era para muchos un increíble golpe de suerte. Naturalmente, no tenían ni idea de que la suerte no tenía nada que ver. José se había limitado a presentar varios caballos carísimos a las pruebas clasificatorias a través de propietarios y empresas fantasma hasta que uno de ellos se había clasificado. Era la mera ley de las probabilidades, ni más ni menos. «José no es un gran experto en caballos —le había dicho Graham—. Simplemente compra los mejores».

Graham le había mandado una nota para que supiera que, durante la carrera, estaría con José y los demás, dentro de la pista, cerca del panel marcador y de la línea de meta. Lawson se había situado en las gradas que estaban justo enfrente de ellos para no perderles de vista. Enfocó el teleobjetivo de su cámara hacia la línea de meta. Vio a Graham con oscuras gafas de sol junto a José, que llevaba su sombrero blanco de vaquero, y Nayen, con un traje negro probablemente italiano y caro. Eran las cinco de la tarde y los aficionados más incondicionales habían estado todo el día bebiendo cerveza barata y tequila. Todos, también Lawson, se habían achicharrado bajo aquel sol de justicia y tenían ganas de que, por fin, comenzara la carrera.

Estudiando el surgimiento de Mr. Piloto, estaba comenzando a entender el funcionamiento de la organización. En las pruebas clasificatorias de agosto, José había presentado al menos diez caballos bajo la tapadera de varias sociedades de responsabilidad limitada. Mr. Piloto había pertenecido a García Bloodstock and Racing, cuyo propietario, Fernando García, había montado la SRL solo unos meses antes de la carrera. García, de veintinueve años, tenía varios caballos caros a su nombre, entre ellos Mr. Piloto. Había sido Ramiro Villarreal el que había comprado el caballo de carreras por 81.000 dólares en una subasta de Heritage Place en septiembre de 2009. El caballo se llamaba Maverick Perry antes de que Nayen le cambiara el nombre.

Cuando Mr. Piloto se clasificó para la All American, la propiedad del caballo fue transferida a Tremor Enterprises, la empresa de José, una SRL que había creado tras la adquisición de Tempting Dash. Constituir una SRL era un trámite muy fácil: solo había que pagar 300 dólares y rellenar algunos formularios de la secretaría de estado de Texas. José iba moviendo los caballos de una SRL a otra, y cuando un caballo ganaba una carrera y se hacía más valioso, pasaba a ser propiedad de Tremor Enterprises.

Mientras esperaba con Perdomo el inicio de la All American, Lawson intentó reposicionarse más cómodamente en el duro asiento de aluminio (no era fácil con una Glock dentro de la bota). Observó que la mayoría de espectadores sentados a su alrededor en la abarrotada gradería sin protección eran mexicanos o de origen mexicano. Los mexicanos habían traído su amor por las carreras de caballos desde las zonas rurales y los polvorientos hipódromos del norte de México y la costa del Golfo. Sobre las graderías, en el Turf Club con aire acondicionado y los palcos VIP con las mejores vistas, muchos de los rostros seguían siendo blancos. Pero estaban envejeciendo; sus hijos no tenían la misma pasión por las carreras de caballos: demasiado riesgo y muy poca ganancia. No era un secreto: el futuro de las carreras de cuarto de milla en Estados Unidos era latino. Lawson había notado que Tyler Graham hablaba un español bastante decente. Tras un reciente viaje a Brasil, donde el sector de las carreras de cuarto de milla iba en aumento, Graham había aprendido también un poco de portugués. Las carreras de caballos, como casi todo lo demás, tenían que adquirir una dimensión mundial para sobrevivir.

Sonó la corneta y los caballos enfilaron la pista de tierra roja hacia los cajones de salida. Un murmullo de excitación se extendió entre la multitud, que comenzó a aclamar a caballos y jinetes a medida que iban pasando. Mr. Piloto llevaba una capucha de nailon roja, blanca y verde para ayudarle a mantener la mirada en la pista. En la parte central de la capucha, un águila llevaba una serpiente en el pico, símbolo de la bandera mexicana. «Hecho en México», se leía arriba de todo. Lawson había oído que Miguel estaba resentido por el modo en que los blancos ricos le habían tratado a él y a su familia en Dallas. Sin duda se sentiría muy satisfecho si Mr. Piloto ganaba la carrera y los gringos de los palcos VIP sabían que el propietario del caballo ganador era mexicano.

Lawson apenas veía a los caballos en los cajones de salida desde donde él se sentaba cerca de la línea de meta. Los caballos de cuarto de milla eran tan rápidos que si se despistaba unos segundos no vería nada. Las carreras de 440 yardas (un cuarto de milla) —la distancia que daba nombre a aquellos caballos— podían acabarse en menos de medio minuto. La multitud aullaba y gritaba para que comenzara la carrera. Lawson oyó el golpe seco de la abertura de los cajones metálicos y el distante fragor de cascos retumbando por la pista. Vio a los otros caballos agrupándose hacia el carril interior mientras Mr. Piloto viraba bruscamente hacia el borde externo. El caballo estaba tan cerca de la baranda exterior que Lawson oía el restallido del látigo del yóquey y veía volar terrones de tierra con cada zancada de Mr. Piloto. Poco antes de la línea de meta, los caballos se aglomeraron en una difusa y brillante amalgama de colorida seda y carne equina. Cuando cruzaron la línea de meta era imposible decir qué caballo había ganado. La confusión crecía mientras los comisarios esperaban que se analizara la foto de llegada. Tras unos extraños minutos se anunció finalmente el resultado: el ganador había sido Mr. Piloto por una nariz.

José, Nayen y varios otros que estaban con ellos saltaron la valla y corrieron por la pista hacia donde estaba Mr. Piloto y su yóquey, Esgar Ramírez, que daban una vuelta de celebración ante los espectadores. Lawson captó en una foto el momento en que José se quitó el sombrero y, levantando la vista al firmamento, se santiguó. Después hizo una llamada con el móvil, que sin duda iba dirigida a su hermano en México. Lawson hizo más fotografías cuando José, que seguía hablando por teléfono, tomó las riendas de Mr. Piloto y le llevó al círculo del ganador, donde García abrazó a José. Allí estaban el vendedor y el comprador de Mr. Piloto fundiéndose en un abrazo en el círculo del ganador. Lawson se preguntaba qué estaba celebrando García. Había vendido a Mr. Piloto por casi nada, y el caballo acababa de ganar un millón de dólares.

Lawson observó que, fuera de la pista, Nayen estaba mandando mensajes de texto con igual entusiasmo que el día anterior. Los comentarios que se oían por todas partes dejaban claro que la victoria de Mr. Piloto había tomado a todo el mundo por sorpresa. Las posibilidades de aquella victoria habían sido de 22 a 1. Incluso los veteranos, que sabían por experiencia que las carreras de caballos eran un negocio voluble, lleno de giros impredecibles, no se lo creían. La victoria de Mr. Piloto no solo había sido la más lucrativa de la historia de la All American, sino también la que se había conseguido con el margen más bajo de posibilidades. Lawson se dirigió a la ventanilla de las apuestas y recogió su dinero.

YA EN EL BEST Western, Lawson recibió otro mensaje de Graham. José y su camarilla iban a seguir con la celebración en un casino llamado The Inn of the Mountain Gods. Graham también les acompañaría. Lawson y Perdomo se prepararon para salir aquella noche.

Las instalaciones del Inn of the Mountain Gods se extendían por un pequeño valle con un lago artificial y un estacionamiento de tres plantas escalonadas casi tan alto como el casino. Para acceder al valle situado en los aledaños de la ciudad, los apaches mescalero, propietarios del casino, habían abierto un túnel que atravesaba las montañas cubiertas de bosques. En la densa oscuridad de aquella noche, la entrada del túnel parpadeaba con pequeñas luces blancas que invitaban a los jugadores a entrar y probar suerte.

Lawson y Perdomo pasaron por entre hileras de ruidosas máquinas tragamonedas y llegaron a un bar llamado Big Game, situado al fondo del casino. Las paredes estaban llenas de cabezas de ciervos y la estancia olía a cerveza y a humo de cigarrillo. El establecimiento estaba medio lleno y Lawson se propuso no mirar hacia el rincón del fondo donde Graham, José, Nayen, García y otros dos hombres estaban sentados alrededor de una mesa bebiendo botellines de cerveza. Los agentes ocuparon una mesa que había quedado libre en un lugar cercano. La cabeza de un ciervo miraba a Lawson desde la pared con ojos tristes. Dio un vistazo rápido hacia la mesa de José y vio junto a él a un hombre mexicano de piel oscura y expresión huraña que acariciaba una cerveza. Por su lenguaje corporal y el modo en que iba escrutando el bar, podía ser el guardaespaldas de José.

Lawson intentaba oír lo que se decía en la mesa mientras simulaba una animada conversación con Perdomo. Había entendido lo suficiente para saber que Graham estaba intentando convencer a José de que hiciera competir de nuevo a Mr. Piloto. El caballo había ganado la All American Futurity, pero había sido el peor tiempo de la historia de la carrera. Mr. Piloto necesitaba otra victoria que realzara su título como campeón antes de que José le retirara como semental. José parecía poco convencido.

Lawson le vio vaciar varias cervezas más. De repente, se levantó de la mesa. Le temblaban las piernas y Lawson dedujo que se dirigía al servicio. Tras cruzar el bar, José se tambaleó y las piernas le fallaron. La gente se apartó de él como si fuera un árbol a punto de caer. Un apache entrado en años se acercó para ayudarle a ponerse en pie. José se puso a insultarle en español y, de improviso, quiso darle un puñetazo que, el hombre, sorprendentemente ágil, eludió con un rápido movimiento. Aquel arrebato de ira le había transformado el rostro y Lawson entendió que toda aquella imagen de hombre bonachón y humilde que José había venido representando con sus nuevos amigos de las carreras de caballos no era más que teatro. Llegado el momento se parecía más a sus hermanos de lo que pretendía.

Un agente de seguridad fue rápidamente hacia José, dispuesto a sacarle del bar, pero Nayen, Graham y los demás pudieron convencerle de que regresara a su puesto cerca de la entrada. Ellos acompañaron al exterior a José. Lawson y Perdomo dejaron unos billetes para pagar las cervezas y salieron también, guardando la distancia, mientras José, su guardaespaldas y Graham atravesaban el casino y salían al aparcamiento por las puertas automáticas.

Cuando se marcharon, Lawson y Perdomo fueron hacia a su vehículo de alquiler. Sobre los montes, grandes relámpagos iluminaban intermitentemente las negras nubes, amenazando con un chaparrón mientras Lawson se ponía al volante. El tiempo en Ruidoso había sido bien empleado. Habían conseguido documentar el modo en que funcionaba la organización sirviéndose de propietarios y empresas fantasma. El hecho de que Mr. Piloto hubiera ganado la carrera lo explicaba todavía mejor. Un año atrás, José estaba ganando, como mucho, 50.000 dólares al año, y ahora era millonario. Lawson sabía que la victoria que acababan de celebrar les daría alas a él y a sus hermanos para gastar más dinero todavía, lo cual ayudaría sin duda a la investigación. Cuando volvían a la ciudad, mientras descendían por la oscura montaña, las nubes se abrieron y una inmensa luna llena iluminó la noche.

CUANDO LLEGÓ A SU oficina de Laredo, Lawson tenía un mensaje pidiéndole que llamara a la oficina del FBI en Las Cruces, Nuevo México. Marcó inmediatamente el número. El agente que respondió la llamada le dijo que habían recibido dos denuncias de asistentes a las subastas de caballos en Ruidoso que, en su opinión, podían serle útiles en su investigación. Lawson le imaginó sonriendo socarronamente al otro lado de la línea. Los compañeros de su unidad se burlaban despiadadamente de él por la cuestión de los caballos. Más de una vez había oído relinchos desde el otro lado de su cubículo, seguidos de risas contenidas. La mayoría de ellos pensaban que los caballos eran un callejón sin salida. Incluso Hodge se mostraba a menudo poco entusiasmado con el caso y le molestaban los viajes porque implicaban ausentarse de su familia. Una vez, camino de su escritorio, un agente de la unidad administrativa le había preguntado si ya le había puesto las esposas a Mr. Ed.

Lawson preguntó los detalles del incidente al agente de Las Cruces. Le dijo que las denuncias eran por dos adolescentes que habían pujado por caballos que costaban un cuarto de millón de dólares. El administrador de la casa de subastas había incluso bajado para hablar con los muchachos cuando vio que estaban firmando los formularios de puja; había querido asegurarse de que no habría problemas con el dinero. Lawson recordó a dos jóvenes con camisetas en el grupo de Nayen, pero no se dio cuenta de que también estaban firmando formularios de puja. Dio gracias al agente por la información y llamó a Graham. Después de la subasta se había sentido tentado a visitar la oficina de ventas, pero había pensado que debía ser prudente y, por el momento, no extender demasiado los parámetros de la investigación. Sabía que cualquier indicio de que el FBI estaba husmeando en las subastas y las carreras sería inmediatamente materia de chismorreo. Por ello le había pedido a Graham que verificara los registros.

Graham conocía al jefe de ventas de Ruidoso desde hacía muchos años, por lo que este no le hizo muchas preguntas. Graham le dijo que estaba ayudando a José, lo cual era verdad, puesto que tenía que trasladar muchos de los caballos que había comprado en la subasta a su rancho de Elgin. El jefe de ventas le dijo a Graham que los caballos eran aptos para el traslado. La mañana después de la All American Futurity, un hombre corpulento de mediana edad, vestido con un traje caro, se había pasado por su oficina para pagar los caballos. Flanqueado por dos jóvenes que, según la descripción del jefe de ventas, podrían ser Fernando García y Carlos Nayen, aquel hombre le había preguntado a la contable en español cuánto le debía, y García había traducido su petición al inglés. La factura, contestó ella, era de 2,2 millones de dólares.

El desconocido no se inmutó, aunque aquella era la suma de dinero más elevada que alguien había gastado en una sola compra en toda la historia de la subasta. Sacó su talonario y escribió el cheque. José y su camarilla habían comprado veintitrés caballos de los mejores linajes, y de los más caros. El jefe de ventas estaba tan entusiasmado con la venta que había regalado al desconocido una estatua de bronce que representaba un caballo con su yóquey. Tirándole un poco más de la lengua, Graham pudo conocer el nombre del desconocido —Francisco Colorado Cessa— y que había hecho el cheque desde una cuenta bancaria del BBVA Compass de California. Lawson hizo una nota con el nombre. Citaría al BBVA Compass para pedirle el extracto de cuentas de Francisco Colorado. Después consultaría las bases de datos criminales y de inteligencia para ver si el nombre del rico pagador arrojaba algún resultado.

Ahora ya no era solo que se hubieran realizado algunas transferencias desde México, sino que un hombre de negocios mexicano había firmado un cheque en persona. Observó que Ramiro Villarreal no había aparecido por la All American ni tampoco por la subasta, de modo que, decididamente, estaba fuera del grupo. Y ahora había entrado en escena un nuevo actor, que apareció de la nada y firmó un talón de 2,2 millones de dólares.

DOCE

RAMIRO VILLARREAL SE SECÓ EL SUDOR DE LA FRENTE. EL AEROPUERTO DE Houston estaba repleto de niños que gritaban y de personas corriendo de acá para allá con sus maletas de mano. Los pies le dolían horrores, y tenía que conectar con su vuelo a Oklahoma City, donde todos los años se celebraba la siguiente gran subasta después de la All American.

Técnicamente, seguía trabajando para Miguel. Pero no le habían pedido que fuera a la subasta de Ruidoso. Sería afortunado si Miguel le permitía pujar por uno o dos potrillos en Heritage Place. Durante los tres últimos años, Villarreal había encauzado más de 3,5 millones de dólares a hipódromos y casas de subastas estadounidenses para el jefe del cártel. Con la ayuda de un hombre que tenía un negocio de cambio de pesos en Monterrey, había creado una empresa pantalla llamada Basic Enterprises. Cada mes se había pasado por la agencia de cambio de pesos con maletas llenas de dólares para transferirlos a Estados Unidos. Inicialmente se le dijo que las operaciones serían más baratas si se realizaban en pesos mexicanos. Villarreal estaba pagando el doble en comisiones, le explicó el propietario de la agencia, porque tenía que cambiar los dólares en pesos y de nuevo a dólares para introducir el dinero legalmente en el sistema bancario internacional. Villarreal le dijo que pagaría lo que costara. «Mis clientes me pagan en dólares. De modo que hemos de hacerlo de este modo».

Cuando se acercaba a la puerta de embarque, arrastrando su computadora portátil, dos hombres con aspecto de agentes de paisano le abordaron.

—¿Podríamos hablar con usted un momento? —preguntó uno de ellos.

Sin embargo, no era exactamente una pregunta. Le dirigieron a una sala privada del aeropuerto, donde entraron y cerraron la puerta tras ellos. Uno de los hombres le explicó a Villarreal que formaban parte de una unidad operativa de la DEA en Houston.

Para su sorpresa, le dijeron a Villarreal que le habían pinchado el teléfono. Habían grabado sus llamadas a Omar, Mamito y otros. Una vez que Miguel había contratado a Villarreal, se había hecho un objetivo fácil, puesto que la pasión de Miguel por las carreras de caballos era bien conocida. Durante varias horas, los dos agentes interrogaron a Villarreal sobre sus reuniones con Miguel y otros miembros del cártel. Uno de ellos tomó el teléfono de Villarreal y descargó todos sus contactos. Finalmente, permitieron que el desaliñado agente de caballos tomara el último vuelo a Oklahoma City, pero solo con la condición de que les informara de lo acontecido a su regreso de la subasta. Le confiscaron su portátil, donde tenía todas sus cuentas importantes y otra información sobre sus negocios, para asegurarse de que haría lo que le pedían.

El día después de la subasta, Villarreal volvió a Houston —como habían acordado— y esta vez se reunió con René Amarillas, un agente especial de la DEA que se había desplazado desde la oficina de Monterrey en México. Amarillas estaba encargado del seguimiento de Miguel Treviño en México, una tarea nada fácil, puesto que el narcotraficante cambiaba constantemente de celular y de domicilio. Miguel estaba en el radar de la DEA desde el año 2007, cuando la agencia incautó ocho toneladas de cocaína colombiana en la norteña ciudad portuaria mexicana de Altamira. Resultó que el contenedor de cocaína había pertenecido a Miguel, y las dimensiones de la incautación decían a las claras que Treviño se había convertido en un gerifalte dentro del cártel. Amarillas le explicó a Villarreal que ya tenía horas de grabaciones en que Villarreal hablaba sobre Tempting Dash, carreras en Grand Prairie y subastas con Miguel y Omar. Con aquello tenía de sobra para meterle en la cárcel. Pero Amarillas no estaba, en realidad, interesado en las estafas de Villarreal. A quien quería era a Miguel y él iba a ayudarle.

Villarreal suplicó que le soltaran. Sabía lo que Miguel hacía a los informadores. Pero Amarillas insistió. Villarreal tenía que escoger entre ir a la cárcel o llevarle hasta Miguel. Aquellas eran sus opciones. Como Los Zetas, la DEA no iba a aceptar un no por respuesta.

TRECE

LAWSON ESTABA ABSORTO EN LA PANTALLA DE SU COMPUTADORA COMPROBANDO el progreso de la orden de presentación del extracto de cuentas de Francisco Colorado cuando Pérez apareció en su cubículo.

—¿Cómo va todo? —le dijo.

Lawson la miró de soslayo. Sabía que se refería al caso Treviño, del que hablaban a menudo.

—Así así —le dijo.

—Esto significa «de aquella manera», ¿no?

—Sí.

Ella asintió.

—Muy bien, güero.

—Gracias, morena —respondió él en su limitado español.

La mirada de Pérez fue de complicidad.

—Alguien te ha estado enseñando.

Uno de sus pasatiempos preferidos era tomarle el pelo con la idea de que se enamoraría y se casaría en Laredo. Sus planes de volver incólume a Tennessee no se cumplirían ni de broma. Pérez llevaba unos pantalones caqui y una holgada camisa de punto azul bajo la cual se acomodaba su vientre en expansión. Él sabía que salía de cuentas en un mes, más o menos para Acción de Gracias.

En aquel momento estaban colaborando en varios casos, y el resto de la unidad esperaba que si había algún aviso o un caso reactivo, Pérez y Lawson lo abordarían juntos. Los otros agentes se sentían aliviados porque no sabían muy bien qué hacer con el embarazo de Pérez.

—Vete con cuidado, no vayas a acabar oficiando el parto —le había dicho uno de sus compañeros a Lawson, que le fulminó con la mirada.

Lawson tenía una media hermana más joven y, tras el divorcio de sus padres, había pasado una buena parte de su infancia con su madre. Le gustaba pensar que él estaba por encima de las actitudes machistas de algunos de los agentes de la unidad.

Con la ayuda de un investigador criminal del Ministerio de Hacienda en Waco, Hodge había conseguido redactar la acusación en el caso de los narcotraficantes. Lawson estaba impresionado con Steve Pennington. Aquel hombre sabía perfectamente lo que hacía, pero no sentía la necesidad de publicarlo a los cuatro vientos. Hodge había estado anormalmente alegre desde la formulación de los cargos. Con los últimos compases de aquel caso, su salida de Laredo estaba un poco más cerca.

Lawson había aprendido mucho de Hodge sobre el papeleo que requería el FBI en cada paso de una investigación, pero cuando se trataba de colaborar de verdad buscaba a Pérez.

—Alguna novedad sobre nuestra fuente en el caso del secuestro? —preguntó Lawson.

—Nada todavía —dijo ella.

Unas semanas atrás habían conseguido, por fin, reconstruir lo que les había sucedido a los hermanos mediante fuentes de Nuevo Laredo. Algunos Zetas habían interceptado a los hermanos García antes de llegar al rancho al que se dirigían y les pidieron que les entregaran las motocicletas y la camioneta. Cuando se negaron, los pistoleros los habían matado.

Resultó que el tipo que usaba los celulares de los hermanos García era el que había dado la orden de disparar. Ya le habían dado esta información a la policía de Nuevo Laredo, pero, como era de esperar, no habían movido un dedo.

—¿Qué hay de nuestro piloto? ¿Ha salido ya el helicóptero?

Pérez se refería ahora a otro caso del que habían comenzado a ocuparse recientemente: un homicidio en el vecino condado de Zapata. Un hombre y su esposa habían salido a pasear con sus motos acuáticas por el lago Falcon, un embalse formado por el río Bravo. Cometieron el error de extraviarse por territorio Zeta en la ribera mexicana del lago, donde les dispararon con rifles AK-47. El hombre fue abatido, pero su esposa logró huir en su moto acuática. Habían transcurrido ya varias semanas desde el incidente y todavía no se había recuperado el cadáver. Ni Lawson ni Pérez estaban autorizados para cruzar la frontera de México. Un comandante de la policía mexicana se había ofrecido para ayudar, pero una semana más tarde su cabeza llegó en una maleta a un cuartel del ejército mexicano cerca del lago.

Tras la muerte del comandante de policía, se habían esforzado por encontrar a alguien que pudiera realizar la búsqueda en México. Finalmente, Lawson había conseguido contactar con un experimentado piloto texano dispuesto a volar con un helicóptero de los bomberos voluntarios mexicanos por la zona en que había desaparecido el hombre. Un par de bomberos habían accedido a ir con él por si se localizaba el cuerpo.

Lawson miró la hora en el celular.

—Probablemente el helicóptero está barriendo la zona en este momento. Pronto deberíamos tener noticias.

—Avísame cuando sepas algo —dijo Pérez dirigiéndose de nuevo a su cubículo en un rincón de la oficina.

Unos treinta minutos después, Lawson apareció sonrojado. Pérez vio de inmediato que algo iba mal.

—Acabo de hablar con el piloto. Estaban sobrevolando la zona y les han disparado desde abajo, y ahora se les está acabando el combustible. Dice que aterrizar es muy peligroso.

—¡Oh no! —dijo Pérez, levantándose con cierta dificultad.

Ya se sentían bastante culpables por lo del comandante de policía. Habría podido negarse a ayudarles, como los demás, pero no lo había hecho y ahora estaba muerto.

—Intentaré conseguirles permiso para que aterricen en Texas —dijo Pérez con urgencia tomando el celular.

—Necesitan combustible —dijo Lawson—. He de pensar cómo podemos hacérselo llegar.

—Voy contigo —dijo Pérez, sentándose de nuevo en la silla y comenzando a ceñirse la cartuchera del tobillo.

—¿Por qué no te quedas aquí? —sugirió Lawson.

—¡Ni en broma! —dijo Pérez tomando la chaqueta del respaldo de la silla.

Le había hablado repetidamente a Lawson de su último embarazo en Miami, donde había trabajado hasta el mismo día del parto. Estaba orgullosa de haber ayudado en la detención de un traficante de cocaína colombiano cuando estaba de ocho meses. Había realizado tareas de vigilancia durante siete horas, moviéndose solo para hacer pis en los matorrales cercanos. Más tarde supo que el jefe de su unidad se había olvidado de ella y que por eso no había mandado un relevo. Siendo su primer año, Alma estaba decidida a causar una buena impresión en los hombres de la unidad, por lo que había seguido en su puesto sin quejarse. Cuando finalmente tomaron la casa, ella estaba allí con ellos. Más adelante, los agentes se hicieron fotografías con la mercancía incautada. Pérez posó, atrevida, de perfil, mostrando su avanzado embarazo junto a los paquetes de cocaína.

—Soy coagente de este caso —dijo ella—, y voy a ir contigo.

Lawson veía la determinación en su rostro. Sabía perfectamente que no iba a convencerla de que se quedara en la oficina. Metió con suavidad la Glock 27 en la cartuchera oculta en su cintura.

—De acuerdo, vámonos señora embarazada —le dijo.

Por el camino pidieron a Perdomo que les prestara su vehículo de trabajo, porque era una camioneta. Desde la oficina se dirigieron a toda velocidad a las afueras de Laredo donde estaba el aeropuerto. Allí compraron dos bidones de cincuenta y cinco galones de combustible. Mientras llenaban los barriles, Pérez intentaba conseguirle permiso al helicóptero mexicano para que aterrizara en la zona estadounidense de la frontera. Tenían al menos una hora de mala carretera para llegar a Zapata y al helicóptero.

El trayecto hacia el sur, por la autovía, con dos bidones de combustible de aviación moviéndose por la caja de la camioneta, se le hizo una eternidad a Lawson.

—Parece mentira que esté haciendo esto —dijo mirando a Pérez y su barriga.

—¡Olvídate de esto! —dijo ella en un tono que le invitaba a no sacar otra vez el asunto de su embarazo a colación.

Lawson cambió de tema.

—¿Te sientes culpable, a veces, por el comandante de policía mexicano?

—A veces —dijo Alma—. No podemos fallarles a los del helicóptero.

Pérez había finalmente conseguido permiso para que el piloto del helicóptero pudiera aterrizar en el lado estadounidense del lago Falcon.

Cuando llegaron, la agotada tripulación del helicóptero les estaba esperando. El piloto llenó rápidamente el depósito, y después vieron la nave dirigirse de nuevo hacia el sur. La tripulación había decidido no arriesgarse con otra peligrosa incursión por el lago. De nuevo, todo había acabado en nada. Mientras al otro lado de la frontera el poder de Los Zetas iba haciéndose cada vez más absoluto, las circunstancias no dejaban de recordarle a Lawson sus limitaciones. Aquella sensación de impotencia solo hacía que aumentar su determinación de desarticular Tremor Enterprises y detener a Miguel.

CATORCE

R AMIRO VILLARREAL HABÍA CUMPLIDO SU PARTE DEL TRATO CON LA DEA Y les había dicho dónde podían encontrar a Miguel. El líder de Los Zetas, rodeado de sus guardaespaldas, se sentó serenamente cerca de la línea de meta para ver la victoria de sus caballos en el hipódromo construido en los aledaños de Nuevo Laredo.

No era ninguna sorpresa, ya que Miguel había reabierto el hipódromo tras el deterioro sufrido cuando lo gestionaba el gobierno. Había pasado casi un año desde la ruptura de Los Zetas con el Cártel del Golfo, y Nuevo Laredo seguía en estado de sitio. La familia Michoacana, un cártel de carácter sectario procedente de México occidental, se había unido a los de Sinaloa y del Golfo en una federación para barrer a Los Zetas. Y estos habían respondido, a su vez, aliándose con los cárteles de Juárez y Tijuana y la organización Beltrán-Leyva, uno de los antiguos brazos del Cártel de Sinaloa. Se estaba produciendo una guerra civil en toda regla entre las organizaciones de narcotraficantes más poderosas de México.

En Nuevo Laredo, Los Zetas bloqueaban las calles con remolques y autobuses secuestrados, y tendían emboscadas a los soldados del gobierno o a los pistoleros enemigos. Día y noche, una cacofonía de armas de gran calibre resonaba por las calles. Tras la ofensiva militar frustrada de Calderón, el gobierno se esforzaba por recobrar una cierta apariencia de control, mientras ambos bandos iban invadiendo, perdiendo y volviendo a invadir los territorios. A los inocentes civiles solo les quedaba observar consternados y horrorizados cómo sus barrios se convertían en auténticos campos de batalla.

Los Zetas llevaban años preparándose para la independencia. Autobuses escolares con cristales oscuros transportaban nuevos contingentes de reclutas a los campos de entrenamiento de los estados de Veracruz, Coahuila y Tamaulipas. Habían colgado pancartas gigantes en las autopistas en las que pedían a militares o exmilitares que se unieran a sus filas, con un número de teléfono de contacto. «Te ofrecemos buen sueldo. [...] Ya no sufras maltratos y no sufras hambre. Nosotros no te damos de comer sopas Maruchan [sopa de fideos instantánea]», prometía una pancarta en Nuevo Laredo, una pulla contra el ejército mexicano y sus bajos salarios. El cártel también almacenaba armas procedentes de ferias de armamento en los EE. UU. y del ejército guatemalteco. Tenían fusiles M16, lanzacohetes, granadas, bazucas y ametralladoras con alimentador de correa. Y Lazcano había comprado un helicóptero y una avioneta Cessna para supervisar sus territorios cada vez más extensos.

Las refriegas eran constantes y, por ello, Miguel nunca se quedaba demasiado en ningún lugar. Aun así encontraba tiempo para ver a sus caballos en el hipódromo, situado en las áridas tierras del sur de la ciudad. Por regla general venían pocos espectadores, porque nadie quería estar cerca del pez gordo y sus guardaespaldas si había un enfrentamiento. Pero por insistencia de la DEA, un pequeño grupo de policías federales mexicanos de paisano, seleccionados y formados en Quantico, fueron enviados al hipódromo para arrestar a Miguel.

El día señalado, el agente especial Amarillas y los otros agentes de la DEA esperaban noticias de la operación; la espera se hizo larga. No ocurrió nada. Cuando preguntaron a la policía federal qué había sucedido se les dijo que había sido demasiado arriesgado. No había suficientes policías y si hubieran intentado arrestar a Miguel habría muerto mucha gente. Fue un revés más para la DEA. Miguel había estado a menos de ocho kilómetros de Estados Unidos, pero en México seguía siendo intocable. Cuando

Villarreal supo que el arresto había sido una chapuza, suplicó que le liberasen del acuerdo. Pero la DEA no iba a dejar ir a un buen informante.

VARIOS DÍAS DESPUÉS DE la operación frustrada en el hipódromo de Nuevo Laredo, Villarreal recibió una llamada de Omar. Miguel quería verle en su rancho de Coahuila. José y Nayen también estarían. Omar le dijo a Villarreal que Miguel quería pasar cuentas con todos sobre los gastos en caballos. Villarreal no tenía ni idea de si los Treviño sabían ya que tenía tratos con la DEA, pero sí sabía que, si no se presentaba en la reunión, Miguel sospecharía inmediatamente de él, y no podía correr este riesgo. Varios meses atrás, Omar ya le había dicho a Villarreal que sabían que sus padres vivían en Monterrey, y les sería muy fácil encontrarles.

Para su alivio, cuando llegó al rancho de Miguel, los hermanos se mostraron como siempre, llamándole «Gordo» y dándole palmadas en la espalda. En la reunión, José le presentó a Miguel una hoja de cálculo con más de 1,8 millones de dólares en gastos. En Estados Unidos los vendedores exigían el pago. Villarreal se había especializado en blanquear dinero y pasarlo al otro lado de la frontera para hacer frente a gastos de este tipo. Sin embargo, cuando Miguel mandó que los 1,8 millones se enviaran al contable de Nayen en Nuevo Laredo, un hombre alto y regordete de treinta años llamado Ricardo Carabajal, alias «Yo Yo», se le hizo todavía más claro que ya no necesitaban sus servicios.

Nayen seguía disfrutando las mieles de la victoria de Mr. Piloto — el caballo que Villarreal había comprado para Treviño — en la All American Futurity. Villarreal vio cómo José le entregó a su hermano Miguel el trofeo de la carrera. Estaba seguro de que Nayen tenía algo que ver con sus desgracias. Ambicioso y manipulador, Nayen había estado siempre celoso del éxito de Villarreal, y ahora se estaba haciendo imprescindible para Miguel. Villarreal ya había sido excluido del trato con Tempting Dash y

Mr. Piloto. No solo había sido él quien los había comprado, sino que había incluso arriesgado la vida quitándole Tempting Dash a Mamito. Aun así, estuvo callado la mayor parte de la reunión. No quería irritar a Miguel o a sus hermanos. Cuando finalmente acabó la reunión, se sintió aliviado de que Miguel le permitiera marcharse. De momento estaba seguro.

De vuelta en Monterrey, intentó encontrar nuevos clientes. Pero sentía como si un nudo se le estuviera cerrando alrededor del cuello. Miguel ya no le pedía que comprara caballos, y sabía demasiado sobre los planes de los hermanos en Texas. Esto le convertía en un estorbo. Sabía que el tiempo se le estaba acabando.

DOS SEMANAS MÁS TARDE, Miguel convocó a Villarreal a otra reunión, esta vez en Nuevo Laredo. Sabía que si no se presentaba habría consecuencias para su familia.

En Nuevo Laredo, esperó donde se le había dicho, en una tienda de barrio. Llegó una camioneta llena de sicarios, blandiendo sus armas, y le hicieron subir a la parte trasera, junto a dos bidones de doscientos litros: los que Los Zetas usaban para quemar cadáveres. Uno de los pistoleros se sentó junto a Villarreal y no le quitó los ojos de encima hasta que salieron de la ciudad. Esperaron en una vasta extensión baldía bajo la luz crepuscular cerca de una hacienda abandonada. Los minutos le parecieron horas. Finalmente llegó el convoy de Miguel.

Miguel saludó a Villarreal y le abrazó.

—No me estarás fastidiando, ¿eh Gordo? —le preguntó.

—Por supuesto que no, Papi —tartamudeó Villarreal.

Los pistoleros de Miguel hicieron bajar a un hombre con los ojos vendados de una de las camionetas del convoy. Miguel se excusó un momento, se dirigió hacia el hombre tembloroso, le arrancó la venda y le disparó en la cabeza.

A Villarreal se le aflojaron las rodillas y se desmayó. Cuando recobró la conciencia, Miguel le daba palmaditas en la cara y se reía.

—¿Qué te pasa, Gordo? —le dijo—. ¿No puedes verme matar a alguien? La próxima vez lo harás tú.

Miguel volvió a su convoy y dejó al aterrorizado Villarreal allí, de pie en el campo con los dos bidones de doscientos litros: uno para el hombre con los ojos vendados, el otro todavía vacío.

QUINCE

SIEMPRE QUE LAWSON PULSABA EL BOTÓN DEL ASCENSOR PARA SUBIR A LA oficina de la DEA en la sexta planta, se le ocurrían mil excusas para hacer otra cosa. Pero en un esfuerzo de buena voluntad se había estado reuniendo con Jeff Hathaway cada tres semanas para actualizar la información que tenía. Le habló de la All American Futurity, las sociedades de responsabilidad limitada y los compradores de paja, y el agente de la DEA escuchó con atención y tomó notas de todo.

Con su característico estilo duro, Hathaway presionó a Lawson para que fuera más agresivo con Graham como fuente. Le dijo que abrirían una cuenta bancaria a nombre de Graham para que este consiguiera que José y los demás hicieran ingresos y reforzar así la evidencia del blanqueo de dinero. Pero para que Graham pudiera utilizar la cuenta en cuestión tendría que informar directamente a Hathaway.

Lawson recordó un antiguo dicho de su padre sobre los amigos como Hathaway: «No te apuñalan por la espalda sino de frente». No iba a entregarle su fuente a Hathaway. Le explicó que Graham había tenido ya una cuenta marcada en el IBC, que el banco cerró después de que José hubiera hecho ingresar fondos desde Laredo. Los ingresos, todos de 9.000 dólares o inferiores, habían hecho sospechar al banco que intentaban eludir los requisitos federales de información, claro indicativo de una posible operación de blanqueo. José se asustó cuando supo lo sucedido, y Lawson temió que se distanciara de Graham.

Por suerte, todo se había olvidado. Y ahora no quería arriesgarse a que José y los demás pudieran caer de nuevo bajo sospecha. También sabía que Graham era obstinado y no le gustaba que nadie le dijera lo que tenía que hacer. Si le presionaban en exceso y se sentía demasiado incómodo dejaría de colaborar. Y no tenían suficientes asideros para obligarle. Los agentes de la DEA estaban acostumbrados a doblegar a los traficantes. Cuando incautaban a alguien una determinada cantidad de estupefacientes le forzaban a convertirse en informador o le llevaban a la cárcel. Sin embargo, Graham era un empresario de una familia rica y no tenían nada sólido con lo que presionarle. Si lo intentaban contrataría a un montón de abogados caros que le protegerían y torpedearían toda la investigación.

La mirada de Hathaway le decía que su argumento no le había convencido. De modo que, para ganar tiempo, Lawson prometió hablar con Graham y darle una respuesta más adelante.

LAWSON SABÍA QUE ESTABA en una posición difícil. Tenía que sacarles más partido a las escuchas telefónicas, lo cual, en el argot del FBI, significaba conseguir un título 3. Para ello tenía que redactar una declaración jurada de varias páginas, con un argumento legal convincente para una causa probable, tramitarla después mediante un ayudante del fiscal general y someterla a la aprobación de un juez federal. Requería una serie de habilidades que había que aprender y practicar, y ni él ni Hodge habían redactado ninguna de estas solicitudes con anterioridad. Pero sabía que Pérez sí lo había hecho en Miami. En su unidad contra el tráfico colombiano, los títulos 3 se solicitaban constantemente. Pero Hodge y Lawson seguían siendo los agentes asignados al caso. Ella dispondría de menos tiempo para trabajar en sus casos, y ningún trabajo que hiciera para la investigación sobre Treviño le serviría para un ascenso. Lawson sabía que Pérez deseaba, más que ninguna otra cosa, el trabajo de enlace fronterizo, si alguna vez había una vacante en Laredo. El FBI le daría un vehículo patrulla blindado y podría cruzar el río y trabajar con sus colegas mexicanos. Lawson no confiaba en nadie más allá del río y pensaba que estaba loca por querer aquel trabajo. Pero Pérez le dijo que él nunca lo entendería. Una parte de ella seguía siendo mexicana y aquello no cambiaría nunca.

Si accedía a ayudarle contaría con su eterna gratitud, lo cual, sabía perfectamente, no era un gran incentivo. Se lo pediría durante el receso del almuerzo.

Pérez, que estaba trabajando, volvió la vista cuando le vio acercarse.

—¿Quieres comer algo? Podemos ir al Don Martin. Invito yo —ofreció Lawson. La fonda de Don Martin era uno de sus restaurantes favoritos.

—¿De verdad? —dijo Pérez, fingiendo sorpresa—. Debe ser algo importante para que estés dispuesto a renunciar al pollo frito con salsa.

Lawson había descubierto una cafetería en el centro comercial donde servían pollo frito con salsa sureña de carne y ella ironizaba porque, aunque no era un gran sustituto de la comida sureña que tanto echaba de menos, siempre se decidía por aquel plato.

Pérez miró su reloj de pulsera.

—¡De acuerdo! —dijo antes de volver a la pantalla—. Déjame acabar con esto y vengo enseguida.

Se dirigieron a la fonda en la camioneta de Lawson. El Don Martin era uno de los clásicos de Laredo. Cada vez tenía más competencia de restaurantes mexicanos más nuevos; estos eran copias casi exactas de conocidos restaurantes de Nuevo Laredo, que habían abierto los mismos propietarios y donde trabajaban algunos de los mismos empleados. En Nuevo Laredo, Los Zetas cobraban una cuota mensual a los propietarios de los restaurantes. El dinero servía para sufragar los gastos de la guerra del cártel. Si los propietarios se negaban a pagar, Los Zetas secuestraban y mataban a algún miembro de su familia. Al final, muchos se habían cansado de la situación y, cerrando sus negocios, habían huido a Texas hasta que se restableciera el orden en la ciudad.

En el Don Martin, los camareros gritaban sus comandas a los cocineros en español mientras volaban entre los clientes con humeantes platos de enchiladas y chiles rellenos en el breve receso del mediodía. El olor de la carne asada le recordó a Lawson que tenía hambre. Este pidió unas fajitas de carne mientras que Pérez se decidió por una sopa de fideos. Lawson le contó a Pérez su situación.

—Tengo la sensación de que voy tras algo grande —le dijo. Pero se arriesgaba a perderlo todo si no aceleraba el ritmo de la investigación. Le habló de su conversación con Hathaway, que le había presionado con Graham. La expresión divertida de Pérez le decía que sabía adónde quería ir a parar—.

Tú eres la única persona en la que confío para este asunto. Sé que tienes experiencia con las solicitudes de los títulos 3.

Pérez no dijo nada. Tomó una cucharada de sopa. Parecía estar dándole vueltas, aunque Lawson sabía que había estado interesada en aquel caso desde el principio. Bebió un sorbo de té con hielo y esperó. Se estaba haciendo de rogar.

—¿En qué punto de la investigación estás? —preguntó finalmente.

Lawson comenzó a ponerla al corriente rápidamente de todo lo que tenía hasta aquel momento. Necesitó casi treinta minutos para explicarle el contenido más relevante de sus numerosas reuniones con Graham, la All American, Francisco Colorado y todo lo demás.

—¿Qué piensas? —le preguntó finalmente.

Sabía que Pérez estaba acostumbrada al ritmo más rápido de Miami y seguía teniendo dificultades para adaptarse a la cadencia más lenta de Laredo, lo cual podía ser un punto a su favor.

—De acuerdo. Lo haré —dijo ella finalmente, con una sonrisa—. A ver qué puedo conseguir antes de la baja por maternidad.

—Gracias, Alma. Te debo una —dijo Lawson aliviado. Volvió a su plato de fajitas con renovado placer. Se había olvidado de que tenía hambre.

DIECISÉIS

A FINALES DE 2010, LOS ZETAS TENÍAN PLENO CONTROL DEL ESTRATÉGICO estado de Veracruz, una de las joyas del imperio del Cártel del Golfo. Durante muchos meses, la lucha a muerte de los antiguos aliados había abatido aquel estado con sus constantes matanzas y secuestros. La ciudad de Veracruz poseía el principal puerto de mercancías pesadas de la costa del Golfo, que era también el más valioso y extenso de todo el país. Y era tan vital para el narcotráfico mexicano como Nuevo Laredo.

Cuando se intensificaron las batallas, los secuestros y las matanzas, la violencia comenzó a alcanzar incluso a los veracruzanos más famosos, como Alfonso del Rayo Mora, un promotor inmobiliario joven y rico. Del Rayo era miembro del PRI y se había sumergido en la vida política de Veracruz como miembro del ayuntamiento, pero no se había introducido tanto como para familiarizarse con hombres como Miguel Treviño. Pero aquello iba a cambiar pronto.

A comienzos de diciembre, del Rayo salió de un club nocturno y se dirigía a su casa. Estaba amaneciendo y, en un *stop*, un pequeño Nissan de cuatro puertas se puso al lado de su Porsche todoterreno. Desde el asiento de atrás del Nissan, dos hombres vestidos con ropa de combate negra le apuntaron con sus AK-47 mientras el conductor le hacía señas para que se detuviera junto a la acera. Del Rayo pisó a fondo el acelerador y salió disparado.

Cuando llegó a la rotonda siguiente iba a más de ciento ochenta kilómetros por hora, y por un momento sintió cómo su vehículo volaba. Por el retrovisor veía al Nissan esforzándose por no perderle de vista.

Pero tras él iban otros dos automóviles llenos de hombres fuertemente armados. Pensó que debían haberlo confundido con otra persona. Decidió regresar de nuevo al club nocturno, El Candelabro, de donde acababa de salir.

Se dirigió hacia el servicio de aparcacoches y corrió hacia la puerta de entrada. Oía música y risas en el interior. Algunos de sus amigos seguían estando allí. Pero las puertas estaban cerradas con llave. Desesperado, comenzó a golpear las puertas frenéticamente con los puños. «¡Ayúdenme! —gritaba—. Déjenme entrar. Soy yo, Alfonso».

El convoy de hombres armados entró en el estacionamiento. Al menos doce de ellos rodearon a del Rayo. Vestían uniformes de la Agencia Federal de Investigación (AFI), un cuerpo federal de policía contra el narcotráfico. Pero del Rayo sabía que no podían ser policías. Algunos de ellos tenían menos de veinte años. Había oído que otros empresarios ricos habían sido secuestrados. Tenían incluso un verbo para aquello: hablaban de «levantar»; como si estuvieran siendo elevados a los cielos en lugar de atados y metidos en utilitarios deportivos por comandos encapuchados. Y puede que en cierto sentido lo fueran, porque la mayoría de ellos nunca regresaron, lo cual significaba que los habían matado. El temor y el estigma hizo que los ricos nunca hablaran abiertamente de ello. Asumían que la persona secuestrada estaba de algún modo mezclada en algún negocio sucio con el cártel. Nadie estaba seguro, y probablemente nunca llegarían a estarlo. Estos delitos nunca se denunciaban a la policía y nunca se investigaban, porque muchos policías estaban conchabados con Los Zetas. Aunque esta realidad les obsesionaba, todos ellos tenían la convicción de que la ola de secuestros no les afectaría a ellos ni a sus familias. Aquel había sido también, hasta entonces, el sentimiento de del Rayo.

—¡No he hecho nada! —gritaba—. ¡Se han equivocado de persona!

Dos de los hombres le agarraron e intentaron introducirle de cabeza en el asiento trasero del Nissan. Del Rayo se resistió frenéticamente mientras sus dos captores se echaban sobre él y le golpeaban la cabeza con los cañones de sus AK-47. La sangre empezó a correrle por el rostro. Del Rayo pensó que iban a matarle allí mismo. Uno de los hombres le forzó a tenderse bocabajo en el asiento trasero. Se imaginaba a sus amigos mirando la escena tras los cristales tintados del club nocturno. ¿Dónde estaba el servicio de seguridad del club? El otro le esposó las muñecas por detrás de la espalda y le encadenó los pies. Entonces otro de los pistoleros se echó sobre él para que no pudiera moverse más. Del Rayo probó el sabor de su sangre.

Cuando habían recorrido unos kilómetros, el sicario que estaba sobre él se dio cuenta de que se había olvidado su AK-47 en el aparcamiento. Los otros hombres se pusieron a insultarle y a gritarle: «¡pendejo!». Las ruedas del vehículo chirriaron cuando el conductor hizo un brusco cambio de sentido en el mismo bulevar. Entraron de nuevo en el estacionamiento. Del Rayo oyó a uno de los pistoleros darle las gracias a un empleado del club. Los de seguridad habían guardado el AK-47 por si volvían a recogerlo. Ahora sabía que estaba verdaderamente solo. Del Rayo se desvaneció.

Cuando recuperó la conciencia, le estaban subiendo a rastras por un tramo de escaleras. Estaba amaneciendo. Llevaba esposas en las muñecas y cadenas en los tobillos. Buscó a tientas la pared o un pasamano; las heridas de la cabeza seguían abiertas y manchaba todo lo que tocaba. Tenía la camisa empapada. Desde fuera, la casa pasaba desapercibida, era como cualquier otra de un barrio trabajador. Pero por dentro, las ventanas, todas con rejas, estaban cubiertas con sábanas. Lo primero que le asaltó en aquel lugar fue un fuerte hedor, como el de un retrete atascado. No había muebles, solo algunas sillas y una mesa plegable en la habitación de enfrente.

Los pistoleros le quitaron la ropa y los zapatos. El sicario que le había forzado a entrar en el Nissan se calzó los caros mocasines de del Rayo y los miraba con admiración, mientras otro se enfundaba sus vaqueros de diseño y se paseaba contoneándose entre los demás, que le silbaban. Un tercero se quejaba de que solo quedaba la camisa y estaba empapada de sangre.

—Se ha estropeado —decía haciendo pucheros jocosos.

Pasados unos minutos, pusieron a del Rayo, que solo llevaba ropa interior, contra la pared y comenzaron a golpearle con largas varas.

—Esto es lo que te pasa por pelear —dijo el sicario de los mocasines. Era el mismo que se había echado sobre del Rayo en la parte trasera del Nissan y había olvidado su AK-47 en el club nocturno, lo que le había convertido en objeto de burla.

—Esto es lo que te pasa por armar jaleo en el carro —dijo el sicario que llevaba los vaqueros de del Rayo, golpeándole con rabia en los riñones.

Tenía la sensación de que los golpes no iban a terminar nunca, de que iba a morir allí mismo. Pero, finalmente, parecieron cansarse. Un hombre que se hacía llamar Capitán Muñeco se dirigió a del Rayo, que yacía acurrucado en el suelo.

—Somos Los Zetas —le dijo—. Nosotros somos la ley y nos ganamos la vida matando gente. Queremos cuatro millones y medio de dólares. Tienes tres días para pagarnos.

—No tengo tanto dinero en efectivo —dijo del Rayo—. He de vender propiedades, tierras, para poder pagarte. Vas a tener que soltarme. Necesito más tiempo.

—Consíguelo en tres días o date por muerto —dijo Capitán Muñeco. Le aseguró a del Rayo que Los Zetas sabían que podía pagar aquella cantidad.

—Hemos estado en tu casa, sabemos a qué escuela van tus hijos, los carros que conduces; también sabemos que tienes una bonita esposa —esto lo dijo en tono lascivo—. Te hemos estado observando incluso en El Candelabro.

El sicario que llevaba sus mocasines llevó a del Rayo a la parte trasera de la casa. En el cuarto de servicio, donde normalmente habría una lavadora y una secadora, se hacinaba toda una familia secuestrada. Los Zetas estaban intentando encontrar algún pariente o amigo que pudiera pagar para que les soltaran. Pero eran tan pobres que, mirándolos, del Rayo solo sentía compasión. Un anciano de manos nudosas y deformes se sentaba con su esposa, ambos estaban atados junto a sus dos hijos de mediana edad, sus esposas y sus niños. Eran campesinos de algún país centroamericano, no tenían sino ropas raídas y zapatos gastados. Iban camino de Estados Unidos. Parecía que habían estado en aquella habitación durante varios días sin acceso al baño. Los ojos se le humedecieron por el olor. Pero en la otra habitación la situación era aún peor. Había varios adolescentes puestos de rodillas con los ojos vendados, sucios también de sus propios excrementos. El hedor casi le hizo vomitar. Los muchachos, llenos de tatuajes, estaban en un estado casi animal. Del Rayo tuvo la sensación de que si le dejaban allí le arrancarían todos los miembros y lo devorarían.

Se sintió aliviado cuando le llevó a otra habitación, vacía, donde lo mantendrían aislado. Pero no estaría completamente solo. El sicario, que no tendría más de veinte años, se esposó a del Rayo. Le dijo que Capitán Muñeco era el segundo comandante de la ciudad de Veracruz, y que él se encontraba en uno de sus pisos francos. Él iba a estar a su cargo, le dijo, hasta que pagara los cuatro millones y medio de dólares.

Pasaron dos días y del Rayo esperaba alguna señal que le indicara si iban a soltarle o a matarle. Por la noche, Capitán Muñeco y su lugarteniente, un gigantón corpulento, se quedaban esnifando rayas de coca y sobando prostitutas. La habitación de enfrente estaba iluminada con velas de la Santa Muerte, la Parca —la misma imagen que seguían muchos de Los Zetas—, y velas de San Judas Tadeo, el patrón de las causas perdidas. Del Rayo, que era católico, se sentía ofendido por la profanación de San Judas. Todos los que trabajaban en el piso franco esnifaban cocaína día y noche. Los pistoleros eran irritables y paranoicos, especialmente Capitán Muñeco, que era proclive a un ánimo violento y errático. Del Rayo oía la risa de los torturadores y los chillidos de sus víctimas en las otras habitaciones.

Un día, un Capitán Muñeco hasta arriba de cocaína reprochó a los centroamericanos que quisieran ir a Estados Unidos.

—¿Para qué quieren ir allí? Solo van a conseguir que los maten —les decía riendo.

Cada mañana, uno de los pistoleros de Muñeco iba a un cajero automático con la tarjeta bancaria de del Rayo y retiraba la máxima cantidad permitida. También le habían obligado a ordenar a uno de sus empleados que dejara su Range Rover y otros automóviles en el aparcamiento de un centro comercial con las llaves puestas. Los Zetas le estaban desposeyendo de todos sus activos. Pero todavía no había encontrado los cuatro millones y medio de dólares. Las propiedades estaban a su nombre, le explicó a Capitán Muñeco, pero su esposa no podía vender nada sin que primero él firmara los documentos.

—Tienes amigos ricos, ¿no? —le dijo Muñeco—. Pídeles el dinero.

Después de casi una semana, Capitán Muñeco y sus sicarios fueron convocados a una reunión. Del Rayo se preguntaba si tenía algo que ver con él. Cuando el joven sicario regresó aquella tarde, parecía tener un secreto que le carcomía. Cuando llegó a la habitación, se esposó a del Rayo.

—Relájate —le susurró—. Hemos decidido que no vamos a matarte. Algunas personas de la organización están muy molestas porque no dieron la autorización para tu secuestro. Capitán Muñeco quiere soltarte lo antes posible.

Del Rayo estaba exultante. Por primera vez pensaba que podía salir con vida. Pero cuando se despertó a la mañana siguiente su guardián había desaparecido y Capitán Muñeco estaba furioso, dándole puntapiés en el suelo donde él yacía en posición fetal.

—¿Qué has hecho? —gritaba—. ¿Le has ofrecido dinero?

—No sé nada —gruñía del Rayo entre golpe y golpe—. Él no me ha dicho nada.

Capitán Muñeco arrojó a del Rayo en la habitación con los camellos callejeros. El suelo estaba cubierto de orina y solo podía apoyarse en la pared. Llevaba grilletes en las muñecas y los tobillos. Toda la esperanza que había sentido la noche anterior había desaparecido. Estaba seguro de que iban a matarle. Pero aquel día se estaba produciendo algo poco común en la ciudad. Capitán Muñeco y sus sicarios estaban más tensos de lo normal. Se oía el rugido de helicópteros del ejército sobrevolando el barrio a baja altura. Muñeco había puesto papel de estaño sobre las antenas de las radios para que los técnicos del ejército no interceptaran sus señales. Del Rayo oía charlas por la radio procedentes de otros pisos francos de Los Zetas en la ciudad. Algunos halcones, o vigilantes, estaban emitiendo por radio las posiciones de los militares por si tenían que huir. Del Rayo oyó discutir a los hombres en la otra habitación. Drogados y paranoicos, creían que él era la razón de toda aquella conmoción.

Capitán Muñeco entró y empujó de nuevo a del Rayo a la habitación adyacente donde había pasado los últimos ocho días.

—Vamos a soltarte —le dijo—. Pero si por alguna razón le cuentas a alguien lo que has visto aquí, te mataremos a ti y a tu familia. Dadas las circunstancias, quiero arreglar las cosas con mi jefe, así que vas a darme 500.000 dólares. Los quiero enseguida —dijo.

—Por supuesto —dijo del Rayo asintiendo.

No daba crédito a lo que estaba oyendo. No quería hacerse ilusiones hasta no estar fuera de la casa de los horrores. La tarde siguiente, lo sacaron del piso franco y lo metieron en un automóvil. Estaba rodeado de tres sicarios fuertemente armados. Se dirigieron a un centro comercial y, cuando entraron en el aparcamiento, del Rayo vio una camioneta de la policía estatal con tres agentes en la parte trasera. Miraron el automóvil y al descamisado del Rayo magullado y con sangre en el rostro. Uno de los pistoleros puso la boca del cañón de su AR-15 en la ventanilla para que la policía pudiera verla. Los agentes de policía miraron para otro lado y la camioneta viró y se alejó en dirección contraria.

Sorprendentemente, Capitán Muñeco había dejado el Porsche de del Rayo en el aparcamiento. Muñeco le había quitado otros cuatro automóviles, entre ellos dos Porsche y un Range Rover. Uno de los sicarios empujó a del Rayo para que saliera.

Sorprendido, corrió hacia su SUV descalzo y en calzoncillos. Las llaves estaban sobre el neumático delantero, como le habían dicho. Encendió el motor. Sabía que era un milagro que hubiera sobrevivido. Se preguntaba quién podía haber intervenido a su favor y por qué.

DIECISIETE

LAWSON LLEVABA YA UN AÑO EN LAREDO Y TENÍA MUCHAS GANAS DE PASAR las fiestas navideñas en Tennessee. Pero a principios de diciembre, en un partido de baloncesto con agentes del ICE (Servicio de Inmigración y Control de Aduanas), resbaló en una zona mojada de la cancha y se rompió la rodilla. Tuvieron que llevarle al servicio de urgencias con dos ligamentos rotos. Le mandaron a casa con un par de muletas y una cita para someterse a una operación quirúrgica en San Antonio a principios de enero.

Se estaba preparando para unas solitarias navidades en Laredo, repasando sus notas sobre el caso Treviño y ahogando sus penas en canciones de Brad Paisley y cerveza, cuando recibió una llamada telefónica de su padre diciéndole que iba a visitarle. Lawson estaba sorprendido. Su padre había vuelto a casarse ¡una vez más! y se suponía que iba celebrar la Navidad en su casa con la familia de su nueva esposa. En la última década, aunque hablaban con regularidad por teléfono, se habían visto muy poco. Lawson había dejado el hogar a los dieciocho para ir a la universidad, y años más tarde se había trasladado cerca de Nashville para trabajar como ayudante del *sheriff*. Su nuevo destino en el FBI le había llevado más lejos aún de su casa.

Cuando llegó a Laredo, su padre era el de siempre: extrovertido, bromista y servicial con Lawson, que apenas se levantaba del sofá que acababa de comprarse. Salieron a dar una vuelta por Laredo: su padre conducía y Lawson hacía de guía. Le gustó en especial la zona del Mall del Norte con sus barrios más bonitos y más nuevos y sus enormes tiendas. Lawson vivía en el sector occidental de la interestatal, una zona de construcciones menos modernas, aunque con espacios verdes y un pequeño lago artificial que atraía airones, garzas y ciervos de cola blanca. A su padre parecía gustarle su nueva residencia, lo cual le hacía sentir orgulloso.

Una tarde invitó a cenar a Pérez, que seguía de baja por maternidad hasta mediados de enero. Lawson ya había puesto a su padre al corriente sobre su nueva compañera, que era de aquella zona y hablaba un español perfecto. El padre asó hamburguesas con queso y grandes salchichas ahumadas, que bromeando llamaba solomillo de Tennessee. Bombardeó a Pérez con preguntas sobre la frontera, pero evitó preguntas sobre el caso más importante en que estaban trabajando, sabiendo que aquella información era en su mayor parte confidencial. Lo que había oído bastaba para saber que podía ser peligroso. «Ten cuidado, hijo», le dijo una noche a Lawson cenando en la cocina.

La semana con su padre pasó muy rápido. Fueron a San Antonio para la operación y se encontraron con su madre y su padrastro en el aparcamiento del hospital. Iban a llevar a su padre al aeropuerto para tomar un vuelo de vuelta a Tennessee.

La despedida le pareció extrañamente emotiva; a su padre nunca le había gustado expresar sus sentimientos, siempre había preferido no solemnizar las separaciones.

—Lo único bueno que ha salido de esto es todo el tiempo que he podido pasar contigo —dijo Lawson abrazándole.

Los ojos de su padre se llenaron de lágrimas.

—Esto ha significado mucho para mí —dijo él, estrechando más el abrazo.

Lawson estaba tocado, pero también preocupado. No era normal que su padre le visitara, pasara tanto tiempo con él y, después, se sintiera tan vencido por la emoción cuando se despedían. Al menos dos veces había oído a su padre en el baño luchando con abscesos de una tos profunda y seca. Había visto un pañuelo con sangre en el cubo de la basura. Su padre fumaba, al menos, tres paquetes al día. Lawson sabía que había estado en el hospital de veteranos de Memphis, pero él le había dicho que era por una revisión rutinaria y que todo había salido bien. Mientras miraba el automóvil de su madre abandonando el aparcamiento, esperaba que su padre, que iba en el asiento trasero, se volviera una última vez para saludar con la mano. Pero no lo hizo. Observando cómo el automóvil se incorporaba al tráfico y desaparecía en él, sintió en el pecho un hondo sentimiento de desazón. Intentó dejar de pensar en ello.

DIECIOCHO

CUANDO SE INCORPORÓ DE NUEVO AL TRABAJO, A LAWSON LE SORPRENDIÓ saber que el traslado de Hodge se había suspendido hasta nuevo aviso. Con Los Zetas y el Cártel del Golfo todavía en guerra en Nuevo Laredo, la agencia no podía arriesgarse a quedarse con poco personal. Hodge estaba sentado en su escritorio clasificando papeles, pero no podía ocultar su desilusión. Intentaba no hacer comentarios negativos sobre Laredo delante de los agentes de las fuerzas especiales y de Pérez porque eran de la zona, pero con Lawson no tenía reparos en desahogarse por seguir atrapado en aquella oficina local.

Lawson abrió el sobre de FedEx con los estados financieros solicitados de la cuenta estadounidense de Francisco Colorado Cessa —la que había usado para pagar el cheque de 2,2 millones de dólares en la subasta de Ruidoso— y los dos agentes se pusieron a estudiar los documentos. Al parecer, Colorado había abierto aquella cuenta del Compass Bank de California recientemente. En septiembre de 2010, había extendido dos cheques por un valor total de tres millones de dólares. Aparte de la subasta de Ruidoso, había firmado otro cheque de casi un millón para alguien llamado Arian Jaff. Cuando Lawson investigó sobre Jaff en la red descubrió que este joven de veinticinco años ayudaba en la gestión de una empresa familiar en San Diego que prestaba grandes sumas de dinero, con elevados intereses, a grandes empresarios; una especie de prestamista para millonarios. Anotó el nombre de Jaff y se hizo una nota mental para seguir investigando cómo podía encajar aquel hombre en

la conspiración. La red de empresarios implicados en la trama de la compra de caballos se iba extendiendo cada semana.

Lawson buscó en las bases de datos de los servicios de información federales cualquier dato sobre el trasfondo de Colorado o de sus operaciones comerciales. No encontró ningún vínculo con Los Zetas, pero sí una breve mención de una conexión con Fidel Herrera, gobernador del estado de Veracruz, y también un artículo sobre el hermano de Colorado, que se había presentado a las elecciones al Congreso de México. Aunque lo que había descubierto no era gran cosa, había en ello un aspecto intrigante. Estaba claro que Colorado era sumamente rico y que gestionaba lo que parecía una empresa de servicios petroleros legal y próspera. Tenía también conexiones políticas que llevaban a la misma mansión del gobernador de Veracruz.

A medida que reunía los datos financieros, Lawson también se propuso investigar más sobre las carreras de cuarto de milla. Tenía que tener cuidado en sus averiguaciones para que José no llegara a enterarse. Graham le dio un par de nombres de personas de confianza y bien informadas del sector y después les presentó de forma discreta. Una vez más, Lawson se dio cuenta de que una palabra de la familia Graham podía abrir muchas puertas.

Sin embargo, pronto descubrió también que el hecho de que estuvieran dispuestos a hablar con el FBI no significaba que no tuvieran sus recelos. Tenían una actitud sumamente protectora en relación con el deporte de las carreras y no pensaban que fuera su tarea ejercer de vigilantes. Lawson se había hecho una idea de los *cowboys* principalmente a través de ciertas películas y de su afición de la infancia por los rodeos y por montar a caballo. Pensaba que eran la sal de la tierra: hombres francos y honestos.

Pero pronto se desengañó de cualquier fantasía hollywoodense que pudiera haber tenido sobre la nobleza de los hombres con que estaba tratando. Estaba comenzando a descubrir que las carreras de cuarto de milla estaban llenas de tejemanejes, estafas y dopaje. Había investigado un poco a Chevo Huitrón, el entrenador de Tempting Dash y amigo de los Graham, y descubrió una larga lista de infracciones y suspensiones por dopaje de caballos. Lawson se enteró de que esto era bastante frecuente en las carreras de cuarto de milla. No era raro que a los caballos de carreras se les inyectara toda clase de sustancias que pudieran favorecer su rendimiento sobre la pista, como veneno de cobra, cocaína, Viagra, etc. Ni tampoco que se les pincharan medicamentos contra el cáncer o antiinflamatorios para quitarles el dolor que pudieran sentir por alguna lesión. El índice de caballos dopados que se estaban desplomando en los hipódromos y tenían que ser sacrificados era alarmante, especialmente en las pistas de los casinos de Nuevo México, que era el salvaje Oeste de las carreras de caballos.

Estas prácticas hacían que los caballos de cuarto de milla tuvieran un treinta por ciento más de probabilidades de morir sobre la pista o por lesiones que los purasangres, que competían bajo una normativa antidopaje más estricta. En Nuevo México, los promotores de carreras de caballos echaban la culpa de esto a la altitud de Ruidoso. Cuando se les presionaba prometían enfrentarse con firmeza al dopaje, pero luego todo seguía igual. La resolución de este asunto dependía en gran medida de los controles del propio sector, pero este estaba más interesado en el dinero y cada vez se preocupaba menos por esta cuestión.

A los entrenadores como Huitrón se les daba un tirón de orejas o se les imponía una pequeña sanción, mientras que los propietarios de los caballos fingían no saber nada. Incluso algunos propietarios honestos le habían confesado a Lawson que creían necesario utilizar drogas para competir, porque todo el mundo lo hacía. Siempre que pudieran alegar ignorancia de lo que estaba haciendo su entrenador, tenían la conciencia tranquila.

Ganar un gran premio en una carrera como la All American Futurity podía aportar grandes sumas de dinero, pero muy a menudo, con las carreras, los propietarios apenas cubrían gastos. Las mejores opciones de negocio, descubrió Lawson, estaban en la cría. Los caballos de cuarto de milla tenían una crucial ventana de tres años para demostrar que tenían genética de campeón. Si lo conseguían se convertían en una valioso activo en el sector de la cría. Uno de los sementales más famosos del sector de cuarto de milla, el garañón de la bahía Corona Cartel, ofrecía sus servicios reproductivos en el rancho Lazy E de Oklahoma por 35.000 dólares. Cada año, Corona Cartel cubría unas noventa yeguas, con lo que producía unos beneficios netos de tres millones de dólares al año. Todos los caballos que en su nombre llevaban la palabra «Cartel» —y había miles— habían sido engendrados por el prolífico semental, que pertenecía a una pomposa actriz y cantante mexicano-estadounidense de Arizona.

Considerando que la esperanza de vida de los sementales es de veinticinco años, ser propietario de un semental así era como tener la gallina de los huevos de oro. Para seguir exprimiendo la rentabilidad de sus campeones tras su muerte, algunos propietarios seguían vendiendo su semen congelado.

Tener un caballo del calibre de Corona Cartel era el sueño de todos los empresarios relacionados con la cría como Graham. Con un activo así todos se hacían ricos, incluso el dueño de la granja donde se guardaba el caballo, que podía cobrar honorarios y gastos a las docenas de propietarios que llevaban allí a sus yeguas para ser cubiertas. Pero el número de estos sementales excepcionales era muy reducido. Esta era la razón por la que Graham había hecho todo lo posible por conseguir que Tempting Dash se quedara en el negocio familiar.

En la All American de Ruidoso, Lawson se había sentido atraído por el entusiasmo y la energía del hipódromo. Pero cuanto más sabía sobre el negocio de las carreras de caballos, más entendía por qué los hermanos Treviño lo veían como un punto de partida perfecto para el blanqueo de dinero. Nadie iba a hacer preguntas siempre que no faltara el dinero, y Miguel tenía más que suficiente para todos.

DIECINUEVE

ALFONSO DEL RAYO HABÍA PASADO LAS FIESTAS NAVIDEÑAS EN EL HOSPI-
tal. Todavía tenía profundas heridas enrojecidas en la cabeza
y en la frente de los golpes que recibió con las bocas de cañón
del AK-47 y el AR-15. El médico le dijo que iba a necesitar ciru-
gía reconstructiva para eliminar las cicatrices circulares. También
tenía rotos e hinchados los dedos meñique y anular de la mano
izquierda, y dolorido todo el cuerpo por las graves magulladuras.

Él y su esposa Carolina estaban todavía intentando comprender lo que había sucedido cuando, tres días antes de Año Nuevo,
del Rayo recibió una extraña llamada telefónica. Era José Guillermo Herrera, secretario de comercio de Fidel Herrera, el poderoso gobernador de Veracruz. Durante el secuestro, Carolina
había hablado con el hijo del gobernador, Fidel Jr., un antiguo
amigo de la escuela, después de que otros amigos de su círculo se
negaran a implicarse. Fidel Jr. había contactado inmediatamente
con su padre pidiéndole que la ayudara. El gobernador envió a
casa de del Rayo a Arturo Bermúdez, su jefe de investigaciones
estatales, acompañado de un experto en negociaciones en casos
de secuestros.

Del Rayo había conocido a Fidel Herrera a finales de los años
noventa, cuando era jefe del comité estatal del PRI en Veracruz.
Herrera procedía de una familia pobre, pero con crueldad y as-
tucia se había convertido en el político más poderoso del estado.

Había sido senador y miembro del Congreso, y en el año 2004 fue elegido gobernador.

En un principio, Carolina se había sentido aliviada con esta ayuda del gobernador, pero después se alarmó. Herrera insistió en que enviara a sus dos hijos con una tía a Ciudad de México, y después la trasladó a una vivienda segura con cámaras de seguridad y alambre de espinos en el muro de protección. Se le dijo que no hablara con nadie sobre su paradero, ni siquiera con su familia. Sola en aquella casa durante varios días con Herrera, Bermúdez y el experto en secuestros, había comenzado a sentirse como si también ella hubiera sido secuestrada. Herrera ordenó el seguimiento de los socios y exesposa de del Rayo. El equipo de seguridad del gobernador pinchó llamadas y Herrera las escuchaba. Entre la élite política de Veracruz, todos sabían que nada sucedía en el estado sin que Herrera lo supiera. Carolina comenzaba a pensar que sentía un placer macabro con la desgracia de su familia.

Solo permitió que Carolina abandonara su custodia cuando del Rayo llevaba ya varias horas en su casa. La noche de su liberación, el gobernador había llamado a su casa y Carolina respondió el teléfono. Cuando oyó la inconfundible voz de Herrera, comenzó a temblar de forma descontrolada y se quedó sin habla. Del Rayo había tenido que tomar el teléfono de su mano.

El que llamaba ahora era José Guillermo Herrera, secretario de comercio del gobernador, para pedirle a del Rayo que asistiera a una reunión en su casa.

—Hay alguien con quien tiene que hablar de su secuestro —le dijo. Del Rayo había conocido a José Guillermo durante los años en que había ascendido por la escalera corporativa hasta la oficina del gobernador. La coincidencia de sus apellidos hacía que muchos pensaran que era pariente del gobernador, pero no estaban unidos por ningún lazo sanguíneo; solo por su común obsesión por el poder.

—¿Cuándo? —tartamudeó del Rayo, tomado por sorpresa.

—Dentro de dos o tres días —dijo Herrera, y añadió que se pondría en contacto con él tan pronto como tuviera los detalles.

Del Rayo colgó. No podía negarse a ir. Había sido puesto en libertad sin pagar ningún rescate. Y seguía vivo. La mayoría de los secuestrados nunca volvían a casa, ni siquiera después de que sus familias pagaran el rescate. En lo profundo, sabía que su liberación no se habría producido sin pagar un precio.

Dos días más tarde, José Guillermo Herrera llegó a casa de del Rayo acompañado de un hombre de veintitantos años, bien vestido, con el pelo oscuro, engominado y peinado hacia atrás. Aquel hombre estrechó efusivamente la mano de del Rayo y se presentó como Carlos Nayen. Felicitó a del Rayo por su bonita casa, y luego fue directo al grano.

—Mi jefe le ha salvado la vida —dijo Nayen—. Como compensación necesitamos que vaya usted a Oklahoma City el día 13 de enero y compre un caballo.

—¿Qué? —dijo del Rayo, confuso—. Pero yo no sé nada de caballos. Aparte, tengo una operación quirúrgica programada para este día.

Un cirujano plástico iba a quitarle las cicatrices circulares que dejaron en su frente las bocas de los fusiles. Un traumatólogo también tenía que romperle otra vez los dedos para ponérselos en su lugar.

—Asegúrese de estar donde le he dicho —advirtió Nayen—. Si no es así, usted y su familia van a tener problemas.

Nayen no tuvo que dar más detalles. Del Rayo no tenía ni idea de quién podía ser el jefe de Nayen, pero sí sabía que era alguien poderoso, porque él seguía vivo. Les aseguró que allí estaría. Durante los nueve días que pasó en el piso franco había entendido claramente que Los Zetas tenían ojos y oídos en los niveles más elevados de la policía y gobierno de Veracruz. El secuestro le había cambiado. Ahora no confiaba en nadie, ni siquiera en sus amigos más cercanos. Para muestra, aquí estaba Herrera, uno de los consejeros del gobernador —alguien a quien había conocido superficialmente durante varios años—, sentado en su salón y negociando el rescate de su secuestro. Estaba comenzando a entender que el narcotráfico y la política eran como el pez que se muerde la cola.

Ya no había forma de saber dónde comenzaba el primero y dónde terminaba la segunda.

LAWSON ESTABA SENTADO SOBRE su escritorio, haciendo una lista de los caballos que había identificado como parte de la operación de José, cuando recibió una llamada de Graham.

—Algo le pasa a José —dijo.

Lawson se sentó en la silla.

—¿Qué sucede?

—Va a vender un caballo llamado Blues Ferrari en la próxima subasta de Heritage Place. Es la primera vez que vende un caballo en una subasta.

—¿Qué piensas que hay detrás? —preguntó Lawson.

—No tengo ni pajolera idea —respondió Graham—. Pero me ha pedido que lo tenga preparado para la venta.

Graham le dijo que la subasta se celebraría el 15 de enero y le dio el número del caballo. Lawson seguía con la rodilla inmovilizada y tendría que llevar muletas otras dos semanas. Tendría que convencer a Hodge para que fuera en su lugar, lo cual sería difícil, porque siempre tenía razones para negarse. Estaba comenzando a molestarle que en la oficina se refirieran al caso como una investigación de Hodge, especialmente porque este se negaba a viajar. Pero esta vez no tendría elección, porque su nombre estaba también en el fichero del caso.

VEINTE

ALFONSO DEL RAYO TOMÓ EL PRIMER VUELO DE SAN ANTONIO, TEXAS, A Oklahoma City. Seguía teniendo las cicatrices en la frente y en el hospital le habían entablillado los dedos después de rompérselos. Tenía el ojo derecho inyectado de sangre; los vasos sanguíneos se le habían reventado cuando sus raptores le habían golpeado con la culata del rifle. Su pelo negro y peinado hacia atrás le llegaba ahora a los hombros, y llevaba varios días sin afeitarse. Siempre había sido una persona extrovertida, pero ahora parecía atormentado. Se dio cuenta de que en el aeropuerto la gente se quedaba mirándole.

En el aeropuerto de Oklahoma City estuvo dos horas esperando hasta que llegó Nayen con otros dos hombres. Nayen le presentó a Antonio, su hermano menor, y a Fernando García que, según dijo, era un amigo. Se dirigieron en un automóvil a un Embassy Suites. La subasta sería la mañana siguiente en un lugar llamado Heritage Place, explicó Nayen. Aquella noche se alojaron juntos en una *suite* de dos habitaciones. Nayen y su hermano compartieron la misma habitación que del Rayo por si este cambiaba de parecer.

A la mañana siguiente, dejaron su vehículo en un inmenso aparcamiento lleno de remolques para caballos y camionetas, y se dirigieron a las blancas columnatas de la entrada de Heritage Place. Tras la fachada colonial del edificio había una pista de ejercicio cubierta y un anfiteatro con aire acondicionado donde se exhibían los caballos en un escenario con forma de herradura para los compradores. El edificio estaba abarrotado con posibles pujadores para la subasta mixta de invierno. Del Rayo nunca había estado en una subasta de caballos. En el bar del club vio grupos de argentinos, mexicanos y brasileños ricos apiñados en mesas, discutiendo sobre linajes y estadísticas de carreras de caballos mientras bebían Bloody Marys y micheladas.

Del Rayo se preguntaba qué demonios estaba haciendo allí cuando Fernando García le mostró un grueso catálogo de ventas con la lista de todos los caballos con su número, su ascendencia y su registro de carreras. García le explicó que el caballo por el que querían que pujara se llamaba Blues Ferrari, y que saldría a la venta casi al final de los tres días, o sea, al día siguiente.

El linaje de Blues Ferrari estaba entre los mejores de su categoría, pero en la pista su rendimiento había sido decepcionante. Ramiro Villarreal había comprado aquel caballo en el año 2008 por 15.000 dólares en el rancho Lucky 7 de Oklahoma, le puso el nombre del deportivo preferido de Miguel y después lo inscribió en una eliminatoria para la Futurity en Los Alamitos, California, en la que no se clasificó. En dos años, el caballo no había ganado más de 20.000 dólares. Entonces sufrió una lesión en la pata.

El semental fue registrado en marzo de 2010 en una SRL llamada Fast and Furious. Aquel mismo año, Tremor Enterprises compró el caballo por 50.000 dólares. Aunque del Rayo no lo sabía, Miguel, José y Nayen habían decidido vender el caballo por su bajo rendimiento. Forzando a del Rayo a comprar a Blues Ferrari inyectarían más dinero limpio a la cuenta de Tremor Enterprises. Miguel no había ordenado el secuestro de del Rayo, pero cuando Nayen se lo comentó, pensó que contar con otro empresario rico podría serle útil y dio orden de que no lo mataran.

García llevó a del Rayo a la zona de ventas donde se exhibía a los caballos ante los compradores y le explicó cómo funcionaban las pujas. Del Rayo apenas conseguía descifrar el zumbido entrecortado del subastador o los gestos casi imperceptibles de los postores. Un guiño podía significar una puja de 10.000 dólares o que a alguien le había entrado una mota de polvo en el ojo. García le dijo a del Rayo que no se preocupara.

—Simplemente levanta la mano cuando comience la subasta —le dijo—. Pase lo que pase, sigue apostando hasta que el caballo sea tuyo.

A la mañana siguiente, en la subasta, Antonio, el joven hermano de Nayen, seguía por todas partes a del Rayo, incluso cuando iba al baño o salía afuera a fumarse un cigarrillo. Pero Nayen y García ponían mucho empeño en que no los vieran cerca de él. Lo único que quería del Rayo era que comenzara ya la puja para poder marcharse a su casa. No tenía ni idea de cuánto se esperaba que gastara en el caballo. Esperaba tener suficiente liquidez para la compra. La mayor parte de su dinero estaba paralizado en una urbanización de Veracruz con campos de golf.

Por fin, a última hora de la tarde, Blues Ferrari fue llevado al círculo de venta. Al caballo se le marcaban las costillas y no se habían molestado siquiera en cepillarle el barro de las patas. Todos los caballos que del Rayo había visto en el círculo de venta habían sido impecablemente acicalados, pero no era el caso de Blues Ferrari. El subastador comenzó con una puja de 5.000 dólares. Del Rayo levantó la mano como se le había dicho. Pronto habían llegado a 175.000 dólares. Del Rayo no veía quién estaba pujando contra él, pero quienquiera que fuera, hacía que el precio subiera rápidamente. Él levantó la mano una y otra vez como se le había dicho. Ahora estaban en 300.000 dólares.

—Oigo 310, 310 —decía el subastador. Del Rayo levantó de nuevo la mano.

—Tengo 310, 310... ¿Quién da 320, 320... —seguía canturreando.

Del Rayo miró alrededor buscando al otro postor, pero no veía quién podía ser entre aquella multitud de extraños. A Nayen, su hermano y Fernando García no se les veía por aquella zona, pero sabía que estaban controlando.

—¡Vendido por 310! —gritó el subastador dando un sonoro golpe con el mazo. Blues Ferrari era suyo.

JASON HODGE Y UNO de los oficiales de las fuerzas especiales de la unidad que se había ofrecido a acompañarlo para ayudar con la vigilancia observaban con atención lo que sucedía. Dos tipos que parecían demasiado jóvenes para tener tanto dinero también estaban pujando, haciendo subir el precio hasta que el subastador dio el mazazo con la cifra final de 310.000 dólares. Graham sacó a Blues Ferrari del círculo de ventas y lo condujo de vuelta a los establos. Vieron que Fernando García y otro joven acompañaban al hombre que acababa de comprar el caballo por un tramo de escaleras a la oficina de ventas. Unos minutos más tarde se sintieron aliviados cuando vieron que Tyler Graham subía por las escaleras a la misma oficina.

Del Rayo no sabía cuánto se esperaba que pagara por Blues Ferrari, solo que tenía que comprar el caballo costara lo que costara. Ahora tendría que hacer malabarismos para conseguir los 310.000 dólares. Aquella fue la venta más importante de la subasta y Jeff Tebow, el administrador de Heritage Place, se acercó a estrechar la mano de del Rayo, pero se detuvo cuando vio lo magullados e hinchados que tenía los dedos. Se fijó en las cicatrices de la frente y en su aspecto maltrecho.

Del Rayo sonrió incómodamente a Tebow, que ahora le estaba examinando con más atención. Le explicó que tendría que firmar dos cheques, pero que solo uno de ellos podría cobrarse aquel día. Para el cobro del otro habría que esperar al menos una semana para que le diera tiempo a transferir más dinero a la cuenta. Tebow asintió y le dijo que no había ningún problema. Del Rayo extendió el primer cheque de 150.000 dólares, pero la mano le temblaba y le costaba sujetar el bolígrafo con los dedos entablillados.

—¿Ha tenido algún tipo de accidente? —preguntó Graham.

—Ah… sí, un accidente de golfista —tartamudeó del Rayo con los ojos puestos en el cheque que estaba escribiendo.

Graham y Tebow se miraron. Tebow había pasado de estar entusiasmado por la venta a estar alarmado. Era una enorme cantidad de dinero por un caballo que no corría bien y que parecía demasiado delgado. Uno de los asistentes a aquella subasta diría más adelante que, en el círculo de venta, Blues Ferrari parecía «un cadáver ambulante». Y Tebow nunca había visto a del Rayo en Heritage Place. Estaba comenzando a preocuparse de que pudiera haber algún problema con el cheque. Sin que del Rayo se diera cuenta, Tebow hizo una foto con el celular en que se le veía extendiendo el cheque. Tenía la sensación de que había algo muy extraño en aquella venta. Y quería tener alguna prueba por si el dinero no llegaba.

La subasta mixta de invierno de 2011 acabaría siendo la de mayor recaudación de los últimos treinta y tres años en Heritage Place. «La demanda internacional de nuestros caballos de carreras de cuarto de milla es increíble», observaría después Tebow en una triunfante nota de prensa. Tyler Graham, que no solo había sido el agente de venta de Blues Ferrari en la subasta, sino que también había pujado por José, fue proclamado mejor comprador de la subasta en la misma nota. Pero más adelante se quejaría a Lawson de que no se le dio suficiente tiempo para preparar a Blues Ferrari para la venta, ni sabía que José iba a venderse el caballo a sí mismo. Ambos sospechaban que Alfonso del Rayo era otro empresario mexicano que pujaba por Miguel y le ayudaba a construir su imperio de caballos de carreras en Estados Unidos. En Laredo, Lawson añadió a Alfonso del Rayo a la larga lista de sospechosos que había en el archivo del caso.

LA MAÑANA DESPUÉS DE la subasta, del Rayo tomó el vuelo de vuelta a San Antonio con Nayen, Antonio y García. Del Rayo tenía una casa grande en una urbanización cerrada de San Antonio, que había comprado como una inversión y para las vacaciones de la familia. Había dejado allí a su esposa y a los niños para que estuvieran seguros mientras él estaba en Oklahoma. Cuando llegaron al aeropuerto, Nayen le dijo que quería ver su casa de San Antonio. Del Rayo pensó que no sería inteligente decirle que no. Por otra parte, seguía agradecido a Nayen por haberle salvado la vida. Sabía que estaría muerto si Nayen y su jefe —quienquiera que fuera— no hubieran intervenido. Los llevó a su casa en su vehículo alquilado y Carolina les sirvió bebidas mientras ellos observaban los detalles de aquella vivienda bien equipada. Cuando acabaron el recorrido Nayen sonrió. «Ahora ya sé donde vives», dijo de un modo que solo podía entenderse como una amenaza. Después le pidieron a del Rayo que los llevara a Retama Park, un hipódromo cercano.

Deseoso por deshacerse de ellos, del Rayo hizo lo que le pedían. Cuando se detuvieron frente al hipódromo, un grupo de hombres les estaban esperando en el borde de la acera. Nayen salió del asiento delantero e inmediatamente comenzó a dar órdenes en español. Se alejaron en grupo, seguidos de García y Antonio. Cuando salió de allí, del Rayo respiró aliviado. Esperaba que, con aquello, la deuda que el jefe de Nayen creía que tenía con él hubiera quedado definitivamente saldada. Pero tenía la persistente corazonada de que pronto volvería a ver a Nayen.

VEINTIUNO

TRAS LA SUBASTA DE INVIERNO EN HERITAGE PLACE, GRAHAM LLEVÓ A Blues Ferrari y los demás caballos que José había comprado en la subasta a su finca de Elgin. Había pasado más de un año desde que había conocido a José Treviño en el Lone Star Park de Grand Prairie, cuando Tempting Dash había batido el récord de la pista y despertado el interés del sector.

Su función como semental no había sido tan fácil como había esperado. Poco después de llegar a sus establos, Tempting Dash fue diagnosticado con una enfermedad poco frecuente en la sangre llamada piroplasmosis, que el veterinario suponía que había contraído por una aguja infectada o por el contagio de otro caballo afectado. La noticia fue un duro golpe para José. El caballo más valioso que tenía estaba ahora en cuarentena. La Comisión de Salud Animal de Texas había prohibido la participación de Tempting Dash en las carreras para evitar el contagio de otros caballos. El semental campeón, la piedra angular de Tremor Enterprises, nunca volvería a correr en un hipódromo.

José quería sobornar a la comisión para que levantara la cuarentena.

—¿Tú crees que si les diéramos doscientos mil pavos se olvidarían del asunto? —le dijo a Graham.

Pero Graham respondió que no tenían más remedio que acatar el dictamen de la comisión. El caballo seguía siendo un campeón.

La enfermedad no cambiaba este hecho. Pero ahora la mejor esperanza de José era que el caballo sirviera como semental.

A los pocos días, José envió un remolque al rancho de Graham para llevarse a Tempting Dash. No quiso decirle adónde lo trasladaba y Graham no dejaba de preguntarse si su destino sería México y Miguel.

Graham estaba furioso por la pérdida de Tempting Dash: el semental campeón que iba a restaurar la granja de cría familiar. Ahora el caballo había desaparecido y él seguía empantanado en la operación de José, que tenía al menos cuarenta caballos en sus caballerizas.

Carlos Nayen seguía a cargo de los crecientes gastos ocasionados por la manutención, herrado y reproducción de los caballos. Pero los pagos llegaban a trompicones. Algunas veces era en efectivo, otras mediante transferencias bancarias de ADT Petroservicios o de Grupo Aduanero Integral de Veracruz. Nayen le pidió también a Graham que clasificara los caballos y sus cuentas según varios nombres de propietarios como Hernando Guerra, Francisco Colorado y Pedro Alcalá. Nayen y García también seguían cambiando los nombres de los caballos con nuevos apodos que no eran precisamente sutiles, como Forty Force [Fuerza cuarenta], Break Out the Bullets [Saca las balas] y Number One Cartel [Cártel número uno].

Graham observó que los propietarios de las listas nunca visitaban sus establos. Pero José sí aparecía cada semana para ver los caballos, hacer preguntas y procurar que todo fuera bien. Sus visitas rara vez coincidían con las de Nayen, a quien no parecía tener mucho respeto. El trato de Graham con Nayen también se estaba crispando un poco. La creciente deuda se estaba convirtiendo en un constante punto de tensión entre ellos.

—Yo no soy un banco —le recordaba Graham a menudo—. Tengo que cobrar mis servicios.

LAWSON AÚN NO LE había hablado a Graham de la cuenta bancaria de la DEA; tenía la sensación de que este estaba a punto de cansarse de su acuerdo. Graham acababa de casarse con su novia de secundaria y tenía preocupaciones más importantes de las que ocuparse.

Por ello, cuando Lawson vio el número de la DEA en la pantalla de su teléfono, no pudo eludir una sensación de temor. Había estado evitando a Hathaway desde antes de Navidad, mientras él y Pérez trabajaban en el título 3. Pero ahora tendría que actualizar su información y no había mucho que decir.

Tomó el teléfono.

—¿Cómo va todo? —dijo Lawson.

Hathaway fue directo al grano.

—René y yo vamos mañana a Elgin para que Tyler Graham forme parte de nuestro equipo.

Aquellas palabras fueron como un puñetazo en el estómago. Sabía que Hathaway era atrevido, pero nunca le habría creído capaz de tanta prepotencia.

—Si quieres hablar con él tendrás que hablar primero conmigo —dijo Lawson—. Podemos programar una reunión con él en nuestra oficina. Esto es lo que dice el protocolo.

—Mira, te diré cómo lo vemos nosotros, podemos imputar a Graham. Tienes que presionarle más, pincharle el teléfono, hacer que utilice la cuenta bancaria que hemos abierto, y si no colabora llévale ante un juez —dijo Hathaway.

—No puedes cometer esta estupidez —respondió Lawson.

Querían ponerse duros con Graham para obligarle a cooperar. Pero Lawson dudaba de que esta actitud agresiva funcionara con él. Podían acusarle de muy poco. Sería muy difícil demostrar delante de un juez que Graham estaba al corriente de quién era José antes de aceptar su encargo de pujar por él en la primera subasta de Heritage Place. Lawson había visto su mirada el día que se conocieron y él había mencionado a Los Zetas. Graham no tenía ni idea de quién estaba detrás de José.

—No va a hablar con vosotros —dijo Lawson. Antes de que Hathaway tuviera tiempo de responder, Lawson colgó, regresó a la oficina de Villarreal y llamó a la puerta. Cuando le contó a su jefe lo que había dicho Hathaway, este parecía también a punto de romper algo. Villarreal descolgó el teléfono. Lawson sabía que en su interior se estaba fraguando una indignación justificada que pronto se expresaría en el piso de arriba ante el jefe de Hathaway.

Mientras Villarreal se batía el cobre con la DEA, Lawson llamó a Graham para advertirle de la inminente visita de Hathaway. No tenía más elección que intentar prevenirle sobre los dos agentes de la DEA y salvar su acuerdo con Graham.

Tyler respondió al segundo timbrazo.

—¿Qué tal? —dijo en su característico tono relajado.

—Ha sucedido algo, Tyler —Lawson sabía que su tono era un tanto tenso e intentó relajarse. No quería alarmar a Graham, pero le era difícil contener la mezcla de pánico e indignación que bullía en su interior. Sus peores temores se estaban haciendo realidad. La DEA quería llevarse a Graham, y sin él su investigación se venía abajo.

—¿Qué ha pasado? —preguntó Graham, ahora en un tono más serio.

—Dos agentes de la DEA van a venir mañana a tu rancho. Quieren presionarte para que trabajes para ellos. No pretendo decirte lo que debes hacer: haz lo que creas conveniente. Pero te sugiero que no les abras la puerta.

Graham se quedó un momento callado, asimilando todo aquello.

—No les recibiré —dijo finalmente—. No es mi intención cambiar el acuerdo que tengo contigo.

—¡Me alegra oír esto! —dijo Lawson.

Graham le dio las gracias por avisarle y colgó el teléfono. Lo único que podía hacer ahora Lawson era esperar. Se sumergió en los hechos del caso e intentó borrar la imagen de la DEA llamando a la puerta de Graham. Había estado trabajando en aquella investigación durante poco más de un año. Con la ayuda de Hodge y Pérez había conseguido solicitar ordenes de vigilancia, redactar informes 1023 y realizar otras gestiones burocráticas necesarias para fundamentar sólidamente una acusación. En su lista de sospechosos, que iba en aumento, había nombres como Francisco Colorado, Alfonso del

Rayo y Alejandro Barradas, que estaban transfiriendo dinero desde México o pagando caballos con cheques. Tenía las fotografías de Carlos Nayen, Fernando García, José y su cuadrilla en la All American. También había hecho vigilancias en las subastas de Heritage Place y seguido el rastro de caballos por las diferentes SRL y compradores de paja hasta llegar a José. Todo ello apuntaba a una conspiración para blanquear dinero que crecía por momentos.

Aquella noche Lawson apenas durmió; durante la mañana procuró mantenerse atareado con otros trabajos hasta la tarde, cuando finalmente llamó a Graham.

No hubo saludos ni preámbulos.

—¿Les has abierto la puerta? —preguntó Lawson intentando sonar informal, aunque toda la investigación pendía de la respuesta de Graham.

—He estado fuera todo el día —dijo Graham—. De hecho, ahora mismo no estoy en el rancho.

Lawson se relajó con las buenas noticias.

—¿Crees que podríamos vernos en el hotel Omni dentro de, digamos, una semana? ¿Martes o miércoles quizás?

—Creo que sí —dijo Graham—. Pero déjame preguntarle primero a mi secretaria. Después te llamo.

Lawson se sentía aliviado viendo que Graham había mantenido su compromiso con él, pero sabía que su acuerdo se había deteriorando ya antes del incidente con la DEA, que solo había hecho que exponerlo más. Iba a tener que trabajar para reconstruir la confianza entre ellos. La capacidad de compenetrarse con una fuente y mantener una buena relación era algo que no podía enseñarse en Quantico. Había que aprenderla mediante ensayo y error. Pero perder a Graham era un riesgo que no podía correr. Tenía que verle cara a cara y disipar cualquier duda que pudiera tener sobre trabajar con el FBI.

EL VESTÍBULO DEL HOTEL Omni, situado en el centro de Austin, estaba lleno de mujeres y hombres vestidos con ropa de calle, arrastrando maletines de ruedas y con tarjetas identificativas colgadas del cuello. Era un lugar de encuentro tan discreto como un aeropuerto y Lawson lo había escogido por esta razón. En el luminoso vestíbulo de cristal era casi imposible oír lo que se decía en las mesas de alrededor, separadas por grandes tiestos con plantas y en medio del barullo de docenas de conversaciones simultáneas.

Eran poco más de las doce del mediodía cuando Graham se sentó frente a Lawson en uno de los abultados sillones del hotel y pidió a la camarera que le trajera un té con hielo. Tras la reunión, Graham tenía cuarenta y cinco minutos en automóvil hasta su rancho. Lawson pidió lo mismo.

—Gracias por venir —le dijo.

—¿Acaso podía elegir? —repuso Graham.

Lawson y Hodge habían invitado a la reunión a Ernie Elizondo, uno de los agentes de las fuerzas especiales. Elizondo se sentó junto a Lawson y se entretuvo poniendo varios paquetitos de edulcorante bajo en calorías en el vaso de té helado mientras Lawson llevaba la voz cantante. Hodge se sentó al lado de Graham.

—La DEA piensa que eres procesable —dijo Lawson—. Su plan era obligarte a trabajar para ellos bajo la amenaza de formular cargos contra ti. Tienes suerte de estar con nosotros, porque no actuamos con estos criterios.

—¡Pero qué narices estás diciendo! —soltó Graham dando un golpe con el vaso sobre la mesa—. ¿Acaso crees que no he hablado con mis abogados? ¡Sé que no soy procesable!

Lawson notó que la camarera los miraba e instintivamente se acercó más a la mesa. Elizondo también arrimó su silla, como intentando reducir al máximo la zona colateral de una explosión inminente.

—No me entiendas mal —dijo Lawson bajando la voz—. Lo que quiero decir es que es verdad que has cumplido tu palabra. Pero también lo es que nosotros te estamos haciendo un favor.

Graham se puso rojo de ira.

—¡Será posible! —dijo sacudiendo la cabeza—. ¿Tú piensas de verdad que estoy haciendo esto porque tengo miedo de que me lleven ante un tribunal? Lo he hecho porque metí la pata y quería enmendar mis errores.

—Y lo que yo te digo es que te estamos cubriendo la espalda.

Lawson se estaba indignando y subía el volumen de su voz. Esos no eran los derroteros que había planeado para aquella conversación. Creía que Graham estaría agradecido de que estuvieran velando por él y que ello ayudaría a disipar cualquier recelo que pudiera surgir entre ellos. Pero Lawson no había contado con que este reivindicara sus supuestos derechos de niño rico. Graham entendía que él estaba haciéndole un favor al FBI, no al revés.

—¿Alguien quiere más té frío? —preguntó Hodge, intentando rebajar la creciente tensión. La camarera rondaba por las cercanías con su jarra medio llena de té frío. Parecía nerviosa.

—Sí, a mí me apetece un poco más —dijo Lawson, agradecido por el cambio de tema. Se daba cuenta de que la conversación se le había ido de las manos y ahora tenía que controlar los daños antes de que Graham saliera por aquella puerta—.

Quiero darte gracias por todo lo que has hecho —dijo—. Y quiero que sigamos trabajando juntos.

Graham se recostó en el sillón con la mirada puesta en la distancia. Lawson le siguió la vista hasta una pantalla de televisión, cerca del bar, que emitía un partido de fútbol. Sabía que, antes de darle una respuesta, Graham se estaba tomando su tiempo, utilizando las mismas tácticas de tipo duro que había aprendido de su abuelo. Si quería tomar este camino, pensó Lawson, le recordaría a Graham el acuerdo que había firmado.

—Sí, de acuerdo. Todo arreglado —dijo finalmente Graham, volviéndose hacia Lawson—. No te preocupes.

—De acuerdo, ¿no hay ningún problema entonces? —dijo Lawson.

Graham asintió.

—Voy a tener que volver al trabajo —dijo levantándose. Lawson también se levantó y le extendió la mano. Graham se la estrechó incómodo. Entonces Graham saludó con la cabeza a Hodge y Elizondo, que también se levantaron de la silla. Se quedaron de pie mientras Graham se dirigía hacia la salida y franqueaba la puerta giratoria hasta la calle.

—¡Perfecto, ha ido bien! —dijo Elizondo sonriendo irónico.

VEINTIDÓS

GRAHAM HABÍA PERDIDO A TEMPTING DASH. PEOR AÚN, LE HABÍAN DADO largas durante varias semanas con la factura de la alimentación y el alojamiento de los caballos de José. Su frustración por los impagos, que ascendían ya a 36.000 dólares, iba en aumento cuando recibió la llamada de un hombre de Laredo. Dijo llamarse Víctor López y que desde aquel momento iba a ayudar a Nayen. Le dijo también que tenía el dinero que le debía, pero que tendría que desplazarse hasta Laredo para recogerlo. Graham le dijo a López que miraría su horario y le llamaría para concretar la fecha. Pero no tenía intención de ir a ningún lugar cerca de la frontera; estaba demasiado cerca de Miguel y de Los Zetas para sentirse cómodo. Tan pronto como colgó, llamó a Lawson.

Lawson tomó el celular, que vibraba sobre el escritorio. Desde su discusión en el Omni, tanto él como Graham se sentían dolidos. Pero para su gran alivio, Graham había descartado cualquier idea de ruptura. Lawson escuchó con atención la información de Graham sobre la llamada de un nuevo personaje llamado Víctor López que le había pedido que se desplazara hasta la zona fronteriza. Quería saber cómo proceder. Negarse a recoger el dinero podría levantar sospechas, especialmente después de haberse quejado tanto a José y a Nayen por no pagarle.

Cualquier idea de que la DEA pudiera ayudar al FBI a conectar el dinero del narcotráfico en México con los caballos estaba ahora claramente descartada. Lawson no había hablado con Hathaway desde su acalorada conversación telefónica. Pero ahora tenían al tal Víctor López, que prometía entregarle 36.000 dólares en efectivo a Graham. Lawson veía el potencial de aquella transacción. Sería una prueba sólida para establecer la conexión entre José y el dinero del narcotráfico.

—Dile que de acuerdo, pero que no puedes ir tú personalmente porque estás muy ocupado —le dijo—. Dile que mandarás a un empleado de confianza. Nosotros nos ocuparemos del resto.

Graham aceptó el plan sin titubear, aliviado sin duda por no tener que recoger el dinero personalmente. Cuando colgó, Lawson se volvió para informar a Hodge. Este nuevo giro le animó, porque presentar pruebas de una entrega así de dinero ayudaría a que el fiscal prestara atención cuando se iniciara la investigación en la oficina del fiscal general aquel mismo mes.

No había sido fácil convencer a Hodge para que fuera a Oklahoma City a hacer labores de vigilancia durante la venta de Blues Ferrari. Lawson comenzaba a preocuparse por la posibilidad de que Villarreal asignara la dirección de la investigación a otro agente, cuando Hodge fuera trasladado. Lawson quería trabajar con Pérez, pero Villarreal tenía todavía que valorar sus muchos puntos fuertes.

Lawson le contó a Hodge todo lo que habían hablado con Graham y lo de Víctor López y la entrega de dinero. Pero Hodge no fue precisamente alentador. No creía que pudieran conseguir a tiempo las aprobaciones que necesitaban para la vigilancia.

—Esto no va a salir bien —le dijo a Lawson.

Era una de las frases favoritas de Hodge, y la repetía a menudo cuando pensaba que algo era insuperable.

Pero Lawson no iba a tirar la toalla así como así. Se dirigió al escritorio de Pérez, al otro lado de la oficina. Estaba en su computadora, trabajando en la solicitud del título 3. Estaba contento de que estuviera de vuelta tras la baja por maternidad.

—¿Qué onda, güey? —le dijo Lawson, sonriendo.

Era un saludo en la jerga del norte de México. La expresión se usaba tanto en el día a día de la zona fronteriza que se le había pegado y ahora la soltaba siempre que le parecía, para jolgorio de sus compañeros.

—¡No me digas! —dijo Pérez riéndose—. Espero que no les digas esto a todas las chicas cuando sales de fiesta.

Lawson se apoyó en su escritorio.

—¿Por qué? ¿Quieres decir que no les parecerá sexi? —dijo él.

—Sí, hombre, no dejes de decirlo —dijo ella riéndose de nuevo—. *Pinche güey* también es muy sexi.

—¿Cómo va el título 3? —preguntó él.

—Sería mucho más fácil si Fernando García no cambiara de teléfono cada dos semanas. Cuando voy a recoger las grabaciones ya ha cambiado de número.

—Tengo buenas noticias —dijo él.

—¡Ya era hora! —Pérez sonrió de nuevo.

Lawson le habló de la llamada de Graham y del plan de entrega del dinero de Víctor López. El problema era que Hodge no creía que fuera posible conseguir los permisos en solo un par de semanas.

—Déjame adivinar —dijo ella—. Esto no va a salir bien.

Lawson asintió y sonrió. Hodge lo decía tantas veces que todo el mundo bromeaba con la frase.

—En Miami no parábamos de hacer cosas de este tipo —dijo ella—. Podrías mandar a un agente encubierto que hiciera como que trabaja para Graham.

—Sí, esto es lo que estaba pensando —Lawson asintió—. Después traemos el dinero a la oficina y lo documentamos.

—Seguimos el rastro del dinero —dijo Pérez— y seguro que nos lleva hasta Miguel.

PARA ALGUIEN QUE VIENE de Nuevo Laredo, la plaza frente al hotel La Posada era un lugar lógico para encontrarse. El histórico e imponente hotel de estilo español se elevaba sobre los muelles como una antigua ciudadela, por encima del río Bravo. En el siglo XIX había sido un convento, y sus blancos muros estucados habían detenido las balas de la revolución mexicana. Ahora, La Posada era motivo de orgullo en Laredo, siendo lo más parecido que había en la ciudad a un hotel de lujo. Estaba también muy cerca del puente que llevaba a Nuevo Laredo. Y la plaza al otro lado de la calle, con su círculo de palmeras, había sido lugar de incontables transacciones fronterizas desde antes de que Texas ingresara en la Unión.

Víctor López había fijado la hora y el lugar. Graham le dijo a López que su empleado le estaría esperando en la plaza en una camioneta azul oscuro. Llevaría algunas balas de heno en la caja del vehículo, de forma que no habría pérdida para López.

Lawson se sentó cerca de su Chevy con un ojo en el agente encubierto a la espera de que López apareciera. Un agente de otra oficina se había ofrecido voluntario para la misión. Llevaba un transmisor para que Lawson pudiera escuchar todo lo que decía durante la operación. En otro vehículo sin distintivos, aparcado cerca de la iglesia católica del extremo de la plaza, Pérez también vigilaba. Si el agente resultaba herido o pasaba algo con el dinero, actuarían con rapidez para sacarle de allí.

Era un mes de enero anormalmente frío, de modo que Pérez tenía el motor y la calefacción del automóvil encendidos. Tres agentes encubiertos de las fuerzas especiales se movían por plaza, sentados en bancos o fingiendo esperar un taxi o autobús en la parada. Pero mayormente en movimiento por el frío.

Perdomo y Hodge habían aparcado cerca del puente internacional, desde donde avisarían al equipo cuando vieran que López cruzaba el puente y entraba en Laredo. Había pasado una hora y media, pero no había rastro de él.

—¿Qué demonios está pasando? —dijo Lawson por radio a los del puente—. ¿No le habéis visto todavía?

—Nada —dijo Perdomo.

Lawson llamó a Graham en Elgin para pedirle ayuda.

—Hola, Tyler, ¿podrías llamar a Víctor y preguntarle qué está pasando? Lleva casi dos horas de retraso.

—De acuerdo —dijo Graham. En unos minutos le devolvió la llamada—.

Dice que una de sus amigas ha sido detenida por un agente de Aduanas y Protección Fronteriza en el puente. Pero Víctor dice que solo lleva 9.000 dólares encima, por lo que no pueden hacerle nada.

—¡Mierda! —dijo Lawson.

Aquel no era el mejor momento para que los de Aduanas y Protección Fronteriza estuvieran haciendo su trabajo. Por lo que Graham le había dicho, deducía que López estaba usando varias mujeres como mulas para pasar el dinero al otro lado del puente. Cada una de las «amigas» de López llevaba una cantidad por debajo de 10.000 dólares, lo cual significaba que la ley no las obligaba a declarar ante los agentes de aduanas de EE. UU. en el puente. Ocultar el dinero y pasarlo en cantidades no superiores a 9.900 dólares era lo que los federales llamaban «estructuración de fondos», y era ilegal. Esta era la razón por la que el agente de aduanas había sospechado. Si pillaban a otra de las amigas de López en el puente con 9.000 dólares en el monedero, la entrega no se produciría. Tenían que hacer algo rápido. Lawson explicó por radio a los demás lo que estaba sucediendo.

La voz de Perdomo resonó metálica por la radio.

—Voy a hablar con los de aduanas.

Con los prismáticos, Lawson lo vio andando rápido hacia el puente, atascado de vehículos y peatones que hacían cola para entrar en Estados Unidos. Sabía que llevaría un tiempo convencer al agente de aduanas para que soltara a su presa. Podrían pasar fácilmente otros treinta minutos.

Finalmente, Pérez y Lawson vieron alguien que podía ser López caminando rápido hacia la plaza. Corpulento, de veintitantos años y con un corte de pelo militar, López llevaba un impermeable azul marino sobre una sudadera roja con capucha y una mochila de lona negra.

—Aquí lo tenemos —dijo Lawson por radio.

Pérez tomó los prismáticos para ver mejor a López, que caminaba enérgicamente hacia el hotel. El agente encubierto estaba sentado en su camioneta azul junto a la acera. Lawson tomó fotografías de López dirigiéndose al encuentro. El agente abrió la puerta y López se metió en la camioneta, dejando la mochila sobre la alfombrilla del acompañante. El agente asintió y dijo «¡Gracias!». Lawson no oyó nada más que los ruidos amortiguados del agente que contaba el dinero dentro de la mochila. Después de horas de espera, el encuentro duró menos de cinco minutos. López bajó del vehículo y se dirigió con paso vivo hacia el puente para regresar a México.

Lawson, Pérez y los demás siguieron al agente encubierto de vuelta a la oficina. Cuando llegaron contaron el dinero de la mochila, que eran 36.000 dólares, como López había dicho. Pérez sacó fotografías del dinero y luego lo guardaron en la caja fuerte. La mañana siguiente entregarían el dinero a Graham en Austin. Y Nayen y José nunca sospecharían que su nuevo empleado acababa de entregar el dinero de Miguel al FBI. La entrega había funcionado mejor de lo que Lawson esperaba. Podían documentar el pase del dinero por parte de las mulas para llevárselo a López en Laredo. Ahora tenían pruebas de que José se había servido de fondos estructurados de México para pagar los gastos de sus caballos en el rancho de Graham.

VEINTITRÉS

LA DIVISIÓN DE LAREDO, EN EL DISTRITO SUR DE TEXAS, ERA UNA DE LAS
más ajetreadas del país, con una docena de fiscales federales
presentando más de dos mil casos al año. La mayoría de aquellos
casos representaban supuestos delitos cometidos en el puente: narcotraficantes y contrabandistas detenidos cuando pretendían pasar
personas o drogas al otro lado del río. Cuando Lawson y Hodge
mostraron sus placas del FBI a los guardias de seguridad en la entrada del tribunal federal, sabían que tendrían que superar un es-
collo muy importante. Iban a pedirle a un fiscal ya sobrecargado
de trabajo que invirtiera varios meses, años quizá, en un complejo
caso de blanqueo de dinero mediante caballos de carreras.

Pero sin un fiscal federal que firmara el caso ya no podían seguir la investigación. Necesitaban la autorización de un fiscal auxiliar del estado para la citación del título 3; más aún, necesitaban
un fiscal agresivo que les ayudara a recabar un conjunto de pruebas
que pudieran llevar delante de un gran jurado para conseguir una
formulación de cargos.

Cuando tomaron el ascensor a la segunda planta, Lawson sintió
que su ansiedad iba en aumento. Había puesto todo lo que tenía en
ese caso, y lo que sucediera aquel día determinaría si iban a poder
pasar a la fase siguiente.

Lawson y Hodge se sentaron frente a un escritorio con montones de carpetas y documentos apilados. La fiscal auxiliar que se

sentaba tras el escritorio, la propietaria de los montones, apenas levantó los ojos del papel que estaba firmando cuando se sentaron. Una secretaria del tribunal estaba de pie junto a ella, esperando a que terminara para llevar aquel documento a un juez federal en algún lugar de aquel juzgado.

—¿Cómo puedo ayudarles, caballeros? —dijo finalmente entregándole el documento a la secretaria, que salió rápidamente de la habitación cerrando la puerta.

La fiscal parecía cansada, y daba la impresión de tener cosas mucho más importantes que hacer. Hodge se presentó a la fiscal y luego hizo lo propio con Lawson quien, acto seguido, comenzó a exponer los datos que habían reunido hasta el momento. Le habló de su fuente, Tyler Graham, que formaba parte de la operación, del dinero que recibía mediante fondos estructurados y de la mochila llena de dinero en efectivo. Cuando llevaba unos cinco minutos exponiendo el caso oyó que la fiscal se aclaraba la garganta.

—Fuera de jurisdicción —dijo ella.

—¿Perdone? —dijo Lawson, confuso.

—Parece que la fuente y el dinero de que habla están en Austin. Esto pertenece al distrito occidental. Está fuera de nuestra jurisdicción —dijo ella.

Lawson miró a Hodge. No estaba seguro de lo que tenía que hacer. ¿Debía intentar argumentar que no estaba fuera de su jurisdicción, porque Miguel Treviño y Los Zetas operaban en la frontera, o no tenía sentido?

Pero la fiscal estaba ya revolviendo entre los papeles de su escritorio, como dando el asunto por cerrado. Había pasado a la siguiente tarea, y esperaba sencillamente que los dos agentes salieran de su oficina.

—Gracias por su tiempo —dijo Hodge levantándose.

Lawson seguía sentado en la silla, estupefacto. Había esperado algo más que cinco minutos, al menos algunas preguntas sobre el caso. Hodge le dio un golpecito en el hombro.

—Vamos —dijo con un movimiento de la cabeza hacia la puerta.

La fiscal estaba ya completamente absorta en otro documento que había sacado de un fichero. Lawson se levantó y siguió a Hodge hacia la puerta.

—Cierren la puerta cuando salgan, por favor —dijo la fiscal sin levantar la vista de su trabajo.

Cuando llegaron al vestíbulo, Lawson explotó.

—¡Pero qué narices es esto! —dijo.

Veía que aunque Hodge estaba también agitado, se estaba tomando el rechazo mucho mejor que él.

—Es mejor no hacerse enemigos —dijo Hodge—. Vas a tener que traerle otros casos.

Lawson intentó calmarse. Lo peor era que Hodge tenía razón. Iba a tener que volver a aquella oficina antes de lo que pensaba. Y no podía arriesgarse a encontrarse con una fiscal molesta con él.

—Sabes una cosa —dijo Hodge pulsando el botón del ascensor—, Austin no es una mala idea.

VEINTICUATRO

ERA DIFÍCIL PARA LAWSON NO TOMARSE EL RECHAZO DE LA FISCAL FEDERAL como un revés demoledor. El futuro del caso le parecía ahora incierto, incluso imposible en sus peores momentos. Pero varios días después de la fallida reunión con la división de Laredo, Hodge se dio la vuelta en la silla para darle una noticia prometedora.

—Tenemos una reunión a finales de esta semana con un fiscal de Austin —le dijo.

—¿Quién es? —preguntó Lawson.

—Se llama Doug Gardner. Quiere que vayamos y le presentemos el caso.

—¡Vaya! ¡Esto sí es una buena noticia! —dijo Lawson. Tenía ganas de abrazar a Hodge. Se juró que nunca más se quejaría a Pérez de que Hodge nunca le ayudaba bastante en la investigación.

EN AUSTIN, LA OFICINA del fiscal general estaba en un rascacielos con una vista impresionante de la cúpula de granito rosado del Capitolio de Texas. Doug Gardner, el fiscal federal, recibió a los dos agentes en una amplia sala de conferencias. Lawson y Hodge pusieron los documentos del caso sobre la mesa. Gardner estuvo muy atento a lo que decían, lo cual era especialmente alentador después de la experiencia de Laredo. Gardner era de constitución delgada, pelo corto, entrecano y rondaría los cuarenta y cinco. Activo todavía en la reserva de los Marines, había sido fiscal militar antes de trabajar en el Departamento de Justicia en Austin.

Hodge puso al corriente a Gardner sobre los caballos, Miguel Treviño y su hermano José, y después Lawson le explicó que el caso tenía un nexo en Austin por su fuente, Tyler Graham, que en su rancho cercano a la ciudad alojaba y gestionaba los servicios de varios de los sementales de José. Mientras hablaba sobre el asunto de la jurisdicción Lawson sintió una creciente ansiedad. ¿Y si Gardner y el distrito occidental tampoco eran competentes para instruir aquel caso?

Pero Gardner se mostró muy atento y participativo durante la sesión e hizo muchas preguntas. Como coordinador de la OC-DETF en Austin, Gardner dirigía la mayoría de los casos relacionados con los cárteles y el blanqueo de dinero que llegaban a través de su oficina. OCDETF era el largo acrónimo de un programa del Departamento de Justicia. Este programa se había creado en la década de 1980 para estimular la colaboración entre las agencias federales para el mantenimiento del orden. Esto se conseguía mediante el uso de fondos del Tesoro de EE. UU. para cubrir gastos de horas extraordinarias y otras gratificaciones de modo que pudieran trabajar en los casos más complejos del crimen organizado.

Gardner estaba intrigado por la conexión tan directa con Miguel Treviño por medio de su hermano José. Había procesado a muchos traficantes y contrabandistas de nivel medio, pero aquel era un caso extraño que conducía directamente a un pez gordo del narcotráfico como Miguel. Pero lo que le preocupaba, dijo, era la cuestión de los caballos de carreras. ¿Qué sucedería cuando tuvieran que incautar los activos, en este caso, cientos de costosos caballos de carreras?

Lawson ya había hablado antes de esto con su jefe, Villarreal. A cualquiera que estuviera en el nivel de gestión o superior, le resultaba difícil ver más allá de la costosa pesadilla burocrática de incautar cientos de caballos de carreras. Todos aquellos caballos tendrían que ser cuidados y vendidos más adelante. Sospechaba que esta era una de las razones por las que otras agencias no habían querido ocuparse del asunto de los caballos de carreras. Puede que él fuera el único suficientemente loco para meterse en aquel berenjenal.

—Tendríamos que pensar en algún plan —dijo Lawson—. Yo tengo experiencia con caballos.

Gardner sonrió como agradeciendo el ingenuo compromiso de Lawson con el caso. Hubo un silencio embarazoso mientras el fiscal pensaba a fondo en el asunto.

—Si queremos hacer esto, tienen que abrir un nuevo caso en el distrito occidental —dijo finalmente Gardner.

Lawson no pudo disimular una sonrisa.

—¡Es suyo! —dijo Hodge con entusiasmo.

—Puesto que es un caso de la OCDETF, van a tener que colaborar con otra agencia —dijo Gardner—. ¿Tienen alguna en mente?

Había una agencia que Lawson no iba a mencionar. Ya se había quemado una vez con la DEA.

—Es un caso de blanqueo de dinero —dijo Hodge—. ¿Que le parece si se lo pedimos a Steve Pennington del IRS?

Gardner asintió.

—Steve es un buen agente y tiene experiencia.

Lawson se sintió aliviado de que Gardner aprobara la idea de trabajar con Pennington. No sabía que el IRS tenía un equipo de investigación criminal hasta que Pennington se desplazó a Laredo para trabajar con Hodge, que llevaba más de un año atascado en un caso de drogas.

Pennington era hasta cierto punto independiente, puesto que gestionaba una unidad operativa en la ciudad de Waco, al norte de Austin, llamada Waco Treasury Taskforce, que se ocupaba exclusivamente de casos de blanqueo de dinero y tráfico de drogas. Había estado investigando a un narcotraficante de Waco, y cuando buscó su nombre en la base de datos integrada aparecieron Hodge y el FBI. A los pocos días apareció por Laredo con las piezas de la conspiración que faltaban. Pennington ayudó a conseguir cinco órdenes de registro en una tarde. La mayoría de los agentes habrían necesitado un par de días. En menos de dos semanas, Hodge tenía una formulación de cargos.

Pennington era también de la vieja escuela y, por ello, a Lawson le recordaba a su padre. Cuando salieron para realizar las detenciones del caso, Lawson y los demás vestían el uniforme táctico negro, mientras que Pennington se había puesto un chaleco antibalas y una gastada gorra azul de béisbol con la palabra «IRS» serigrafiada en amarillo. Llevaba su rifle en una ajada funda que parecía haber visto más de una guerra. Aunque llevaba más de dos décadas como agente sobre sus espaldas, mientras estuvo en Laredo Pennington trabajó tanto como cualquier recién llegado. Si alguien podía ayudarles a desmantelar a José y Tremor Enterprises, pensó Lawson, este era Pennington.

—Llamaré a Steve —dijo Hodge.

VEINTICINCO

EN VEINTICINCO AÑOS, STEVE PENNINGTON HABÍA ARRESTADO A INCONTA-bles miembros de cárteles. Pero nunca había trabajado en una investigación que llegara hasta los propios dirigentes. Y Los Zetas eran la organización de narcotraficantes más violenta y temida de México. Si José Treviño les llevaba hasta sus hermanos, aquel sería el caso de narcotráfico más importante en que habría trabajado nunca.

Mientras Hodge le ponía al corriente del caso por teléfono, la mente de su interlocutor sopesaba a toda velocidad los próximos pasos de la investigación. Pennington, alto y curtido, de pelo corto y castaño, mandíbula cuadrada y gafas de montura plateada, rondaba los cincuenta y vivía para su trabajo. No le gustaba perder el tiempo.

El IRS contaba con menos de tres mil investigadores crimi-nales en todo el país, y estos se ocupaban de algunos de los casos de blanqueo de dinero más difíciles y complejos. Su problema era que tenían un conflicto crónico de relaciones públicas que les per-seguía desde los días de Al Capone. En aquel caso fue Frank Wil-son, un tenaz agente del IRS, quien convenció al propietario de un hipódromo para que le diera una serie de pruebas para detener al famoso gánster por fraude fiscal. Pero Eliot Ness y su metralleta se habían llevado toda la gloria. Las cosas no habían cambiado mucho desde entonces. En las fotografías de los periódicos, los agentes del IRS eran siempre los de gafas que aparecían en la fila del fondo, detrás del FBI o la DEA. Habían dedicado meses, años a veces, a recopilar minuciosamente documentos bancarios, registros comerciales y facturas, siguiendo el dinero hasta que tenían pruebas sólidas ante un tribunal federal, para que luego otra agencia con el triple de agentes y una maquinaria de publicidad de primer orden reclamara el mérito de la victoria.

Pennington era uno de los pocos agentes especiales del IRS que seguía dedicándose exclusivamente al tráfico de drogas y el blanqueo de dinero. En la década de 1990, la agencia había comenzado a asumir otros casos, dejando estos asuntos a la creciente DEA. Pero Pennington se había aferrado a su remoto puesto de Waco. Pensaba que si seguía trabajando a fondo y haciendo arrestos, le dejarían tranquilo. Y puesto que los casos de tráfico de drogas siempre daban al IRS un poco de la tan necesaria publicidad, su plan había funcionado bastante bien.

Desde su oficina de Waco investigaba casos de la zona de Dallas y a lo largo del corredor de la interestatal en dirección sur hasta Laredo. La principal ruta comercial entre México y Estados Unidos era un rico objetivo saturado de dinero, drogas y armas, especialmente tras la aprobación, en 1993, del Tratado de Libre Comercio de América del Norte, o TLCAN, que había convertido el constante flujo de comercio internacional en un torrente de vehículos articulados de gran tonelaje, trenes y transporte aéreo de mercancías por toda la frontera. Entre los repuestos de automóviles, electrodomésticos y otros artículos había otro próspero negocio de miles de millones en paquetes de cocaína y fardos de marihuana escondidos en compartimentos ocultos, con que mexicanos y colombianos pugnaban por abastecer la demanda en los Estados Unidos. El «corredor de la coca», como le llamaban muchos policías, era una garantía de que Pennington siempre tendría más trabajo del que podría hacer.

No era extraño que Pennington ya hubiera oído hablar de José Treviño y su inverosímil historia de éxito a Billy Williams, otro agente del IRS.

Con frecuencia, Pennington formaba equipo con Williams, que trabajaba fuera del gris edificio federal de Dallas. Williams había pedido la presentación de las cuentas bancarias de Treviño en Dallas, que mostraban una repentina e inexplicable subida de ingresos. Los hermanos Treviño habían estado en el radar de Pennington durante muchos años. El Cártel del Golfo y Los Zetas tenían el control de Nuevo Laredo desde hacía más de una década. Desde el año 2004, la mayor parte de las drogas, armas y dinero que circulaba por el corredor de la I-35 procedían o eran controladas por Miguel y Omar. También tenían parientes en la zona de Dallas, y su anciana madre les visitaba muchas veces desde su domicilio en Nuevo Laredo.

Mientras Pennington escuchaba a Hodge intentando reclutarle para la investigación del FBI, veía ya algunos de los desafíos que tendrían que afrontar, entre ellos uno importante: el de las empresas mexicanas que mandaban dinero a las subastas de caballos en Estados Unidos. Era una maniobra inteligente que hacía difícil demostrar que Miguel estuviera utilizando dinero del narcotráfico para comprar los caballos por medio de su hermano. Pennington necesitaría acceso a extractos de cuentas y otros documentos financieros de las empresas mexicanas para demostrar sus acusaciones. El IRS tenía un agregado en la embajada estadounidense en Ciudad de México. A finales de la década de 1980 los dos países habían firmado una especie de tratado de asistencia jurídica mutua [MLAT por sus siglas en inglés] que supuestamente animaría a compartir documentos financieros y otra información en casos relativos al crimen organizado. Pero a ninguno de los dos países le gustaba compartir los activos confiscados, que podían ascender a decenas de millones de dólares. En el pasado, Pennington había hecho un par de peticiones al MLAT sobre otras investigaciones de narcotráfico, pero nunca había obtenido respuesta de México.

Pero Pennington no lo veía como una ruptura del acuerdo. Hodge había despertado su interés y el IRS ya había echado un vistazo a las finanzas de José en Dallas. De manera que ya tenía un pie en la investigación. Puesto que solo faltaban unos años para su jubilación, aquel caso podía ser la cumbre de su carrera.

Sería también el más peligroso. Era muy consciente de la sanguinaria reputación de Miguel Treviño. Aun así, la idea de alcanzar la cima de su carrera era más atractiva que pasar los años con algunos casos mediocres hasta que le mandaran a casa con una pensión del gobierno.

Cuando finalmente Hodge calló un momento para tomar aliento, Pennington intervino.

—¡Sí, hombre, claro que sí, cuenta conmigo! —dijo.

VEINTISÉIS

EN SU OFICINA DE WACO, PENNINGTON ESTUDIABA MINUCIOSAMENTE LOS registros de compra y extractos de cuentas del montón de cajas que Lawson le había traído. Veía que una empresa llamada Grupo Aduanero Integral había mandado al menos diez transferencias que sumaban 935.000 dólares a Heritage Place tras la compra de Dashin Follies y otros tres caballos para José Treviño. Seis meses después, Graham pagó los 100.000 dólares que faltaban para liquidar la compra de los caballos. Esta cantidad era la que Carlos Nayen había entregado a Graham en una mochila de la que Lawson le había hablado. Pennington observó que otras dos empresas mexicanas también habían transferido dinero para los caballos de Treviño: Basic Enterprises y ADT Petroservicios. Las transferencias de Basic Enterprises procedían de Monterrey, México, y estaban relacionadas con el agente de caballos Ramiro Villarreal. Pero hacia principios del año 2010 la actividad de Basic Enterprises se había acabado.

Tenía también los registros de una cuenta del BBVA Compass de Francisco Colorado Cessa, el propietario de ADT Petroservicios, que había gastado millones en Ruidoso. Lawson y Pérez le dijeron que sabían poco de aquel acaudalado empresario, pero su compañía ADT Petroservicios parecía ganar mucho dinero mediante sus contratos petrolíferos con el gobierno.

A primera vista, los negocios parecían legales y el dinero, limpio. Su trabajo sería penetrar más a fondo hasta descubrir la verdad.

Su propósito era trabajar en sentido inverso, comenzando con los activos —los caballos de carreras— y pedir más información a las casas subastadoras para determinar cómo se había comprado cada caballo. Suponía que habría cientos de caballos de carreras desde Oklahoma hasta California. Sería una empresa monumental.

Para ello iba a necesitar la ayuda de sus viejos compañeros, Steve Junker y Brian Schutt. Había estado trabajando con los dos investigadores de narcóticos del Departamento de Policía de Irving, en las inmediaciones de Dallas, durante más de una década. A diferencia de la mayoría de polis, Schutt y Junker estaban dispuestos a batallar con cajas de registros bancarios y montones de documentos siempre que al final mereciera la pena.

A lo largo de los años, ellos tres habían formado el núcleo de la Waco Treasury Taskforce, y en los círculos policiales se les conocía como «Steve P y los dos muchachos de Irving». Con su bigote de motorista, Schutt era el escéptico tranquilo, mientras que Junker, que era culturista, era el extrovertido. Ambos eran adictos al trabajo y tenían un conocimiento enciclopédico acumulado de camellos y matuteros del área metropolitana de Dallas-Fort Worth. Otra cosa que tenían en común era que todo el mundo pronunciaba mal sus apellidos. En el caso de Schutt la gente solía pronunciar «Skut» en lugar de «Shut». Junker lo tenía peor. La pronunciación correcta de su apellido era «Yunker», pero tiempo atrás se había resignado al hecho de que nunca nadie lo diría como es debido.

Los tres formaban un equipo eficiente. Pennington era un hombre intenso y sentía sobre sus hombros el peso de cada investigación como agente principal, mientras que Schutt era una pragmática caja de resonancia y Junker, el motivador que animaba a los otros dos cuando surgían obstáculos. Esperaban con interés trabajar con Doug Gardner. Pennington había ayudado al fiscal en algunos casos, pero nunca habían trabajado juntos durante un juicio. Admiraba la ética de trabajo de Gardner y confiaba en que el diligente fiscal examinaría a fondo la solidez de sus pruebas y argumentos. La defensa sacaría petróleo de cualquier debilidad. Pennington lo había descubierto de forma dolorosa durante su primer juicio por blanqueo en la década de 1980, cuando el abogado de la defensa lo había aplastado en el estrado durante su testimonio. Desconcertado, había pensado que su caso se estaba desmontando, y cuando bajó del estrado estaba seguro de que habían perdido. Pero para su gran sorpresa ganaron. Aquel día aprendió el valor de contar con un fiscal experimentado en la sala del tribunal.

VEINTISIETE

DURANTE SU REUNIÓN CON GARDNER, LAWSON LE HABÍA HABLADO AL FIS-cal del título 3 en que estaban trabajando en Laredo. Ahora era Gardner quien instaba a Lawson a realizar la intervención telefónica, ya que esta podría proporcionarles pruebas cruciales para el caso. La meta era intervenir el teléfono de Fernando García para poder escuchar sus conversaciones con José, Carlos Nayen y los demás. Pero cada vez que Pérez y los técnicos del FBI estaban a punto de conectar con el teléfono, García cambiaba de celular.

Lawson tenía otra idea. Hathaway le había estado presionando para conseguir que Graham accediera a una intervención consensuada de su teléfono. Pero Graham sentía tanto el peso de la responsabilidad en aquel caso que había sido excesivamente cauteloso. El recuerdo de la reunión en el Omni, cuando Graham había amenazado con abandonar, seguía muy vivo. Pero ahora sabía que iba a tener que presionarle y correr el riesgo.

Lawson llamó a Graham y le preguntó si podían grabar todas sus llamadas telefónicas con José, Nayen y los demás. Sabía que le estaba pidiendo a Graham que diera un paso más en su papel de fuente.

—¿Qué tendría que hacer exactamente? —preguntó Graham dubitativo.

Lawson se sintió animado porque no se había cerrado en banda.

—Te daremos el dinero para que te compres un teléfono nuevo y luego lo configuraremos. Tú ni siquiera notarás que tus llamadas se están grabando.

Graham accedió a intentarlo, lo cual tomó por sorpresa a Lawson.

Pensaba que se había mostrado reacio a permitir más intromisiones del FBI en su vida. Le explicó que tenía que comprar un teléfono Nextel, y que ellos configurarían la monitorización.

Tenían una sala de escuchas en la agencia de Laredo donde un número de agentes estaban día y noche escuchando los teléfonos intervenidos. Puesto que la intervención de Graham era consensuada, sus llamadas serían grabadas y guardadas en una base de datos. Siempre que Lawson lo considerara oportuno, podía entrar en el sistema, escuchar las grabaciones y marcar aquellas llamadas que fueran pertinentes como pruebas. Este método era casi tan bueno como una escucha cuando se trataba de obtener pruebas de blanqueo de dinero. Pero Lawson dudaba de que consiguieran las pruebas de narcotráfico que necesitaban. No creía que Nayen se pusiera a hablar de paquetes de cocaína con Tyler Graham. Aquel era un obstáculo que tenían que superar.

Unos días más tarde, Graham llamó a Lawson con el nuevo teléfono. El equipo técnico del FBI lo había configurado rápidamente. Graham quería que supiera que José acababa de mandar otro remolque con caballos a México. Lawson calculó que probablemente tardaría menos de tres horas en llegar a los aledaños de Laredo. Graham le dijo que buscara una camioneta Ford F-250 azul con un remolque para caballos blanco. Para que les fuera más fácil aún identificar el remolque, le mandó a Lawson una foto de la matrícula que había tomado con su celular cuando José y los demás no estaban mirando. Esta vez, Lawson le pidió a Pérez que le acompañara en la vigilancia. Dos oficiales de las fuerzas especiales se apostarían en el puente para seguir al remolque cuando este se incorporara al tráfico de entrada a Nuevo Laredo.

Lawson y Pérez aparcaron en el mismo desvío sobre la interestatal 35 y ella probó sus prismáticos en los carriles que se dirigían al sur. Cuando el conductor se acercara, le haría una señal a Lawson para que sacara fotografías y después seguirían al remolque para ver si este se reunía con alguien más. Mientras esperaban, Lawson abrió un paquete de tabaco para mascar y Pérez hizo una mueca de desaprobación.

—¿Todavía sigues con eso? —dijo ella—. Pensaba que lo habías dejado.

—Ayuda a pasar el tiempo —dijo él encogiéndose de hombros. No tenían otra cosa que hacer que esperar el remolque.

Lawson tenía ahora una amiga que se llamaba Elena, a la que había conocido en un club nocturno, y a Pérez le gustaba bromear.

—Ten cuidado —le advirtió en broma—. Un güero como tu, con un buen trabajo… nunca te va a dejar escapar.

Le gustaba salir con Elena, le dijo a Pérez, pero no estaba enamorado de ella. Lo tenía claro: cuando acabara el periodo de cinco años, iba a volver a Tennessee. Pérez entornó los ojos.

—¡Ya veremos, ya veremos! —dijo como quien sabe lo que se dice.

Puesto que Pérez pasaba la mayor parte del tiempo trabajando o cuidando a los niños en casa, siempre le resultaba entretenido escucharle hablar de sus citas.

—¿Sabes cuándo fue la última vez que salí con mi marido? —dijo—. ¡Madre mía! ¡Ya ni me acuerdo!

Lawson cambió de tema para comentarle un asunto que llevaba tiempo meditando. Quería que Pérez trabajara en el caso a tiempo completo, puesto que Hodge ya tenía un pie en la puerta. Tan pronto como llegara la notificación de traslado de Hodge, le pediría a Villarreal si podían poner a Pérez en su lugar.

—Ya sabes que Hodge se marchará pronto —dijo Lawson—. ¿Quieres ser coagente en este caso? Sé que tienes niños, pero necesito tu ayuda.

Pérez estaba mirando con los prismáticos los carriles de la interestatal en sentido sur, esperando que apareciera el vehículo con los caballos. Para ella, aquel caso era también algo personal. Como primera generación mexicano-estadounidense, seguía teniendo fuertes vínculos con la tierra natal de sus padres. Arrestar a Miguel y a sus hermanos demostraría a su familia y a otros mexicanos que todavía existía algo llamado justicia.

Para ella formar parte de aquel caso era más importante que cualquier otra cosa. Su trabajo en Miami nunca la había llevado a los niveles más altos de los cárteles, allí donde se recogían las verdaderas ganancias y se ordenaban los asesinatos. En la raíz de la destrucción de México estaba el dinero. Cuando se incautaba un envío de drogas, Miguel siempre podía reponerlo y trasladar sus pérdidas a los consumidores. Pero Tremor Enterprises era algo distinto. Iban a ir a por su dinero, incautarían algunos de sus activos más preciados, y no le sería tan fácil sustituirlos.

Alma sabía, sin embargo, que si se comprometía a todo tiempo con la investigación habría sacrificios. Su hija pequeña no había cumplido el año todavía. Significaría meses lejos de casa realizando vigilancias, y reuniones con Graham y el fiscal federal en Austin, que era una de las razones por las que Hodge se había mostrado tan poco entusiasta con el caso. Sería también peligroso. Lawson volvería a Tennessee en unos años, pero ella vivía en la frontera.

—Tengo que hablar primero con Juan y Lydia —dijo Pérez.

La tía de su marido era la que cuidaba a sus tres hijos mientras ella y su esposo trabajaban. Ella le permitía trabajar muchas horas en la unidad.

—¿Qué piensa Villarreal de esto? —preguntó.

Sabía que para su jefe no sería, probablemente, la primera opción.

—Hablaré con él —dijo Lawson.

Pérez asintió, pero no parecía muy convencida. No creía que fuera fácil persuadir a Villarreal. Tenía la impresión de que se la tenía jurada desde que había llegado. Se había propuesto no declinar ninguna vigilancia que se le pidiera, y había ido a todas las llamadas de emergencia, sin excepción, aun en las últimas etapas de su embarazo. Normalmente, era también una de las últimas en abandonar la unidad por la noche. A pesar de todo esto, le parecía que Villarreal controlaba las horas que pasaba en la oficina, aunque había compañeros que se iban a casa temprano y nunca hacían vigilancias. Finalmente habló con él un día, pero parecía no entender su frustración.

—¡Aquí está el remolque! —dijo agitada.

La camioneta azul y el remolque estaban tomando la curva. Lawson avisó por radio a los demás. El conductor, un hombre mexicano de piel oscura con un sombrero blanco de vaquero, guardaba escrupulosamente el límite de velocidad en el carril lento. Mediante el teleobjetivo de la cámara, Lawson vio que se trataba del mismo hombre que había actuado como guardaespaldas de José en Ruidoso. Graham había dicho que le llamaban Saltillo o, a veces, «El Negro», por su tez oscura. Lawson sacó una serie de fotos rápidas. Después salieron con su vehículo para seguir a la camioneta a distancia.

Esperaban que se mantuviera en sentido sur y que se dirigiera directamente a Nuevo Laredo. Pero viró a la izquierda para dirigirse hacia el este. Pérez y Lawson le siguieron y Pérez avisó por radio a los otros agentes que estaban en la autovía a Hebbronville. Tras recorrer unos kilómetros se encontraron en campo abierto, sin otra cosa en el paisaje que matorrales de mezquites y algunas casas móviles. Cuando pasaron Laredo el tráfico se redujo drásticamente. Lawson aminoró la velocidad para que el conductor no sospechara.

—¿Dónde crees que va? —le preguntó a Pérez.

—No lo sé —dijo ella.

De repente, la camioneta aminoró la marcha y tomó una pista sin asfaltar. Una blanca nube de polvo seguía al vehículo a medida que avanzaba por el camino de tierra y se alejaba de ellos. Sería un error seguirlo, ya que el conductor sospecharía inmediatamente. Lawson se mantuvo, pues, en la autovía del este, aunque tuvo que hacer todo lo posible por no pisar el pedal del freno.

—¡Maldita sea! —dijo.

Pérez volvió la cabeza intentando ver mejor hacia dónde se dirigía la camioneta.

—Parece un rancho —dijo.

Era difícil no sentirse decepcionados. Tanto tiempo esperando en la interestatal y solo habían conseguido unas fotografías del conductor y del remolque. Quería ver el rancho con más detenimiento.

—¡Mierda! —dijo dando un golpe en el volante.

Pero Pérez era más pragmática. Al menos tenían las fotos y aquello era mejor que nada.

—Cálmate, güero —le dijo intentando relajar la atmósfera que se había adueñado del Chevy—.

Tenemos las fotografías. Volvamos a la oficina y veamos quién es el propietario del rancho.

VEINTIOCHO

LA FRUSTRACIÓN DE LAWSON SE INTENSIFICÓ CUANDO, UNOS DÍAS DESPUÉS, supo por un informe que Ramiro Villarreal había muerto en un accidente. Había pocos detalles, pero estaba seguro de que Miguel estaba detrás de ello. Buscó en su computadora algún informe sobre el accidente. No esperaba encontrar gran cosa. Los Zetas habían establecido una censura total en los medios de comunicación de Nuevo Laredo, matando a periodistas y dejando en la calle sus cuerpos decapitados con letreros de advertencia rotulados con crudeza en el sentido de que lo mismo le sucedería a cualquiera que se atreviera a informar de algo que no aprobara el señor de la droga.

Tras buscar unos minutos, Lawson encontró un breve boletín en una página de noticias *online* de Nuevo Laredo. Aunque el artículo no mencionaba el nombre de Villarreal, la fecha, 11 de marzo, y la ubicación del accidente, en los aledaños de Nuevo Laredo, camino de Monterrey, indicaban que era él. Le envió el enlace a Pérez con la petición de que le echase un segundo vistazo, ya que el artículo estaba en español.

Lawson se dirigió al cubículo de Pérez, que ya estaba examinando a fondo el informe.

—¿Qué piensas? —le preguntó.

—Dice que se quemó vivo en su carro. Fue un accidente de un solo vehículo —Pérez levantó una ceja.

—Sí. ¡Imagínate! —dijo Lawson con sarcasmo.

Pérez pulsó las fotografías que acompañaban el artículo. La intensidad del fuego había incinerado el interior del Volkswagen sedán y no había quedado más que una cascarilla gris.

—¡Dios mío! —dijo Lawson—. De modo que Miguel ha ordenado que se presente como un accidente de tráfico.

Pérez asintió.

—Eso parece.

Cuando acabó de repasar las fotografías con Pérez, Lawson llamó a Graham para ver si había oído algo sobre el accidente. Graham parecía nervioso por la noticia de la muerte de Villarreal y dijo que llamaría a su amigo Chevo Huitrón para ver si sabía algo más. Villarreal había dejado uno de sus caballos en el establo de Chevo, y su entrenador había intentado conectar con él durante varias semanas para cobrar el dinero que le debía.

Chevo respondió enseguida; no pareció sorprenderse cuando Graham le habló de la muerte de Villarreal.

—¿No lo sabías? —Chevo ladró por el teléfono.

Los restos carbonizados de Villarreal fueron encontrados dentro de un vehículo humeante en los aledaños de Nuevo Laredo. Los periódicos lo presentaron como un accidente de tráfico, pero Chevo dijo que tenía sus dudas.

Graham transmitió la noticia a Lawson. Lo único que quedó de Villarreal fue un montón de cenizas. Sabiendo todo lo que sabían sobre Miguel y su gusto por la violencia, todo aquello era cuando menos sospechoso. Lawson imaginó que los de la DEA estarían indignados por la pérdida de su valioso informador. Pronto descubriría hasta qué punto.

VEINTINUEVE

EN MÉXICO, LAS CARRERAS DE CABALLOS SIEMPRE HABÍAN TENIDO UNA cierta relación con los bajos fondos, pero en la primavera de 2011 los enfrentamientos armados y las *vendettas* amenazaban con destruir el sector, con la ofensiva expansionista de Los Zetas hacia el Triángulo Dorado, la cuna de la producción de opio y marihuana y bastión de Joaquín «El Chapo» Guzmán, líder del Cártel de Sinaloa. En el estado de Durango, Los Zetas extorsionaban a los organizadores de carreras y secuestraban a propietarios de hipódromos o a miembros de su familia, exigiendo enormes rescates y control sobre sus negocios. El propietario de un hipódromo murió de miedo, decían algunos, después de que sus dos hijos fueran secuestrados y no regresaran. Los cadáveres colgando de los puentes eran un mensaje a cualquiera que se atreviera a desafiar al cártel. Las paredes estucadas de algunas comisarías de policía fueron ametralladas con las balas de los AK-47, y otras fueron completamente quemadas. Por la noche, las familias dormían en el suelo para no ser alcanzados por las balas que se perdían en las batallas entre los pistoleros del Cártel de Sinaloa y Los Zetas. Durango no había visto este tipo de violencia desde la Revolución mexicana, hacía casi un siglo.

Miguel y Omar organizaban carreras en el nuevo territorio de Los Zetas, en ranchos conquistados por el cártel. También se apropiaban de hipódromos públicos en ocasiones especiales como el cumpleaños de Miguel. Los principales dirigentes del cártel y sus colaboradores asistieron a una carrera en su honor en el hipódromo de La Cañada en Saltillo, Coahuila. Miguel se sentó cerca de la línea de meta rodeado de sus guardaespaldas, cargados de AK-47 y AR-15. Las apuestas eran de millones de dólares.

Un ranchero de Monterrey fue tan insensato que dejó que su caballo ganara al de Miguel. Tras la carrera, Miguel ofreció comprarle el caballo, pero el hombre se negó. Varios días más tarde los pistoleros de Miguel atacaron sus establos, asesinaron al propietario y se llevaron sus caballos. Días más tarde, cuando la desafortunada familia del ranchero se reunió para celebrar el funeral, los pistoleros se presentaron de nuevo y mataron a todos los presentes en el mismo cementerio. Después de aquello, Miguel no volvió a perder una carrera.

Algunos yoqueis y otros que tenían residencia legal en Estados Unidos o podían conseguir un visado de turista huyeron al norte hasta que pasara aquella locura. Otros, sin papeles y desesperados, pagaron a pasadores para que los llevaran al otro lado de la frontera en busca de seguridad.

La desgracia de México benefició al sector de las carreras de cuarto de milla en Estados Unidos porque algunos entrenadores de gran talento, yoqueis y propietarios de caballos huyeron buscando un terreno de juego más justo y menos sangriento. Pero ahora Los Zetas estaban dejándose ver también en Estados Unidos. Era un secreto a voces que sus caballos competían en hipódromos de todo el sudoeste estadounidense. Los Zetas inspiraban tanto temor que los yoqueis, mozos de cuadra y paseadores mexicanos, que se encargaban de enfriar a los caballos después de las carreras, evitaban pronunciar su nombre y se referían a ellos como «la última letra».

Lawson pensó, pues, que era un golpe de suerte que un mozo mexicano, que recientemente había comenzado a trabajar para José y su operación de carreras, quisiera hablar. Aquel hombre había llamado a una oficina del *sheriff* de Nuevo México diciendo que tenía información sobre un oscuro negocio del cártel que se estaba llevando a cabo en los hipódromos. Al principio, el *sheriff* no estaba seguro de lo que tenía que hacer con aquella información, pero después había buscado en la base de datos integrada y, para su alivio, vio que el FBI de Texas ya había abierto una investigación.

El *sheriff* le pasó a Lawson los datos de contacto del hombre. Puesto que la fuente potencial hablaba español, fue Pérez la que concertó el encuentro. En este momento Lawson y Pérez habían caído en una rutina familiar. Lawson trabajaba con Graham y otros angloamericanos del sector, mientras que Pérez reunía información de sus fuentes hispanohablantes.

A los veinte minutos, Pérez sabía ya que la información de aquel hombre era verdadera. Todo lo que le decía estaba de acuerdo con lo que ya sabían sobre la red de José. Pero aquel hombre era un manojo de nervios, sudaba y a veces hablaba en susurros. Estaba seguro de que Los Zetas descubrirían que había hablado con el FBI. Era mexicano, le dijo a Pérez, y sabía de qué eran capaces. Con sus miles de millones de dólares, los cárteles podían comprar una impunidad total. Podían matar a cualquier persona, quemar casas y negocios y las autoridades no harían nada.

Ella intentaba reconfortarle con la idea de que en Estados Unidos la cosa era distinta. Los Zetas no disfrutaban de la misma libertad que en México.

—También pueden matarte aquí —dijo el hombre retorciéndose las manos.

Aun así, dijo, se sentía obligado a hacer algo. Esta era la razón por la que había llamado al *sheriff*. Pérez le preguntó si estaría de acuerdo en que el FBI grabara sus llamadas. También podrían hablar por teléfono con regularidad y mantenerla informada de los planes de José. Tras cierta indecisión, el hombre finalmente aceptó.

Pérez le puso a su nueva fuente el nombre codificado de «Parlay». Desde dentro del círculo operativo de José, podría darle una información inestimable a la que ni siquiera Tyler Graham tenía acceso. Habría muy pocas cosas que no viera u oyera en la parte trasera del hipódromo, donde se mantenía a los caballos en largas hileras de establos y se les entrenaba para correr.

Hablando con otras personas del sector, Pérez había sabido que los hombres como Parlay vivían vidas difíciles y enclaustradas, durmiendo en habitaciones con corrientes de aire, en los almacenes de forraje o en destartalados dormitorios en la parte trasera de los hipódromos. Los mozos de cuadra, paseadores y jinetes de ejercicios eran cruciales para el sector de las carreras, pero muchas veces vivían con salarios de miseria y trabajando siete días a la semana. Aislados y, a menudo, lisiados por las coces de los caballos y las caídas en la pista, recurrían a la bebida, las drogas o a cualquier fe que tuvieran para seguir adelante.

La mayoría de quienes trabajaban en la parte trasera de los hipódromos eran hombres y, como su nueva fuente, inmigrantes de México que seguían de cerca las noticias de su país. Tanto en México como en Estados Unidos, las carreras de cuarto de milla representaban un mundo reducido donde los rumores circulaban con rapidez. Todo el mundo sabía que los establos pertenecían a hombres con demasiado dinero, que se hacían acompañar de mujeres llamativas, se movían en automóviles extravagantes y no tenían ninguna explicación honesta para la procedencia de su dinero. Pérez iba a tener que trabajar mucho para que Parlay no se echara atrás, y sabía que sería una tarea difícil. Para alguien que tenía parientes en México, hablar contra Los Zetas podía significar una sentencia de muerte para la persona en cuestión y también para su familia. Mientras hablaban, Pérez veía reflejado el temor en los ojos de su interlocutor, un temor que ella misma compartía hasta cierto punto por su propia integridad y la de su familia.

THIRTY

CUANDO PENNINGTON Y LA WACO TREASURY TASKFORCE SE UNIERON A LA investigación, todo empezó a encajar. Tenían un fiscal federal asignado al caso y Lawson, Hodge y Pérez habían recibido incluso una visita de Armando Fernández, el agente especial a cargo del cuartel general de San Antonio, que supervisaba la oficina regional más pequeña. Esto significaba que, finalmente, el caso Treviño estaba adquiriendo relevancia a ojos de sus jefes de San Antonio y Washington, que estaban comenzando a prestar mucha atención. Este hecho trasladaba mucha presión a los dos agentes más jóvenes, que estaban decididos a no decepcionarles.

En abril de 2011, Doug Gardner convocó una reunión en su oficina de Austin. El fiscal federal quería explicar a sus colaboradores cuáles iban a ser los próximos pasos y buscar posibles puntos débiles de la investigación.

Lawson y Pérez habían estado rebuscando para encontrar más pruebas, estableciendo vigilancias y recopilando información de las distintas fuentes. Lawson comunicó a Gardner y a todos los presentes la buena noticia de la intervención consensuada del teléfono de Graham. Las grabaciones estaban ya ofreciendo una valiosa información sobre las actividades de Nayen y García. Sin embargo, todavía no tenían gran cosa de José, quien dejaba principalmente las operaciones diarias con Graham en manos de sus dos colaboradores más jóvenes. Había sido especialmente difícil vigilar a José.

Rara vez pasaba más de una noche en el mismo hotel y cambiaba sus celulares cada dos semanas. Pérez explicó las dificultades para llevar a cabo el título 3. Sin intervenir su teléfono sería difícil reunir pruebas de la conexión entre el dinero de la droga y la compra de los caballos.

Sentado junto a Brian Schutt, Pennington escuchaba la información que los dos agentes más jóvenes presentaban a Gardner, y entendía las dificultades que tenían delante. Tenían que demostrar ante un jurado que los empresarios implicados en aquellas operaciones sabían, más allá de cualquier duda razonable, que estaban blanqueando el dinero sucio de Miguel. La mayoría de los fiscales federales prácticamente querían ver los alijos de cocaína amontonados en la sala del tribunal para creer que podían superar aquel obstáculo.

Gardner sospechaba que José era lo bastante inteligente como para no mezclar su negocio de carreras de caballos con el tráfico de drogas de sus hermanos, al menos no directamente. A primera vista la empresa de José parecía legal. Había incluso contratado a un contable para que se ocupara de pagar puntualmente los impuestos. Evidentemente, no iban a encontrar fardos de cocaína camuflados en los remolques de caballos de Tremor Enterprises.

Pennington había pensado una solución.

—¿Por qué no hacemos un caso histórico de blanqueo de dinero?

La expresión no era oficial, sino solo una frase que se le había ocurrido a Pennington para describir su inusual enfoque.

Lawson no tenía ni idea de lo que quería decir el veterano agente. Pero Gardner parecía intrigado.

—Es una posibilidad —dijo, como sopesándolo.

—¿Qué es una posibilidad? —preguntó Lawson.

Estaba esperando que alguien se lo aclarara.

Si aquella idea la hubiera propuesto alguien que no fuera Pennington, Gardner posiblemente la habría pasado por alto. Pero el fiscal conocía la reputación de Pennington como experimentado investigador, ducho en redadas y traficantes de droga y con una dilatada experiencia de casi tres décadas.

A lo largo de los años, Pennington, Schutt y Junker habían arrestado a muchos correos portadores de dinero y pasadores que trabajaban con los hermanos Treviño.

—Tenemos un buen número de casos del pasado —explicó Pennington—. Todos estos casos han sido ya investigados y nos ofrecen un cierto número de hechos.

¿Por qué no usar las pruebas de algunos de estos casos para reforzar sus propias evidencias, mostrando la conexión entre los beneficios de la cocaína y los caballos? Los documentos ayudarían a ilustrar que estos hermanos se habían dedicado al tráfico de drogas, dinero y armas de fuego a lo largo de todo el corredor de la cocaína durante muchos años. Sumergirse en todos aquellos casos anteriores y sus pruebas más destacadas sería una labor tediosa y que requeriría mucho tiempo, dijo Pennington, pero aquella era precisamente su especialidad.

—¡Hagámoslo! —dijo Gardner.

Tal como él lo veía, con este enfoque todo eran ventajas. Pérez y Lawson se ocuparían de las evidencias proactivas —la vigilancia, los informadores y la intervención telefónica consensuada—, mientras que Pennington y su unidad operativa trabajaría para conectar el historial de narcotráfico y blanqueo de dinero de los hermanos Treviño con los hechos recientes del caso que les ocupaba.

No iba a ser fácil. Y el equipo sabía que tenía que trabajar con rapidez. Uno de los informantes, Ramiro Villarreal, ya estaba muerto. Miguel y Omar no dudarían en matar a otro, aunque estuviera en Texas. Si descubrían a Tyler Graham sería el siguiente de la lista. La mayoría de los cárteles evitaban actuar en Estados Unidos porque las consecuencias podrían ser demasiado severas. Pero Miguel no dudaría en enviar a sus sicarios al otro lado del río. Lo había hecho antes y no había razones para no hacerlo de nuevo.

DESPUÉS DE LA REUNIÓN en Austin, Lawson se sentía lleno de energía. La investigación se había dinamizado, y se animó todavía más cuando Pérez le dijo que se había producido un avance en el caso de secuestro de los García.

—Una buena noticia —dijo entrando en su cubículo—. Nuestra fuente ha llamado desde Zapata. Dice que nuestro objetivo va a cruzar mañana.

Lawson tomó el bolígrafo.

—¡Ya era hora! —dijo.

Solo quería ver arrestado y encarcelado al asesino de los hermanos García. En los meses anteriores, había visto venirse abajo el mundo de su vecina. Su marido había sido el principal sostén de la familia, y ahora ella estaba luchando por sacarla adelante. Una semana después de haber pensado que ella le estaba siguiendo, la esposa de García se dio cuenta de que Lawson vivía dos puertas más abajo. Un día llamó a su casa con lágrimas en los ojos y le preguntó si podía prestarle una jarra de agua. La empresa acababa de cortarles el suministro. Después de llenarle la jarra, se había ofrecido para enseñarle a su hijo de quince años algunas jugadas en la cancha de baloncesto para apartar un rato sus pensamientos de su padre desaparecido, pero no había encontrado el momento de hacerlo. La verdad era que cada vez que veía a la familia se le rompía el corazón.

Había observado que algunos de los otros agentes que trabajaban en secuestros hacían algunas llamadas a sus fuentes en México y luego les decían a las familias que no podían hacer nada más por ellos. Marcaban estos casos como «Inactivo pendiente a no ser que se abran nuevas pistas» y los archivaban definitivamente. Lawson no sabía si era porque se habían sentido derrotados demasiadas veces o si, simplemente, no les importaban aquellos casos. Puede que fuera un ingenuo, pero no podía permitir que el secuestro de los hermanos García se archivase con tanta facilidad. Quería justicia para la familia. Y lo mismo le pasaba a Pérez, lo cual era otra de las razones por las que se alegraba de trabajar con ella. Lawson y Pérez tenían frecuentes conversaciones filosóficas al respecto mientras almorzaban o compartían labores de vigilancia. Siempre que les llamaban durante los fines de semana por un secuestro, algunos agentes ponían excusas para no presentarse. Aquello le recordaba la advertencia de su padre.

En pocas horas, Lawson consiguió la orden de detención y reunió al equipo técnico para rastrear el celular de los hermanos García. La tarde siguiente comenzó a recibir una serie de correos electrónicos cada quince minutos con unas coordenadas de latitud y longitud. Su objetivo estaba desplazándose.

Subieron al Chevy de Lawson y Pérez introdujo las coordenadas en el localizador GPS. Daban por hecho que las coordenadas les llevarían al vecino condado de Zapata, donde vivía su fuente.

Pero el localizador les mandó hacia el sur. Lawson estuvo conduciendo hasta que estaban a dos manzanas del río Bravo. Estaba oscureciendo y Pérez se preguntaba si no tendrían que pedir más refuerzos. Recibió el siguiente mensaje con otra serie de coordenadas: el pistolero estaba a menos de trescientos metros de distancia, tentadoramente cerca. Entraron en el estacionamiento de un supermercado de la cadena H-E-B sobre el promontorio que miraba hacia el río.

Lawson escrutaba los vehículos aparcados buscando a su objetivo —les habían dado una descripción aproximada de su aspecto— cuando Pérez introdujo la siguiente serie de coordenadas.

—No está aquí —dijo Pérez.

Lawson sintió una punzada en el estómago.

—¿Qué quieres decir?

—Está allí.

Pérez señalaba hacia el distante promontorio en territorio mexicano. A través de la verja de malla del aparcamiento veían el parpadeo de las luces reflejándose en el humilde estucado de las casas de hormigón. Lawson salió del automóvil y se dirigió hacia la cerca, mirando la espesura de tallos de cañas que recubrían el curso del río en su lento discurrir. El decadente crepúsculo, el sonido distante de la música pop en español y las oscuras golondrinas volando a ras del agua le hacían sentir como en un sueño que, de repente, se había agriado. Pérez llegó desde atrás y se puso a su lado.

—¡*Chingao!* —dijo, golpeando la cerca. Le habían dado la información sobre el pistolero a la policía de Nuevo Laredo, pero no habían hecho nada. Mientras el asesino se moviera por la parte sur del río estaba libre. ¿Qué les dirían a los García? Se imaginó al sicario en una de aquellas casas sobre el promontorio, mirándoles y esbozando una sonrisa perversa. Era como estar junto a un agujero negro sin poder hacer nada.

LA MAÑANA SIGUIENTE LAWSON se despertó con dolor de cabeza. Se recordó a sí mismo que había querido trabajar en la unidad de delitos violentos porque sabía que la resolución de un homicidio o un secuestro producía una satisfacción especial: se detenía al sospechoso, se cerraba el caso y se pasaba al siguiente. Y se retiraba de la circulación a otra mala persona. Pero ahora, con el secuestro de los García y otros casos de la zona fronteriza, comenzaba a darse cuenta de que no era tan sencillo. Según la recta fe evangélica en que su madre le había criado, las personas malas eran siempre castigadas y las buenas, recompensadas. Pero en la vida real no siempre sucedía esto. Entendía que, de alguna forma, su padre había intentado enseñarle esto toda su vida.

Lawson se sirvió una taza de café en la sala de descanso. Su celular no se encendía, de modo que se lo entregó a un técnico de la oficina y se dirigió al tribunal federal para atender otro caso. Cuando regresó dos horas más tarde el teléfono estaba sobre su escritorio. Se sentó y lo encendió; tenía trece mensajes de su hermanastro Chad. Cuando escuchó el primero, le invadió un sentimiento de temor. Su hermano parecía abatido. «Es papá. En este momento le están practicando una reanimación cardiopulmonar». El siguiente decía: «Le están trasladando a Jackson en un helicóptero medicalizado. Estaremos en emergencias». El tiempo parecía ralentizarse a medida que Lawson iba escuchando los mensajes de su hermano, cada vez más desesperados. «¿Dónde demonios estás?», preguntaba suplicante en el último.

Llamó a su hermano, pero fue transferido inmediatamente al buzón de voz. Le dejó un mensaje diciéndole que estaba en camino y arrojó el teléfono sobre el escritorio. Un repentino torrente de emociones le inundó. Agachó la cabeza sobre el escritorio y se puso a llorar. No sabía cuánto tiempo había transcurrido hasta que sintió las manos de Pérez sobre sus hombros.

—¿Qué te pasa? —le preguntó, preocupada.

—He de irme —dijo él—. Es mi padre.

—Te llevo al aeropuerto —dijo ella.

Lawson le explicó la situación a Villarreal, recogió rápidamente sus cosas y se dirigió hacia la puerta. Perdomo y los otros agentes le siguieron con la vista preocupados, mientras salía de la sala con Pérez. En su casa, Lawson metió rápidamente algunas cosas en una bolsa de viaje y Pérez le llevó al aeropuerto. Durante el trayecto, se recriminó por no haber escuchado antes los mensajes de su hermano.

—¿Y si mi padre se muere antes de que pueda verle? —le preguntó a Pérez.

Cuando Lawson llegó al hospital de Jackson era casi medianoche. Se sintió aliviado cuando supo que su padre estaba vivo. Su hermano le puso al corriente de todo lo que había sucedido. Su padre estaba con su socio —recientemente habían abierto una agencia de fianzas— cuando, de repente, un fuerte ataque de corazón le tumbó. Ahora estaba en coma en la unidad de cuidados intensivos. Aunque tenía solo cincuenta y ocho años, había tenido una vida difícil. El pronóstico no era bueno. Ahora que estaba allí, junto a su padre, no le iba a perder de vista. Recordó su emotiva despedida en San Antonio, pocos meses atrás, y se preguntó si su padre intuía que sería la última.

PÉREZ TENDRÍA QUE OCUPARSE del caso sin Lawson. No tenía ni idea de cuándo volvería, pero estaba decidida a darle todo el tiempo que necesitara.

—Todo está controlado —le aseguró por teléfono cuando él la llamó al día siguiente—. Lo importante es que estés con tu padre.

Pérez sabía lo que Lawson estaba viviendo. Ella había perdido a su padre durante su primer año en el FBI, cuando tenía que demostrarlo todo en Miami. A diferencia de Lawson, su padre nunca había querido que ella trabajara en aquello. Le habría gustado que fuera enfermera o maestra, algo menos peligroso y que le permitiera estar más cerca de casa. Nunca se había sentido tan sola como aquel día en Miami cuando recibió la llamada de que su padre había muerto. Estaba lejos de casa y no había tenido ocasión de decirle adiós. Ahora iba a hacer todo lo posible para que Lawson pudiera estar tranquilo, acompañando a su padre, con la certeza de que la investigación no iba a perder dinamismo aunque él estuviera en Tennessee.

Afortunadamente, su nueva fuente, Parlay, estaba resultando tan valioso como había esperado. Ahora podían corroborar la información de Graham sobre los planes de José y seguir mejor la pista de las actividades cotidianas de Nayen, García y los demás. Pero era cada vez más impredecible. Hablaban casi cada día y a veces pasaba horas al teléfono con él para conseguir calmar sus temores. Sus estados de ánimo oscilaban entre la total desesperación de pensar que iban a matarle y la jactancia por su trabajo con el gobierno estadounidense. Estaba preocupaba por el deterioro de su estado mental.

TREINTA Y UNO

STEVE PENNINGTON HABÍA CONVERTIDO EL CASO TREVIÑO EN LA PRIORIDAD de su unidad operativa. Él y Billy Williams, su colega de Dallas, estudiaron la lista de sospechosos y la dividieron en dos partes. Williams investigaría a Fernando García y a Felipe Quintero, un entrenador de caballos de California que había preparado a Mr. Piloto para la All American Futurity, así como al joven Raúl Ramírez, hermano menor de Esgar Ramírez, el conocido yóquey que había montado a Mr. Piloto en su victoria. Ramírez era uno de los adolescentes que había firmado los boletos de apuestas en la subasta de Ruidoso. Williams también investigaría a Chevo Huitrón, entrenador de Tempting Dash. Pennington iba a dedicarse a los sospechosos de México, como Carlos Nayen, José Treviño y sus hermanos, Alejandro Barradas, Alfonso del Rayo y Francisco Colorado Cessa.

Ambos agentes se pusieron manos a la obra pidiendo a los bancos estadounidenses información sobre ingresos, transferencias y cheques cobrados. Su objetivo era seguir el dinero de la red de Treviño y, más importante, vincularlo con el negocio de Los Zetas con la cocaína.

Pennington iba a necesitar la ayuda de sus veteranos compañeros, Junker y Schutt, para pedir información a docenas de casas de subastas e hipódromos por toda la zona sudoeste y en California, e investigar la procedencia de todos los caballos. Pero cuando llamó a los dos policías de Irving una inesperada noticia le impactó. Junker no iba a poder trabajar en la investigación. Fue un golpe para Pennington, que confiaba en la gran experiencia y competencia de Junker.

El veterano investigador de narcóticos le explicó que, en los últimos meses, habían encontrado los cadáveres de al menos seis adolescentes alrededor de Irving. Los jóvenes, casi todos de origen latino y procedentes de hogares desestructurados, habían muerto de sobredosis. Nadie de la policía se había mostrado dispuesto a investigar estos casos excepto Junker. Dallas era un importante centro de envío de drogas, y sus traficantes eran famosos por su falta de escrúpulos, que les llevaba a mezclar productos farmacéuticos con las drogas ilegales de Los Zetas y otros cárteles obteniendo así sustancias muy adictivas y letales. Un producto muy popular era la heroína cortada con Tylenol PM, que ellos llamaban «queso». Junker estaba decidido a encontrar al traficante que había matado a aquellos muchachos. Le prometió a Pennington que podía contar con él como refuerzo en las redadas o arrestos.

Esto último consoló un poco a Pennington. También sintió cierto alivió al saber que sus amigos de Irving tenían una candidata para reemplazar a Junker: se llamaba Kim Williams y era su protegida más joven. Aunque solo tenía treinta y dos años, Williams ya había trabajado en antivicio y narcóticos durante casi una década. Schutt y Junker la habían adoptado como su pupila. La llamaban «Kimmie», y su apodo para Schutt era «viejo verde», un nombre que siempre le arrancaba una sonrisa. Sería la primera mujer en trabajar en la Waco Treasury Taskforce desde su fundación en 1998.

Williams tenía otro talento que la hacía singularmente apta para trabajar en aquel caso. Kim era una experimentada amazona que había montado caballos de cuarto de milla en competiciones en Austin y sus alrededores cuando era una jovencita. También Schutt había crecido montando caballos de cuarto de milla en un rancho de Dakota del Sur.

Schutt y Kim Williams eran los únicos miembros de la unidad operativa que disfrutaban recorriendo establos y subastas de caballos. Pennington se había esforzado mucho para dejar atrás sus días como granjero en Oklahoma, y ahora le parecía irónico que fuera a pasar varios meses visitando establos de caballos.

Después de reunirse con Pennington en Waco, Schutt y Williams se pusieron a trabajar entregando citaciones a más de una docena de casas de subastas equinas y a la American Quarter Horse Association, en Amarillo, Texas, que también custodiaba registros genealógicos y otros documentos del sector.

Pero Pennington sabía que aún necesitaban más. Necesitaban ayuda de las autoridades mexicanas. Por ello, a través del agregado del IRS en la embajada estadounidense en Ciudad de México, presentó peticiones a la MLAT para que le entregaran documentos bancarios de Francisco Colorado, Alejandro Barradas y Miguel y Omar Treviño. Esperaba que en esta ocasión hubiera suerte.

DOS SEMANAS DESPUÉS DE que Lawson viajara a Tennessee, su padre falleció. No había salido del coma, pero al menos Lawson había podido despedirse. Se había sentado junto a él tomándole la mano hasta el momento de su muerte. Aunque había podido acompañarle de este modo, la muerte de su padre le seguía resultando difícil de aceptar. Aunque no habían vivido juntos desde que era un niño muy pequeño, su padre había seguido siendo una presencia fundamental en su vida. Lawson seguía esperando descolgar el teléfono y oír su voz áspera contándole un chiste o dándole algún sabio consejo de policía veterano. Dos semanas después del funeral regresó a Laredo. Pérez y Hodge intentaban darle algún tiempo de tranquilidad, pero él solo pensaba en sumergirse de nuevo en la investigación. Le dijo a Pérez que esto sería lo que su padre habría querido que hiciera.

TREINTA Y DOS

TYLER GRAHAM HABÍA HECHO UNA CONSULTA EXHAUSTIVA A LA COMISIÓN DE SALUD Animal de Texas para asegurarse de que Tempting Dash podía reproducirse a pesar de la cuarentena. Y finalmente había convencido a José para que mandara el semental de vuelta a sus establos. Además de Tempting Dash, ahora tenía también a Mr. Piloto, el ganador de la All American, y ambos estaban atrayendo a su rancho el prestigio que siempre había deseado. Sin embargo, hasta ahora, en términos económicos no había tenido mucho éxito. Los dos preciados sementales estaban ganando decenas de miles de dólares para José, que Graham ponía a su cuenta. Pero José no destinaba nada de este dinero a cubrir los crecientes gastos de alojamiento, alimentación y otros, que ascendían a 670.000 dólares.

El verano de 2011 se produjo una devastadora sequía que complicó los problemas de Graham. Cada nuevo día era un abrasador asalto de cuarenta grados a su granja, donde los otrora verdes pastos se habían convertido en un fino polvo marrón. En su deseo de salvar su ganado, algunos rancheros desesperados habían comenzado a comprar heno y alfalfa procedentes nada menos que de Dakota del Sur. Algunos estaban abandonando a la muerte a sus ganados y caballos, incapaces de pagar los exorbitantes precios que había alcanzado el forraje. Los costes por hacerse cargo de los caballos de José seguían subiendo y a él se le estaba acabando el dinero y la paciencia. Necesitaba que José pagara su deuda.

Pero Graham llevaba varios meses sin ver a Carlos Nayen. Fernando García le llamó para decirle que iba a pasarse por la granja para ver algunas yeguas, y Graham dio rienda suelta a todas sus frustraciones sobre su abultada deuda.

—¿Cuándo crees que tu hermanito podrá comenzar a mandar algún dinero aquí? —dijo Graham, utilizando el apodo que le habían puesto a Nayen. También le llamaban «Don Zapatos» o «Don Rosa», haciendo burla de su petulante forma de vestir.

—¿No ha traído todavía ningún dinero? —dijo García sorprendido.

—Cero —dijo Graham.

—¡Qué me dices! Hace una semana que no hablo con él. Solo he hablado con Víctor.

—Bueno, yo también he hablado con Víctor —dijo Graham—. Como le dije el otro día, no tengo ninguna prisa para que os llevéis los caballos, pero estoy comenzando a estar apurado. Yo también tengo que pagar algunas facturas, ¿sabes? Acabo de comprar 70.000 dólares de alfalfa.

—¡Pero qué estás diciendo! ¡Setenta mil dólares de alfalfa! ¿Y eso cuántas balas son?

—Diez camiones de dieciocho ruedas.

—Joder —dijo García—, ¡esto es mucha alfalfa!

—Sí, pero cuando hay una sequía como esta y tienes que dar de comer a los caballos que yo tengo, esa es la alfalfa que necesitas.

TREINTA Y TRES

CUANDO ALFONSO DEL RAYO VIO ALEJARSE A CARLOS NAYEN EN EL RETAMA Park, esperaba que fuera la última vez que lo veía. Había hecho lo que le había pedido y pagado los 310.000 dólares a Heritage Place. Pero unos meses después de la subasta, Nayen le llamó de nuevo.

—Las cosas van mal —le dijo a del Rayo—. Necesito diez millones de pesos, rápido.

—No tengo este dinero. ¡Necesito tiempo! —protestó del Rayo.

Al parecer esto no era lo que Nayen quería oír. Al día siguiente, un extranjero le llamó y le dijo que si no les daba el dinero pronto, él y su familia iban a morir.

Del Rayo llamó a Nayen quejándose de la amenaza anónima.

—Estoy intentando reunir el dinero —le dijo.

—No te preocupes —respondió Nayen con serenidad—. Tú tráeme el dinero y no te ocurrirá nada. Tráelo en efectivo.

Lo qué del Rayo no sabía era que José había acumulado una deuda de

670.000 dólares en el Southwest Stallion Station de Graham. Graham estaba perdiendo la paciencia y les había dicho a Nayen y a José que necesitaba algo, lo que fuera, para empezar a pagar lo que se había convertido en una «monstruosa» deuda para su rancho.

En teoría del Rayo era rico, pero tenía muy poco efectivo a mano. Estaba claro que no tenía diez millones de pesos, unos 700.000 dólares. Puso dos de sus propiedades en venta a un precio muy bajo con la esperanza de que se vendieran rápido. Entretanto, aquellas voces extranjeras seguían llamándole amenazando con matarle si no les daba el dinero.

Tras toda una semana recorriendo la tórrida y húmeda Veracruz, del Rayo consiguió reunir los diez millones de pesos. Todo el tiempo que estuvo apurándose por conseguir el dinero, no pensaba más que en las torturas que había sufrido en el piso franco de Capitán Muñeco y en lo que Los Zetas le harían a su esposa y a sus hijos si no le daba el dinero a Nayen. En el banco pidió que le dieran los diez millones en efectivo y la cajera le miró sorprendida.

—¿Está usted seguro? —preguntó.

—Sí —del Rayo asintió—. Ponga el dinero aquí —dijo entregándole tres grandes bolsas de viaje.

Llevó aquellas bolsas llenas de dinero a su oficina y las metió debajo de su escritorio; acto seguido, llamó rápidamente a Nayen.

—Tengo el dinero —le dijo.

—Ya no lo necesitamos —le dijo Nayen.

—¿Qué? —dijo del Rayo con el estómago encogido. Acababa de pasarse la última semana corriendo por toda Veracruz, sintiendo que el diablo le pisaba los talones.

—Ingrésalo otra vez en el banco —le ordenó Nayen—. Vamos a necesitar que mandes el dinero a alguien en Texas. Te diremos dónde mandarlo.

Del Rayo sentía que le estaban arrastrando más hondo a algo de lo que no quería formar parte, y no tenía escapatoria. Había visto el alcance que tenían Los Zetas en Veracruz. Tenían el control de todo, desde la mansión del gobernador hasta la policía local. Para escapar de ellos tendría que abandonar México. ¿Pero cómo podría dejar su casa?

A MEDIADOS DE JULIO, Graham le sacó de nuevo el tema del dinero a García.

—Todos me estáis metiendo en un aprieto con José —se quejó—. Pagadme la deuda y podré darle el dinero de las montas.

—Lo haremos pronto —prometió García.

Pero pasaron otros diez días y todavía no le habían pagado. García llamó de nuevo a Graham.

—¿Te ha dicho Víctor que te van a mandar el dinero hoy? —preguntó García esperanzado.

—Sí, parece que van a hacerlo por medio de Alfonso del Rayo. Hasta ahora todo ha sido bastante caótico, así que no sé qué pasará. Espero que lo resuelvan hoy… No sé cuántas veces han mandado el dinero a la cuenta del rancho. No entiendo qué es lo que se está complicando tanto esta vez.

En Veracruz, del Rayo estaba bajo una intensa presión para mandarle el dinero a Graham, pero no era fácil transferir cantidades tan elevadas. Había impresos que rellenar, restricciones y elevadas tasas para cambiar los pesos a dólares. El día 28 de julio consiguió finalmente mandar 250.000 dólares a través de una cuenta del Chase Bank al Southwest Stallion Station. Menos de dos semanas más tarde, envió otros 300.000. Mientras tanto, seguía recibiendo amenazas de muerte. Se imaginaba a Capitán Muñeco y su voluminoso lugarteniente llegando cualquier día a su casa con un convoy de SUV llenos de sicarios.

Del Rayo iba a hacer el último envío de 150.000 dólares, pero entonces su banco en México congeló la transacción para examinarla más de cerca, diciendo que parecía sospechosa. Le explicó el problema a Nayen por teléfono, pero este no parecía creerle. Del Rayo prometió pensar en otra forma de hacerle llegar los 150.000 dólares a Tyler Graham. Sabía que tenía que moverse rápido.

EN LAREDO, MIENTRAS TANTO, Lawson había estado escuchando con creciente interés las grabaciones de las llamadas telefónicas entre del Rayo y Graham. Imaginaba que del Rayo era otro hombre de negocios rico que, como Francisco Colorado, se había involucrado voluntariamente con el cártel. Pero en el caso de del Rayo había algo distinto. En primer lugar, cuando hablaba con Graham parecía asustado, y este le había hablado de su aspecto maltrecho en Heritage Place, que del Rayo había achacado a un accidente de golf. Se preguntaba si, después de todo, del Rayo era realmente un actor voluntario en aquella conspiración.

La primera semana de agosto de 2011, del Rayo voló a San Antonio.

Cuando el avión aterrizó, llamó a Tyler Graham para acordar un encuentro y entregarle el dinero en persona.

Graham respondió la llamada de inmediato.

—Hola Alfonso, ¿qué tal?

—Quiero explicarte algo. Voy a tener que darte tres cheques. Cada uno de ellos es de 50.000 dólares, pero solo vas a poder cobrar o ingresar uno esta semana y otro durante la próxima.

—De acuerdo —dijo Graham.

—Quiero que estés tranquilo con el tema de los de cheques —dijo del Rayo con cierta tensión—. Y quiero que los de México también estén tranquilos y no se preocupen por el dinero.

—De acuerdo, si quieres, puedo pasarme por ahí esta tarde si esto te facilita las cosas —se ofreció Graham.

Ya había esperado bastante y estaba dispuesto a resolver el problema. Acordaron verse aquella tarde en la casa de del Rayo en San Antonio. Graham no sentía la misma inseguridad desplazándose a San Antonio que a Laredo, que estaba demasiado cerca de Miguel Treviño para su tranquilidad.

TREINTA Y CUATRO

SE HABÍAN ACABADO LAS BOTAS DE TRABAJO USADAS Y LOS VAQUEROS gastados de los primeros días en que José Treviño había hecho correr a Tempting Dash cerca de Dallas. Ahora vestía caras botas de *cowboy*, camisas planchadas de lino y un Stetson blanco nuevecito, y pasaba mucho tiempo volando, alternando con gente adinerada desde el hipódromo de Los Alamitos en Los Ángeles hasta Ruidoso y Dallas para controlar su creciente imperio en el sector de las carreras de caballos.

Cada vez más, cuando visitaba el rancho de Graham, le acribillaba a preguntas sobre el negocio de la cría. Pero aun así Graham se sorprendió cuando Fernando García mencionó de forma despreocupada a finales de septiembre de 2011 que José iba a abrir un rancho de cría en Oklahoma.

Graham no se lo creía. José llevaba en el sector menos de dos años, y la cría de caballos era una ciencia que costaba muchos años dominar. Pero cuando Graham se enteró de sus intenciones por medio de García, José ya había comprado casi veinte hectáreas en Lexington, una pequeña comunidad rural a unos sesenta y cinco kilómetros al sur de Oklahoma City. Y estaba intentando convencer a un ranchero vecino para que le vendiera otras veinticinco hectáreas.

Cuando Graham volvió a ver a José, no pudo dejar de preguntarle por qué quería dejar su granja.

—Creo que hemos hecho un buen trabajo, y que has ganado un buen dinero conmigo —le dijo.

José admitió que su nueva empresa sería una lucha al principio, pero «quiero intentar hacerlo yo solo», le dijo a Graham, que se sintió aliviado cuando supo que al menos en el futuro inmediato José dejaría a Tempting Dash en sus establos. Su enfermedad en la sangre hacía que los traslados y cuidados del caballo fueran más complicados que los demás. Pero José dijo que alguien iría pronto a recoger a Mr. Piloto y al otro centenar de caballos que tenía en Southwest Stallion Station. Zule Farms era el nombre que, en honor a su esposa, Zulema, José había escogido para su nueva empresa. Y ya había diseñado una marca para el ganado de la granja: una Z enmarcada en dos semicírculos, que había impreso en oro sobre brillantes tarjetas de presentación de color granate. Estaba haciendo los preparativos para trasladar a Lexington a su esposa y a sus dos hijos más pequeños que vivían en su diminuta casa de los suburbios de Dallas. María, su madre, también viviría allí con ellos. «Me siento como viviendo el sueño americano», le dijo con orgullo a Graham.

Cuando José se marchó, Graham llamó a Lawson para darle la mala noticia. Si José se distanciaba de Graham sería desastroso para la investigación. Acordaron encontrarse en un restaurante a medio camino entre Elgin y Austin.

La tarde siguiente, Lawson y Pérez se sentaron en una mesa del Cafe 290 para esperar a Graham. Con la ayuda de Pennington y su unidad operativa, habían conseguido rastrear unos doscientos caballos propiedad de José por la zona del sudoeste y California. El antiguo albañil estaba haciéndose cada vez más rico y dominando el sector de las carreras de cuarto de milla en Estados Unidos. Ahora parecía que se estaba posicionando para hacerse también con el control del más lucrativo negocio de la cría. Lawson había notado que los mismos que al principio se habían alegrado, pensando que los millones de José significaban la salvación del sector, comenzaban ahora a alarmarse, incapaces de participar en las subastas por los exorbitantes precios cada vez más inaccesibles. También se preguntaban en voz alta cómo había conseguido Tremor Enterprises, en solo dos años, ganar todas las carreras más importantes del sector y obtener unos beneficios netos de más de 2,5 millones de dólares: una gesta que ni siquiera habían logrado los establos más veteranos tras toda una vida en la competición. Las sequías, el juego en los casinos y la recesión eran ya una amenaza para la castigada industria. José y Tremor Enterprises planteaban un nuevo tipo de amenaza existencial.

Lawson vio a Graham desde lejos con su familiar gorra de béisbol granate. Se sentó con ellos y pidió un té frío. Pérez y Graham se habían reunido ya un par de veces, y Lawson le había explicado a Tyler que Jason Hodge pronto se iría de Laredo y Pérez había ocupado su lugar. A Graham no parecía importarle. Lo único que le preocupaba era que la investigación finalizara lo antes posible para terminar su colaboración con el FBI.

Graham les explicó lo que le habían dicho sobre José y su nuevo rancho de Oklahoma.

—¿Crees que sospecha algo de ti? —preguntó Lawson.

—No sé cómo piensa gestionar un negocio de cría así por las buenas —dijo Graham.

No podía ocultar su malestar por el hecho de que José pensara poder comenzar, así sin más, una empresa como Southwest Stallion Station, que había costado décadas de trabajo y especialización por parte de su abuelo y de él mismo. Todos los trofeos y premios se le estaban subiendo a la cabeza.

—No, José me ve ahora como su competidor; esto es lo que sucede.

Pérez esperaba que tuviera razón. Que José se distanciara de Graham era casi tan malo como perder al criador de caballos como fuente. Todavía tenía a Parlay, pero estaba tan ansioso que no estaba segura de cuánto tiempo más aguantaría.

—¿No piensas, entonces, que te haya descubierto?

—No —dijo Graham—. Sigo teniendo a Tempting Dash.

—Mira a ver si puedes darte una vuelta por su rancho —sugirió Lawson.

—Le pediré que me invite —dijo Graham—. Pero no voy a forzar las cosas.

TREINTA Y CINCO

EN SEPTIEMBRE DE 2011, JASON HODGE RECIBIÓ FINALMENTE SU AUTORIZA-
ción para el traslado desde la agencia de Laredo. Mientras guardaba sus efectos personales no podía ocultar su alegría. Villarreal
todavía no le había expresado a Lawson sus planes para sustituir a
Hodge. Le preocupaba que no hubiera designado a Pérez, que ya
llevaba varios meses trabajando con él en el caso.

En casa, Alma había hablado con Juan, su marido, y con su tía
Lidia, y juntos habían considerado lo que iban a hacer. Comprometerse como coagente significaría pasar largas horas lejos de casa.
Su marido, que era contable, sabía lo mucho que le interesaba aquel
caso y la animó a hacerlo. Pero, en última instancia, lo más importante era la aprobación de Lidia. Ella vivía con ellos y se ocupaba
de la intensa tarea de cuidar a los tres pequeños, de seis y tres años
los mayores, y de diez meses la pequeña. Pérez sabía que le debía
mucho a su tía, cuya ayuda había sido esencial para que ella pudiera
tener una carrera y una familia. Sin ella hubiera sido casi imposible
trabajar tantas horas en la unidad de delitos violentos. Ahora Pérez
le estaba pidiendo que le permitiera ausentarse todavía más. Finalmente, una noche después de la cena, Lidia la tomó aparte y le dijo:
«Si sientes que es lo que tienes que hacer, hazlo. No te preocupes
por los niños. Yo me encargaré de ellos».

Con su bendición, Pérez se sintió aliviada. Sabía que sus
pequeños estarían en buenas manos en casa mientras ella

se concentraba más en la investigación de José Treviño y sus hermanos.

Con Pérez comprometida ahora completamente con el caso, Lawson llamó a la puerta de la oficina de Villarreal. Hodge también abogaba ahora por Pérez como su sustituta. Solo le quedaba convencer a Villarreal. Las persianas estaban abiertas, como era habitual cuando su jefe estaba en su despacho. Villarreal le hizo señas para que entrara.

Lawson echó un vistazo al artículo de portada en español enmarcado en la pared tras el escritorio de Villarreal. Cuando era agente de calle en la década de 1990, Villarreal había puesto al descubierto un importante caso de corrupción policial en San Juan de Puerto Rico: su mayor logro. Al margen de las diferencias que Lawson pudiera tener con su jefe, Villarreal era un gran agente, y Lawson le atribuía gran parte del mérito de haberles devuelto a las calles, dónde podían realizar de nuevo verdaderas tareas de mantenimiento del orden público.

Lawson se sentó frente al escritorio de Villarreal.

—¿Qué se te ofrece? —dijo Villarreal, levantando la vista de un dosier.

—Pues quería decirte que Jason ha recibido ya el traslado, y eso significa que vamos a necesitar a otro agente para el caso Treviño —dijo Lawson.

—Sí, he estado pensando en este tema —repuso Villarreal—. ¿Qué te parece

Raúl? Tiene formación en armas especiales y tácticas.

—Yo estaba pensando más bien en Alma Pérez —dijo Lawson.

Villarreal negó con la cabeza.

—Tiene hijos, y tú necesitas a alguien que esté dispuesto a viajar.

—Ella lo está. Hemos hablado del tema, y quiere hacerlo.

—De acuerdo —dijo Villarreal encogiéndose de hombros—. El agente del caso sabe lo que más conviene. Es tu decisión. ¿Pero qué te parece Juan? Tiene experiencia con casos de cárteles. Sería de mucha ayuda.

—Ya hemos estado trabajando juntos en el caso durante algunos meses —dijo Lawson, un poco irritado porque Villarreal se estuviera negando a considerar la idea de que Pérez fuera su coagente.

—De acuerdo, tu sabrás lo que es mejor —repuso Villarreal adoptando un tono conciliatorio—. Pero considera la posibilidad de trabajar con Raúl o Juan.

Lawson sentía que Villarreal no quería seguir hablando. Había sido un asalto descorazonador en el que ninguno de los dos había cedido. Pero no estaba todavía dispuesto a tirar la toalla. Sabía que tarde o temprano Villarreal se daría cuenta de que Pérez era la persona adecuada.

Se levantó de la silla.

—Gracias por tu tiempo —le dijo.

Villarreal asintió, y Lawson salió y cerró la puerta.

El escritorio de Pérez estaba a la vista desde la oficina de Villarreal. Lawson se preguntó si ella había podido captar que la conversación no había ido bien.

—¿Cómo ha ido? —le preguntó dubitativa.

—Digamos solo que no ha dicho que no.

—¿Cuál es el problema? —dijo ella—. De hecho, ya estamos trabajando juntos.

—Ya cambiará de opinión —dijo Lawson.

TREINTA Y SEIS

NO MUCHO DESPUÉS DE LA REUNIÓN EN EL CAFE 290, SALTILLO LLEGÓ AL rancho de Graham con un gran tráiler para diez caballos. Tendría que hacer varios viajes a Oklahoma, puesto que José tenía casi cien caballos en el rancho de Graham. Saltillo cargó los potros de Tempting Dash, cuyo propietario oficial era Carlos Nayen, y también a Dashin Follies, la yegua más cara jamás vendida en Heritage Place y que, en teoría, era propiedad de Alejandro Barradas. Para Graham era inquietante ver todavía el nombre de Barradas en los papeles durante los trámites de traslado de varios caballos, ya que Chevo Huitrón le había dicho que el empresario de Veracruz había sido secuestrado meses atrás y no había regresado. José no había dicho ni una palabra sobre su desaparición.

Graham todavía no había conseguido que José le invitara a visitar su nuevo rancho, pero Pérez y Lawson se sintieron aliviados al saber que, aunque José se estaba distanciando de Graham, no había cortado del todo su relación comercial. Seguir trabajando con la familia Graham le daba a José mucha credibilidad en el sector y estimulaba a los demás a hacer negocios con Tremor Enterprises. José le preguntó a Graham si podía guardarle temporalmente el equipo de laboratorio de sus nuevas instalaciones en su rancho para que Saltillo lo recogiera más adelante. En Lexington había todavía mucho barullo, le explicó José, puesto que estaba remodelando la casa y los graneros y construyendo sus modernas instalaciones para la cría de caballos. A medida que pasaban las semanas, la oficina de Graham se iba llenando de cajas con máquinas de ultrasonidos, incubadoras y otro material de laboratorio.

José le pidió una vez más a Graham que fuera su agente en la próxima subasta de Heritage Place. En la subasta de noviembre de 2011, Graham vendió cuatro caballos de carreras para Treviño, entre ellos Forty Force y Number One Cartel. Los asistentes de aquella subasta quedaron de nuevo impresionados cuando José batió un nuevo récord de venta. Igual que Blues Ferrari, su caballo Number One Cartel se vendió por un precio varias veces superior al valor real del semental. Los propietarios de Heritage Place, entre ellos Doc Graham, estaban tan contentos con los precios sin precedentes que conseguía José, y que incrementaban también sus ganancias, que le entregaron un trofeo para conmemorar aquel día. En la subasta, García y Nayen compraron principalmente yeguas de cría para el nuevo rancho de José por un importe total de casi un millón de dólares. Tremor Enterprises se había convertido en sinónimo de inversiones y ganancias sin precedentes, y a muchos empresarios del sector les parecía imparable. Uno de los caballos de José, Separate Fire, entrenado por el prestigioso Paul Jones, arrasaría en la Ed Burke Million Futurity, en Los Alamitos, pocos meses más tarde, embolsándose el premio de un millón de dólares en metálico.

Los medios que cubrían la carrera observaron que José Treviño y Tremor Enterprises habían ganado varias carreras de un millón de dólares en Nuevo México, Texas, y California en solo dos años, una gesta asombrosa casi imposible de conseguir.

Con un sombrero de vaquero negro y su trofeo de cristal, José posó para las cámaras con su esposa Zulema y habló con los periodistas sobre su buena suerte. «Somos personas sencillas, pero este es un momento maravilloso y lo vamos a disfrutar», dijo Treviño. «Siempre que ganamos una carrera nos sentimos muy contentos».

Era evidente que José estaba muy orgulloso. Durante décadas, había trabajado diez horas al día bajo el ardiente sol de Texas para alimentar a duras penas a su familia. Ahora era millonario y propietario de un rancho que pronto doblaría su tamaño. Finalmente, José había convencido a su vecino de Lexington para que le vendiera su finca de veinticinco hectáreas, colindante con su rancho, que tenía casi veinte. La finca incluía, además de las tierras, una casa con tres habitaciones y tres graneros. José pagaría casi un millón de dólares por ambas propiedades. Todo era parte de su sueño americano: el rancho, el imperio de las carreras de caballos y el nombre de la familia Treviño asociado con el éxito.

MIENTRAS SU HERMANO MAYOR triunfaba en Estados Unidos, Miguel conquistaba México. A finales de 2011, Los Zetas controlaban la mitad oriental del país, mientras que el Cártel de Sinaloa dominaba la otra mitad.

Los Zetas, que eran relativamente nuevos en el negocio y carecían de los contactos en el gobierno y las rutas bien establecidas que sí tenían los de Sinaloa, seguían en una posición de debilidad y respondían con más violencia. Entrenados en tácticas guerrilleras urbanas y contrainsurgencia, tendían emboscadas a los pistoleros de Sinaloa, adentrándose más y más en el territorio del poderoso cártel.

El Cártel de Sinaloa respondió desplegando un brazo armado paramilitar: el Cártel Jalisco Nueva Generación o los MataZetas, como se llamaban ellos. En septiembre de 2011, en el estado de Veracruz, bastión de Los Zetas, los MataZetas arrojaron en una transitada autopista en hora punta dos camionetas de cadáveres esposados y semidesnudos, aterrorizando a los circunstantes. Mientras tanto, en un lugar cercano se estaba celebrando una conferencia para los principales fiscales federales y funcionarios judiciales del país. Los MataZetas habían marcado los torsos de los cadáveres con una Z a modo de advertencia.

Dos meses más tarde, Los Zetas devolvieron el golpe. El 23 de noviembre, tres automóviles fueron incendiados en Culiacán, la capital del estado de Sinaloa. De los humeantes vehículos se sacaron dieciséis cadáveres, algunos de ellos esposados y con chalecos anti-balas. En dos pueblos cercanos aparecieron otros diez cadáveres en el interior de vehículos calcinados.

Al día siguiente, Los Zetas atacaron de nuevo en el vecino es-tado de Jalisco, un territorio del Cártel Jalisco Nueva Generación. El cártel dejó veintiséis cadáveres repartidos en tres vehículos, al-gunos todavía con las bolsas de plástico que se habían usado para asfixiarles. Los SUV fueron abandonados en una importante ave-nida de Guadalajara, no lejos de la zona en que se habían dado cita cientos de famosos y personas invitadas a la Feria Internacional del Libro. Sin dar nombres, el gobernador de Sinaloa dijo a los medios de comunicación que la matanza se debía a una «amarga guerra entre bandas criminales».

Miguel y Omar dirigían la ofensiva. Solo Lazcano, uno de los militares fundadores y dirigente de Los Zetas, tenía más poder que ellos dentro del cártel. Pero Miguel estaba cada vez más cansado de su papel como segundo. En julio de 2011, el ejército mexicano capturó a Mamito y a un pequeño grupo de otros dirigentes de alto nivel.

Unos días después de las detenciones aparecieron letreros en territorio Zeta que culpaban a Miguel de orquestar sus arrestos y advertían a Lazcano de que tenía un «Judas» entre sus hombres. Se decía que Miguel no se detendría hasta controlar completa-mente el imperio de Los Zetas, que ahora se extendía desde la frontera de Texas hasta Centroamérica, y cuyos tentáculos llega-ban a algunos lugares de Italia donde Los Zetas se habían aliado con la 'Ndrangheta, que dominaba una buena parte del negocio de la cocaína en Europa.

FRANCISCO COLORADO SABÍA POR experiencia que todos los que se acer-caban a Miguel acababan pagando por ello. Pocos días antes de la subasta de noviembre en Heritage Place, había hecho una llamada a medianoche a Arian Jaff, el prestamista de California.

Colorado estaba aterrorizado y le dijo a Jaff que necesitaba un préstamo urgente y le suplicó que fuera enseguida a México. Cuando Jaff llegó a su oficina de Tuxpan, en Veracruz, encontró a Colorado sin afeitar, con grandes ojeras y rodeado de guardaespaldas. Le explicó que ya no podía pujar para obtener contratos de Pemex porque el gobierno estaba buscando irregularidades en la facturación de ADT Petroservicios. Tenía también problemas de seguridad, le dijo. Y necesitaba dinero enseguida.

Ambos acordaron un préstamo de un mes de 1,7 millones al diez por ciento de interés. Colorado quería pedirle a Jaff otro favor: ¿podía transferir 773.000 dólares a una subasta de caballos en Oklahoma City? Era una extraña petición, pero Jaff acordó mandar el dinero. Con estas dificultades financieras en sus negocios, Colorado ya no le era útil a Miguel. Alejandro Barradas y Ramiro Villarreal estaban muertos. Los agentes mexicanos del ambicioso plan de blanqueo de Miguel en Estados Unidos estaban comenzando a caer tan rápido como la infantería del cártel.

TREINTA Y SIETE

A PENNINGTON LE GUSTABA PLANTEARSE TODAS SUS INVESTIGACIONES como un rompecabezas. Después de veinticinco años, todavía disfrutaba ensamblando las piezas y desenredando el ovillo de la conspiración. Había dedicado toda su carrera profesional a descubrir lo que la mente humana era capaz de idear cuando quería lavar los propios pecados financieros: paraísos fiscales, cuentas fiduciarias anónimas, empresas fantasma y sobornos. Su conclusión era que cuando se trataba de dinero las personas eran capaces de todo.

Miguel había sido inteligente al utilizar las empresas mexicanas para transferir el dinero a las casas de subastas estadounidenses, ya que las transacciones tenían una apariencia de legalidad. Colorado y su ADT Petroservicios tenían decenas de millones en contratos con Pemex. La mezcla del dinero sucio con el limpio hacía casi imposible separarlos, especialmente si los bancos mexicanos no les mandaban los registros financieros que solicitaban. Hasta ahora, no había habido respuesta y Pennington tenía suficiente experiencia para no quedarse esperándola.

Por suerte, el corredor de la cocaína estaba a punto de entregarles el avance más importante hasta aquel momento. Durante un control rutinario de tráfico, un policía estatal había descubierto 462.000 dólares en un compartimento oculto en el interior de un automóvil. El correo se dirigía hacia el sur, a la ciudad de Eagle Pass. El policía, creyendo que podía ser de interés para

Pennington, le llamó para informarle. Lo que captó inmediatamente la atención de Pennington era que Eagle Pass compartía frontera con la ciudad mexicana de Piedras Negras: territorio Zeta y bastión de Miguel y Omar Treviño. Esto significaba que el correo trabajaba para ellos.

Pennington pidió inmediatamente que le mandaran el archivo del caso. Observó enseguida que el automóvil había sido comprado recientemente en un concesionario situado en la zona norte de San Antonio. Decidió dirigirse personalmente al establecimiento para investigar el asunto. Una vez que el propietario del concesionario entendió que el IRS no le estaba investigando a él, buscó enseguida los documentos de venta del automóvil. En una pequeña libreta, Pennington anotó el nombre de la persona que había enviado al correo al concesionario. Le preguntó al propietario si había otras ventas recientes fruto de la derivación de la misma persona. Resultó que había varias.

Cuando Pennington regresó a Waco introdujo el nombre en la base de datos integrada y vio que la DEA de San Antonio ya había iniciado una investigación de su sospechoso. El agente asignado al caso era un policía de San Antonio miembro de una unidad operativa de la DEA. Pennington tomó el teléfono y organizó una reunión. Cuando llegó a la oficina de la DEA, Pennington le resumió al agente la información del caso de blanqueo de dinero, los hermanos Treviño y los caballos de carreras.

—Tengo la sensación de que este tipo está relacionado de algún modo con nuestro caso —le dijo.

Cuando mencionó los caballos de carreras, el agente abrió los ojos como platos y empujó la silla hacia atrás.

—Hay otra persona con la que tienes que hablar —dijo. Con movimientos rápidos marcó un número de teléfono.

La reacción del agente creó una expectativa en Pennington, y no se desilusionó cuando una hora más tarde llegó un hombre que se presentó como Raúl Guadalajara. Guadalajara explicó que había trabajado como pasador y correo de dinero para un hombre llamado Mario Alfonso Cuéllar, Poncho, que era una de las piezas clave en Piedras Negras. Cuéllar trabajaba para Miguel y Omar, y era responsable del envío de varias toneladas de cocaína a Dallas cada año. Ocasionalmente, dijo Guadalajara, Cuéllar le había pedido que entregara dinero del narcotráfico a residentes en Estados Unidos para el pago de caballos de carreras.

—Debería hablar con Poncho Cuéllar —le dijo a Pennington.

—Sí, claro, pero esto va a ser difícil porque él está en México —dijo Pennington.

Guadalajara negó con la cabeza.

—No. Poncho está aquí.

—¿En Texas? —preguntó Pennington, con cierta excitación.

Guadalajara le explicó que meses atrás había habido disturbios en Piedras Negras con Cuéllar y sus hombres. Miguel y Omar los querían muertos. De modo que Cuéllar y su mano derecha, un tipo llamado Héctor Moreno, habían huido a Texas con sus familias. Puesto que Guadalajara trabajaba para Cuéllar, también él había huido a San Antonio para salvar la vida. Pennington le escuchó con creciente interés. Cuando el informador se marchó, llamó inmediatamente a Lawson y Pérez.

—Las cosas acaban de dar un giro increíble —les dijo entusiasmado—. Tenéis que venir a San Antonio lo antes posible. Os espero. Voy a quedarme aquí esta noche.

Pérez y Lawson salieron para San Antonio por la mañana. El entusiasmo de Pennington alimentaba sus expectativas, que no iban a verse defraudadas. Los tres agentes se encontraron una vez más con Guadalajara en la oficina de la DEA. Este les explicó que había entregado dinero a José para pagar los caballos de carreras de Miguel. Guadalajara les dijo que tanto Cuéllar como Moreno estaban en Dallas. Se habían entregado a la DEA y les habían pedido protección a cambio de información sobre los hermanos Treviño.

Lawson y Pérez entendieron que Cuéllar era la conexión crucial que habían estado buscando entre el dinero del narcotráfico en México y el floreciente imperio de las carreras de caballos de José en Estados Unidos. Era mucho mejor que un título 3. Ahora tenían testigos que podrían certificar en el estrado que tras Tremor Enterprises estaba el dinero de Miguel. Pero primero tenían que convencer a la DEA para que les diera acceso.

OCHO MESES DESPUÉS DE la muerte de Ramiro Villarreal, René Amarillas, agente especial de la DEA, y la oficina de Houston seguían intentando ensamblar las piezas de su investigación. Pero ahora tenían a Poncho Cuéllar y a Héctor Moreno en Dallas. Su deserción era un golpe de suerte para la DEA. Cuéllar y Moreno eran inversores clave en el imperio de Miguel y Omar Treviño. Moreno estaba a cargo de las operaciones de logística y contrabando del grupo de Piedras Negras, que enviaba al otro lado hasta una tonelada de cocaína cada mes para los distribuidores mayoristas de Dallas. Cuéllar se ocupaba del dinero; su misión era encargarse de que los cientos de millones de dólares de las ventas llegaran a sus destinatarios: policías y militares corruptos, proveedores colombianos de cocaína y a Miguel y Omar. También conocían a todos los actores clave dentro del cártel. Eran fuentes muy valiosas, y la DEA no tenía ningún deseo de compartirlas, especialmente con el FBI.

En Dallas, Billy Williams, agente especial del IRS, intentó acceder a Cuéllar y Moreno mediante un agente de la DEA con quien había trabajado muchas veces, pero no lo consiguió. Lawson y Pérez consiguieron que Villarreal apelara al jefe de la DEA de Dallas, pero tampoco consiguió nada. Al equipo se le estaban agotando las ideas. Lawson había intentado aplicar la paciencia que Pérez siempre predicaba, pero sintió la antigua frustración y dudas de sus primeros días en Laredo. Las distintas agencias encargadas de luchar contra las drogas se peleaban ahora entre sí.

MIENTRAS QUE QUIENES OCUPABAN los cargos más elevados defendían el acceso a los informadores clave en Dallas, Pennington y su unidad

operativa se dedicaban a analizar minuciosamente el creciente número de registros financieros que habían recopilado.

Pennington tenía que reconocer que, a primera vista, todo lo
que José estaba haciendo parecía legal Era una operación bastante
sofisticada. Era evidente que Miguel y Omar tenían su propio
equipo de asesores financieros expertos.

Pero la unidad operativa había diagnosticado un par de debilidades que les ayudarían a desarrollar sus argumentos. Irónica-
mente, la más importante era el propio José. Aunque el albañil de
cuarenta y cuatro años no tenía antecedentes penales, sí tenía una
historia financiera en Estados Unidos de fácil acceso. Cuando Williams pidió el registro de la cuenta personal de José en el Bank
of America, vieron que los ingresos anuales de la familia nunca
habían superado los 50.000 dólares. Pero en menos de un año, se
habían hecho millonarios.

En diciembre de 2009, José había constituido Tremor Enterprises SRL y abrió una cuenta comercial con el Bank of America en la
que depositó los 445.000 dólares que Tempting Dash había ganado
en Grand Prairie. Estaban también los 968.440 dólares que depositó
tras la victoria de Mr. Piloto en la All American Futurity de 2010.

En octubre de 2011, José registró otras dos sociedades de responsabilidad limitada, Zule Farms y 66 Land, para gestionar su
nuevo negocio de cría en Oklahoma, y abrió otras dos cuentas comerciales en el Bank of America. Mediante su diligente trabajo,
Kim Williams y Brian Schutt, que examinaban miles de páginas
de documentos de caballos, descubrieron que al menos una docena
de las yeguas que habían sido transferidas al rancho de José en Lexington se habían pagado con transferencias de Basic Enterprises
en Monterrey, con un coste de casi un millón de dólares.

Pero lo curioso era que no había constancia de ningún cheque de la cuenta de José para pagar ninguna de estas yeguas. Sus
colaboradores parecían generar nuevas sociedades de responsabilidad limitada a la misma velocidad con que compraban caballos,
para luego trasladar a los animales de una SRL a la siguiente en

un intrincado trile por el que José solo parecía ser propietario de algunos caballos alojados en su rancho de Lexington. En la lista de propietarios de las yeguas figuraban varios nombres, como el de Carlos Nayen, que había creado una SRL llamada Carmina, y Fernando García, que poseía otra llamada Poker Rancho.

Trabajando con Tyler Graham, Lawson había diagnosticado otra de las debilidades del esquema. Los hermanos Treviño tenían, literalmente, montones de dinero en México, pero no podían usarlo hasta blanquearlo ingresándolo en algún banco estadounidense. Los hombres de negocios como Alfonso del Rayo, Francisco Colorado y Alejandro Barradas eran meros cajeros automáticos, y se le utilizaba para transferir grandes cantidades de dinero.

Lo que no habían tenido en cuenta era el rápido crecimiento de los gastos generales: veterinarios, herreros, etc., con el aumento del número de caballos. Graham tenía que esperar varios meses para cobrar. El dinero tenía que traerlo muchas veces Víctor López del otro lado de la frontera por medio de mulas. Varios ranchos de crianza y entrenamiento, como Lazy E en Oklahoma y el entrenador Paul Jones, estaban también cada vez más descontentos por la lentitud de los pagos.

En agosto de 2011, Lawson y Pérez habían hecho otra vigilancia de Víctor López, en esta ocasión en el aparcamiento del Mall del Norte en Laredo. López entregó a otro agente encubierto una bolsa de la compra de K-Mart con 56.000 dólares.

Las grabaciones de las llamadas entre Graham y diferentes miembros de la red de José indicaban que la trama se estaba haciendo tan extensa que era complicado mantener el control. A juzgar por las conversaciones que mantenían con Graham, parecía que Nayen y García estaban comenzando a tener dificultades para rastrear el enorme número de caballos que habían comprado. Con la ayuda de la unidad operativa de Pennington, los agentes habían calculado que Miguel tenía ahora unos cuatrocientos caballos alojados en hipódromos y centros de entrenamiento repartidos por Oklahoma, el sudoeste y California.

TREINTA Y OCHO

PARECÍA QUE LA DEA ESTABA JUGANDO CON ELLOS. LA OFICINA DE DALLAS aceptaba programar un día y una hora para reunirse con Poncho Cuéllar para, en el último minuto, acabar cancelando el encuentro. Habían pasado ya cinco meses y a Lawson y Pérez todavía no les habían permitido entrevistar al hombre que podía ser clave para su caso. Lawson buscaba ansiosamente una solución pero sabía que, tras la tremenda discusión que habían tenido sobre Tyler Graham, no podía esperar ningún tipo de ayuda por parte de Jeff Hathaway.

Doug Gardner finalmente decidió acudir directamente a su homólogo en Plano, quien estaba trabajando en el caso de la acusación contra Cuéllar y Moreno. La idea resultó acertada. En cuestión de días, el fiscal había puesto a Gardner en contacto con el abogado de Cuéllar en Dallas y había concertado una reunión con él.

Seis meses después de que Pennington hiciera su gran descubrimiento en San Antonio, consiguieron, finalmente, la entrevista. Aun así, la DEA puso como condición que uno de sus agentes de Dallas estuviera presente durante el interrogatorio. También querían ver una lista de los objetivos del FBI en su investigación. No muy convencido, Lawson entregó la lista en que aparecía Carlos Nayen.

El equipo estaba ansioso por reunirse primero con Cuéllar, ya que él era quien más conocimiento podía tener sobre cómo Miguel llevaba sus negocios. A mediados de noviembre de 2011, Cuéllar y su abogado entraron en la oficina del fiscal federal en Plano y se sentaron en la mesa de conferencias ante Lawson, Pérez, Pennington y Gardner. Cuéllar, que había salido bajo fianza, llevaba una cara camisa de vestir y acababa de afeitarse, pero pudieron ver lo pálido y cansado que estaba cuando su abogado los fue presentando de uno en uno. Un agente de la DEA, que no dijo nada durante toda la sesión, se quedó sentado tras ellos anotando todo lo que le llamaba la atención.

Este gesto de la DEA irritó a Lawson, pero sabía que no había nada que él pudiera hacer. Ambas agencias habían negociado al milímetro cada detalle de ese encuentro por adelantado. Aun así, se sintió animado cuando supo que iba a poder hablar con otros cuatro hombres de Cuéllar, además de Héctor Moreno, que también se habían entregado voluntariamente a la DEA. Parecía que la mitad de la plaza de Piedras Negras había huido a Texas. Y cuando oyeron lo que Cuéllar y los demás tenían que contar, comprendieron por qué.

A Pérez le costaba mirar a Cuéllar sin sentir repulsión. Ella tenía un asunto más personal sobre el que quería inquirir: una amiga de su familia que había desaparecido en Piedras Negras. Verónica Cárdenas, de unos cuarenta y cinco años, era madre de dos niños pequeños y se había hecho muy amiga de su tía. Cuando Pérez se graduó de la academia del FBI, Verónica le regaló una estatua pintada de un ángel.

—Esto te protegerá y te guardará —le había dicho.

A ella siempre le había caído muy bien la amiga de su tía y la consideraba una buena persona, entregada en cuerpo y alma a su familia.

Una tarde de marzo, Verónica había cruzado en coche el puente a Piedras Negras para recoger a su sobrina en la estación de autobuses. Nunca más volvieron a ver a ninguna de las dos. Pérez se puso a investigar por su cuenta y descubrió que Verónica había sido amiga de la esposa de Cuéllar, quien trabajaba como notaria pública en Piedras Negras. A través de sus fuentes, Pérez se enteró de las masacres que había habido en la región después de que Cuéllar y sus hombres huyeran de México en marzo. Miguel y Omar habían desatado su venganza sobre cualquier persona que tuviera algún tipo de relación con esos hombres, y Pérez temía que Verónica y su sobrina hubieran sido víctimas de esta oleada de asesinatos. Había encontrado algunas pistas y ahora estaba ansiosa por averiguar qué sabía Cuéllar sobre las dos desaparecidas y si podía ayudar a sus familias y a su tía a pasar página, pero sabía que iba a tener que esperar hasta el final del interrogatorio. Antes de reunirse con Cuéllar les había contado a Lawson y a los demás lo que había pasado con Verónica y trazaron un plan entre todos. Primero iban a centrarse en la investigación y después Pérez podría preguntarle a Cuéllar sobre Verónica.

Pérez iba a traducir para el equipo, dado que Cuéllar solo hablaba español. Empezaron el interrogatorio preguntándole cómo había empezado a trabajar para Los Zetas. Cuéllar les explicó que en 2007 Los Zetas habían empezado a secuestrar a cualquiera implicado en el narcotráfico en su ciudad natal, Piedras Negras. El cártel les ofrecía dos opciones: trabajar para ellos o morir.

Piedras Negras era una pequeña ciudad de 150.000 habitantes. Al otro lado del río estaba Eagle Pass, una ciudad fronteriza en Texas todavía más pequeña que quedaba a un cómodo viaje de solo dos horas de San Antonio, una parada importante en el corredor de la cocaína. Cuando Los Zetas capturaron a Cuéllar, le dijeron que a partir de entonces iba a trabajar para uno de sus hombres: el Comandante Moy. Un día, Cuéllar llamó a Moy para recibir instrucciones, pero quien respondió a su llamada fue otra persona.

—¿Quién es? —gruñó la voz desconocida al otro lado de la línea.

Cuéllar le dio su nombre. Y el hombre le dijo a Cuéllar que él era el Comandante Cuarenta y dos».

En pocas horas, el Comandante Cuarenta y dos se plantó en su puerta delantera en un Hummer junto a otro Zeta llamado Mamito.

—Sube, vamos a dar una vuelta —le dijo Cuarenta y dos.

Mamito se sentó en el asiento trasero, detrás de Cuéllar. Mientras daban vueltas por el pueblo, Cuéllar era consciente de que podía ser su último viaje, especialmente cuando descubrió que Cuarenta y dos no era otro que Omar Treviño, el hermano menor de Miguel Treviño. Omar le dijo que tenían una deuda de 750.000 dólares. Pero Cuéllar estaba seguro de que no les debía nada a Los Zetas. Fueron a ver a un hombre llamado Cuno, un registrador que llevaba las cuentas del floreciente imperio de Miguel y Omar. Cuno le dijo a Cuéllar que él debía 18.000 dólares.

Cuéllar pagó rápidamente el importe. Pero Omar no iba a soltarlo tan fácilmente. La hilera de coches fue rondando por la ciudad toda la noche.

Cuéllar estaba ahora embutido entre Mamito y otro sicario de mirada inexpresiva en el asiento trasero del Hummer de Cuarenta y dos. El convoy de sicarios de Omar fue recorriendo la ciudad haciendo paradas y sacando a hombres aterrorizados de sus casas. Los hicieron quedarse en calzoncillos y, tras vendarles los ojos y maniatarlos, los iban metiendo en los todoterrenos; algunos rezaban y temblaban de miedo.

Cuéllar explicó que, al llegar la mañana, la caravana de Omar había recogido a veinte personas, entre las cuales había dos amigos suyos. Omar dijo que todos ellos eran contras, personas que trabajaban para otros cárteles o que habían intentado hacerlo de forma independiente. Todos ellos iban a ser llevados a un rancho requisado por Los Zetas donde serían asesinados. Sus cadáveres serían después quemados en barriles de doscientos litros llenos de gasolina.

—Ah, por cierto —le dijo Omar a Cuéllar—. El comandante Moy ha muerto. Lo maté porque me estaba robando.

Lawson iba tomando notas mientras Pérez traducía. Siempre quedaba conmocionado cuando oía historias como la de Cuéllar (y había oído otras) sobre la forma totalmente despiadada de actuar de Los Zetas. Cuéllar les explicó a los agentes que los caballos habían sido lo que le había salvado la vida. Durante aquella larga noche estuvo oyendo a Mamito hablarle a Omar de los linajes de caballos campeones; era casi su único tema de conversación. Cuéllar mencionó que él tenía caballos de cuarto de milla y que le gustaba participar en carreras. De repente, el taciturno sicario se empezó a interesar por él y lo empezó a interrogar sobre distintos campeones de carreras. Mamito mencionó a un par de los más famosos (Royal Dutch y Corona Cartel) y Cuéllar asintió al reconocerlos. Mamito empezó a relajarse.

—Omar, creo que he encontrado a alguien para ti.

Después de eso, explicó Cuéllar, la tensión en el todoterreno pareció disiparse.

—Aquí estás seguro —le dijo Mamito—. No te va a pasar nada.

Lo dejaron ante su casa cuando empezaba a amanecer. Tenía suerte de estar vivo y de no ser uno de aquellos que habían recogido los sicarios de Omar y que rezaban por sus vidas. Unas seis semanas después, Omar lo convocó para que acudiera a un piso franco. Dijo que quería competir contra los caballos de Cuéllar. En los siguientes cuatro meses hicieron dos carreras y Cuéllar siempre se aseguró de que los caballos de Omar ganaran: se trataba del hermano de Miguel y, además, todo el mundo sabía que siempre que su caballo perdía, Omar se volvía loco de rabia y, a menudo, acababa matando al propietario del ganador. Omar parecía complacido con todo el dinero que Cuéllar le permitía ganar en las carreras.

—A partir de ahora trabajarás para mí —le dijo.

Pero Cuéllar pronto averiguó que Omar no se dedicaba a traficar con pequeños cargamentos como él había hecho siempre. Los Zetas de aquel nivel trabajaban con kilos y toneladas. Omar le entregaba a Cuéllar entre 250 y 500 kilos de cocaína colombiana en cada entrega para que los llevara al otro lado de la frontera. Aunque Cuéllar nunca había trabajado con aquellas cantidades, de ningún modo iba a decirle a Omar que no.

Así que decidió reclutar a Héctor Moreno, otro narcotraficante local, para que lo ayudara. Empezaron a cruzar el puente internacional en semirremolques con los kilos de droga. En poco tiempo ya estaban pasando a Dallas una tonelada de cocaína cada mes, con un valor en la calle de treinta millones de dólares. A cambio, recibía hasta cinco millones cada semana desde Chicago, Dallas y San Antonio, que venían en compartimentos ocultos de camiones y coches que sus distribuidores estadounidenses al por mayor le hacían llegar. Tras comprobar y envolver todo el dinero, lo amontonaban en heladeras y lo llevaban al contable de Miguel.

Cuéllar les dijo a los agentes que no sabía por qué Miguel le encargó a él la gestión de los gastos de su negocio de carreras de caballos en Estados Unidos. Quizá era porque conocía el mundillo o porque su banda era la que movía más droga y ganaba más dinero en la plaza de Piedras Negras.

—¿Puede explicarnos cómo funciona, en detalle? —dijo Pennington inclinándose hacia adelante en la silla con expectación mientras Pérez traducía su pregunta.

Igual que Lawson, el agente estaba entusiasmado porque, finalmente, su caso empezaba a tomar forma. Y ahora, tras tantos meses y tanto esfuerzo, habían conseguido las pruebas de México.

Cuéllar escuchó con atención la traducción de Pérez y asintió con la cabeza. Cada mes, explicó, Carlos Nayen le presentaba una hoja de gastos diarios y Cuéllar se la llevaba a Omar, quien la repasaba junto a Miguel. Después de que Miguel aprobara los gastos, su contable, Cuno, retiraba el dinero de las cuentas de marihuana y cocaína de Miguel. Cuéllar dijo que él había gestionado más o menos 1,5 millones en 2009 y una cantidad parecida en 2010. Cuando Nayen recibía el dinero en efectivo hablaba con Yo Yo, su contable en Nuevo Laredo, quien usaba los dólares americanos para comprar pesos en las casas de cambio y, finalmente, volvía a convertirlos a dólares estadounidenses para blanquear el dinero sucio antes de enviarlo por transferencia a los bancos y negocios de EE. UU. En otras ocasiones hablaba con el primo de Yo Yo, Víctor López, para contratar mulas con las que pasar los dólares americanos de vuelta a Estados Unidos o hacer que uno de sus distribuidores de Texas enviara los fondos.

Lawson veía cómo todo empezaba a encajar. Todo lo que Cuéllar les había dicho concordaba con lo que ellos ya habían recopilado de documentos y vigilancias. Cuántos meses habían perdido esperando. Si hubiera sabido lo realmente valioso que era Cuéllar, habría estado incluso más enfadado con la DEA por negarles el acceso a él.

Aun así, quedaba todavía una pregunta por responder.

—¿Por qué se fue de Piedras Negras?

Pérez le lanzó una mirada de irritación a Lawson. Pensaba preguntárselo ella misma a Cuéllar, ya que con ello podría pasar a interpelarlo directamente sobre la desaparición de Verónica.

Cuéllar palideció todavía más cuando Pérez tradujo la pregunta. Sus problemas, explicó, habían empezado más o menos en marzo, después de la muerte de Ramiro Villarreal. Los militares mexicanos informaron a Miguel de que alguien de su organización estaba colaborando con la DEA. El año pasado Miguel había decidido dejarle bien claro lo que les pasaba a los traidores. Cuéllar todavía recordaba a aquellos hombres (algunos todavía adolescentes) totalmente lívidos, amarillos incluso, de miedo mientras los obligaban a arrodillarse ante Miguel, que les iba disparando en la cabeza a quemarropa. Cuando Miguel había sacado la pistola, Cuéllar se volvió instintivamente para no mirar. Miguel le gritó a Omar:

—Dile que se dé la vuelta y que mire, que no sea un maricón. Tiene que verlo.

Omar agarró a Cuéllar y lo empujó violentamente hacia adelante para que se viera obligado a presenciar la masacre. Cuando Miguel hubo terminado, Omar volvió a dispararles a los hombres y a los chicos, por si acaso. A Cuéllar le entraron náuseas y empezó a alejarse del macabro espectáculo.

—¿Estás contra nosotros, pues? —le preguntó Omar, plantándose ante él.

Los hombres a los que había ejecutado hacía un momento acababan de desertar de Los Zetas, le explicó. Cuéllar le aseguró a Omar que él era un empleado fiel. Mientras iban hacia el coche, pasaron por su lado dos camionetas cargadas con los cadáveres.

Mientras Miguel empezó a interrogar a sus socios más cercanos, a Cuéllar le encomendaron la tarea de comprar varias BlackBerry para Miguel, Omar, Lazcano y sus propios hombres, de modo que pudieran deshacerse de sus celulares antiguos. Miguel prefería las BlackBerry porque así podía enviar mensajes cifrados.

Cuéllar le encomendó a Héctor Moreno el reparto de los nuevos teléfonos.

Pero un par de días más tarde pasó algo muy extraño. A Cuéllar le ordenaron que enviara toda su cocaína de vuelta a Miguel y Omar. Ya no iban a mandarle más, le dijeron. Miguel también quería encontrarse con él. Todos estos indicios no presagiaban nada bueno. No estaba seguro de qué hacer. Finalmente, Héctor Moreno decidió sincerarse y confesó. Le dijo a Cuéllar que le había dado los números de las BlackBerry a la DEA. Cuéllar convocó una reunión de emergencia y aconsejó a todos sus hombres que abandonaran el país cuanto antes, con sus familias. Cualquiera que se quedara atrás sería un objetivo.

La deserción de la banda de Piedras Negras tuvo repercusiones inmediatas y salvajes. Miguel y Omar reunieron un pequeño ejército de sicarios para que masacraran a cualquier persona que tuviera alguna relación con Cuéllar y sus hombres y destruyeran sus propiedades. Uno de esos hombres, José Luis Garza, había huido con toda su familia, como le había aconsejado Cuéllar, pero después de unos días varios de sus familiares decidieron volver. Los Zetas los mataron a todos y secuestraron a su padre. Miguel le envió a Garza un provocador mensaje: «Ni la DEA, ni el ICE, ni el ejército o la marina de México me van a capturar jamás. Si tú te entregas, dejaré con vida a tu padre».

Pero de algún modo el padre de Garza consiguió ponerse en contacto con él: «Ni se te pase por la cabeza venir, porque te van a matar», le dijo.

Durante varias semanas Los Zetas aterrorizaron los pueblecitos de Allende y Nava en la región de Cinco Manantiales del estado de Coahuila, donde vivían los hombres de Cuéllar con sus familias. También atacaron Piedras Negras secuestrando personas, destruyendo casas y negocios con excavadoras o incendiándolos. Cuéllar calculó que al menos cien personas habían desaparecido de Nava y Allende, y otras doscientas de Piedras Negras. Miguel y Omar habían matado a sus vecinos, incluso a sus jardineros y a

204 MELISSA DEL BOSQUE

sus mascotas. Cuéllar, al describir las masacres a los agentes, se iba encendiendo cada vez más. Habían matado a la suegra de Héctor Moreno y a muchos de los vecinos de Cuéllar, cuya única culpa había sido tener su casa junto a la suya.

—Son monstruos —dijo—. Han matado a personas inocentes.

Todo lo que Cuéllar había conseguido con su esfuerzo había desaparecido: la mina de carbón de la que era propietario y los lucrativos contratos del gobierno para construir escuelas y estadios en Coahuila. Miguel y Omar habían reducido sus mansiones a cenizas y le habían robado los ranchos y los caballos. Miguel incluso le había dicho a Carlos Nayen que se llevara los caballos de Cuéllar a Texas.

—Me arrebató todo lo que tenía.

Lawson había oído muchas historias sobre la brutalidad de Los Zetas en otros interrogatorios y de otros informantes, pero escuchar a Cuéllar relatar las masacres y el grado de brutalidad y sed de venganza de los Treviño le dio mucho en lo que pensar.

—También irán a por ustedes —avisó Cuéllar a los agentes.

Mientras Pérez traducía para Cuéllar, su mente siguió imaginando a los hombres de Miguel secuestrando a Verónica y a su sobrina, imaginando el dolor y el terror que debían haber sufrido.

—Tengo que preguntarle algo —le dijo Pérez a Cuéllar de repente.

Cuéllar asintió, esperando su interrogación.

—Es sobre una mujer, Verónica Cárdenas, que conocía a su esposa —dijo Pérez, sintiendo que a cada instante se le encogía más el estómago.

La cara de Cuéllar mostró una expresión de desconcierto y, finalmente, negó con la cabeza.

—No me suena.

—Quizá usted no la conocía, pero su esposa sí —presionó Pérez—. Desapareció en Piedras el pasado marzo, con su sobrina. Eran inocentes.

Cuéllar clavó la vista en la mesa.

—Había muchas personas inocentes —repuso, con suavidad—. Lo siento mucho. No sé nada de su amiga.

Pérez se dejó caer sobre su silla con sensación de derrota. Se había convencido a sí misma de que Cuéllar iba a tener las respuestas que tanto deseaba conocer.

—Vuelvo ahora mismo —dijo, levantándose rápidamente de la mesa.

Salió al pasillo y se apoyó contra la pared. Inspiró profundamente.

Lawson salió tras ella.

—¿Estás bien? —preguntó con expresión de preocupación.

—Todo bien —le contestó en español, sin mirarle.

Lawson frunció el ceño, como si no acabara de creerse lo que le había dicho.

—Vale, vamos a terminar ya —le dijo—. ¿Quieres quedarte aquí?

Pérez asintió.

—¿Crees que podrás apañártelas solo?

—Sí se puede —respondió Lawson en español, sonriente.

—Gracias, Scotty —dijo ella—. Solo necesito un momento.

Tras la entrevista, Pérez se sentía agotada y le dolía la cabeza. Volvió a su habitación del hotel para intentar descansar. La entrevista la había afectado profundamente; no solo por Verónica, sino también porque Piedras Negras era la ciudad natal de su padre. Siempre había estado orgulloso de su ciudad de origen, y ahora ella sabía que todo lo que tanto le había gustado a su padre había desaparecido. Si siguiera vivo, se le habría partido el corazón. Tumbada sobre la almohada, con los ojos cerrados, Alma visualizó mentalmente, una y otra vez, las terribles escenas de las masacres que Cuéllar había descrito tan vívidamente.

La mañana siguiente, los tres agentes y Gardner se reunieron de nuevo en la oficina del fiscal, esta vez con José Vásquez Jr., un vendedor de cocaína al por mayor de Dallas que también se había entregado voluntariamente. Resultó que Vásquez también había pasado los números de las BlackBerry a la DEA.

Puesto que Vásquez estaba en Texas, Lawson esperaba que pudiera dar testimonio de primera mano de los envíos de dinero entregados directamente a José como pago por la cocaína. Escuchar a Vásquez, que no necesitaba traductor, mientras contaba su historia resultó tremendamente iluminador sobre cómo funcionaba el multimillonario negocio. Vásquez explicó que su contacto principal en Piedras Negras era Héctor Moreno, quien al menos en ocho ocasiones le había ordenado que enviara dinero para sufragar los gastos de los caballos, incluyendo una entrega de 150.000 dólares a José Treviño. Moreno había insistido en que Vásquez hiciera el envío a través de su mensajero de más confianza y que «tenía que pagar con billetes de cien, porque eran para el hermano de Cuarenta». Como medida extrema de precaución, Vásquez había encomendado la misión a su propio padre, quien entregó una bolsa de la compra repleta de billetes a José en el estacionamiento de un Wal-mart cerca de Dallas.

Lawson dirigió una mirada cómplice a Pérez y escribió los detalles de la entrega de dinero en su libreta. Pérez se sentía aliviada por no tener que traducir; seguía recuperándose del trauma del día anterior. Al menos la información que Vásquez acababa de compartir con ellos empezaba a levantarles los ánimos. Lo que Vásquez iba a contarles a continuación fue incluso más revelador, especialmente para Lawson, quien había estado en la All American cuando Mr. Piloto ganó contra todo pronóstico.

Vásquez explicó que recibió órdenes de enviar 110.000 dólares a Nuevo México. En Dallas, metió el dinero del soborno en una olla a presión y, a través de un mensajero, se lo hizo llegar a Carlos Nayen en Ruidoso. Al parecer, Nayen había logrado un acuerdo con los once encargados de abrir las puertas y pagó a cada uno 10.000 dólares según las instrucciones de Miguel. Cuando se dio la orden de salida, cada hombre, con excepción del encargado de abrir la puerta del cajón de Mr. Piloto, retuvo a su caballo una fracción de segundo. Lo hicieron con una precisión y rapidez espectaculares, casi en un parpadeo, de modo que fue casi indetectable, incluso para los árbitros que más tarde analizarían las imágenes. En una carrera que podía terminar en cuestión de veinte segundos, cada fracción de segundo marcaba la diferencia. Miguel siempre había sido una persona que, cuando se proponía algo, se dedicaba en cuerpo y alma a ello. Quería que Mr. Piloto ganara la All American y decidió asegurarse de que eso sucediera.

Gardner y los agentes se dedicaron a interrogar a Cuéllar y a sus hombres durante dos días hasta bien entrada la tarde. El equipo estaba agotado por tantas horas de trabajo, pero se sentían eufóricos. Ahora ya conocían el otro lado de la historia, el de México. Cuéllar, Vásquez y los demás no solo les dijeron la cantidad de dinero procedente de las drogas que les había llegado de Dallas, sino que también les explicaron a dónde había ido ese dinero y cuánto le habían enviado a Carlos Nayen y a José. Les habían proporcionado una información de primera mano valiosísima, lo que significaba que contaban con pruebas concluyentes de que Miguel estaba lavando el dinero del narcotráfico a través de Tremor Enterprises: el negocio de caballos de carreras de su hermano.

El aviso de Cuéllar sobre Miguel le recordó a Pennington de nuevo los peligros que implicaba ir a por José y sus hombres. Todavía no se había perdonado un incidente en que, durante una investigación anterior, un policía de Dallas había recibido un disparo. El agente estuvo a punto de morir. En retrospectiva, quizá no había demasiadas cosas que él pudiera haber hecho para evitarlo, pero aun así se sentía responsable porque fue él quien cursó la orden de arresto para que el teniente la ejecutara. No quería que nadie muriera bajo sus órdenes. Y tampoco podía dejar de pensar en su propia seguridad. Iba armado en todo momento y lugar. Poner en el punto de mira a agentes federales en suelo estadounidense era una idea suicida que la mayoría de los cárteles ni siquiera se planteaba. Pero Los Zetas ya habían matado a un agente federal estadounidense en México, así que suponía que estaban más que dispuestos a cruzar esa línea.

TREINTA Y NUEVE

CUANDO LAWSON Y PÉREZ VOLVIERON A LAREDO, VILLARREAL LOS CONVOCÓ a su oficina y les pidió que lo pusieran al día sobre las entrevistas en Plano. Lawson le habló del gran avance que habían experimentado con Poncho Cuéllar y sus hombres de Piedras Negras. Habían encontrado la pieza del rompecabezas que les faltaba para unir el dinero de las drogas en México con José y Tremor Enterprises. Cuéllar y sus hombres podrían testificar en el juicio sobre su participación directa en la trama.

—¿Y están dispuestos a hacerlo? —preguntó Villarreal.

—Creo que sí, siempre que puedan quedarse en Estados Unidos —respondió Pérez.

Villarreal asintió. Conocía bien las delicadas negociaciones de la cooperación a cambio de protección. En Laredo, a menudo les costaba encontrar a alguien dispuesto a testificar contra Los Zetas en un juicio. Pero si el juicio se celebraba en Austin, no les iba a ser tan difícil convencerlos.

—Tengo buenas noticias —dijo Villarreal.

Lawson y Pérez se enderezaron un poco en sus sillas. Esas palabras no se oían demasiado a menudo de labios de Villarreal.

—Voy a ponerles a ambos en el caso a tiempo completo.

—¡Qué bien! —exclamó Lawson mirando a Pérez, quien sonreía.

—En mi opinión, creo que tenemos un Big Mac —dijo Villarreal, retrepándose en su silla y saboreando el momento; era famoso en el departamento por comparar sus casos con artículos del menú de McDonald's—. En Laredo tenemos muchos batidos y patatas fritas, pero no tenemos suficientes Big Mac. Quiero que los dos estén completamente centrados en este caso a partir de ahora.

—Lo que usted diga, jefe —repuso Lawson sonriendo.

Era gracioso, pensó. Villarreal nunca había respaldado oficialmente a Pérez como su compañera de caso. Simplemente seguirían trabajando juntos, como lo estaban haciendo desde hacía meses. Supuso que esta era la forma que tenía su jefe de decirles que aprobaba esta colaboración. No solo eso, sino que les permitía centrarse únicamente en esta sola investigación, cosa que no sucedía a menudo en una pequeña oficina fronteriza saturada de trabajo. Salieron del despacho de Villarreal con fuerzas renovadas. Pérez lo describió como «la bendición del Big Mac».

Habían pasado ya casi dos años desde que habían conocido a Tyler Graham y habían empezado a trabajar en la investigación. Ahora, por primera vez, parecía que todo empezaba a ir como ellos querían: Pennington y su equipo estaban haciendo progresos en el aspecto financiero de la investigación, y Lawson y Pérez habían reunido muchísimas pruebas de las fuentes y de las operaciones de vigilancia de José, Víctor López, Carlos Nayen y los demás realizadas durante los últimos dos años. Se sentían esperanzados. Pero aquella sensación no iba a durar demasiado.

CUARENTA

FINALMENTE, LA INVESTIGACIÓN ESTABA BIEN ENCAUZADA Y VILLARREAL les estaba concediendo la libertad para centrar todos sus recursos y energía en José Treviño y Tremor Enterprises. Lawson se sentía optimista cuando entró en el juzgado federal en el centro de Laredo. Era el día de San Valentín de 2012 y su vida amorosa también estaba en un buen momento. Al pasar tiempo con Elena y su familia había empezado a celebrar la vida en la frontera: la buena comida y las familias mexicano-americanas, tan unidas. Para sorpresa y diversión de Pérez, a Lawson le empezaba a gustar Laredo.

Al salir del juzgado se encontró con Ed O'Dwyer, un agente del Servicio de Inmigración y Control de Aduanas de los Estados Unidos que también era, como él, un inmigrante de otro estado. Habían salido a tomar unas cervezas en varias ocasiones y Lawson lo había considerado un amigo. Pero unos meses antes habían discutido cuando Lawson descubrió que O'Dwyer había estado investigando a Víctor López y le había tenido que pedir que lo dejara.

O'Dwyer, que trabajaba en los puentes internacionales, había interrogado a tres mujeres mexicanas, cada una portadora de 9.900 dólares ocultos en bolsas de la compra de plástico, y estas lo habían puesto sobre la pista de Víctor López. Después de este incidente, empezó a detener de vez en cuando a López para interrogarlo en el puente e ir preparando un caso de contrabando masivo de dinero en efectivo. López era el encargado principal de transportar el dinero de José, y el FBI ya llevaba varios meses observándolo. Que O'Dwyer estuviera husmeando podía ponerlo todo en peligro. Por ello, Lawson se había presentado en su oficina para explicarle que estaban trabajando en un proyecto de gran envergadura con el IRS en el que López estaba implicado y pedirle que se retirara. Intentó convencer a O'Dwyer para que se uniera a su investigación, pero el supervisor de O'Dwyer no se mostró favorable. Lawson asumió que O'Dwyer había dejado de ir tras López después de la charla que había mantenido con él. Cuando, pues, lo vio salir del juzgado, se mostró comprensivo y amable con él. Sabía lo que era que te obligaran a dejar un caso por la fuerza.

—¿Qué tal, cómo te va? —preguntó cordialmente.

La cara de O'Dwyer perdió el color.

—Tenemos que hablar —le dijo, vacilante—. ¿Por qué no vamos a comer algo?

Fueron andando hasta un tugurio de comida mexicana que no quedaba lejos del juzgado. Lawson empezó a sentir un sudor frío, a pesar de que la mañana tenía una agradable temperatura. No le apetecía comer. Tenía un mal presentimiento. O'Dwyer intentó entablar una charla intrascendente mientras se sentaban y pedían comida.

Finalmente, fue al grano.

—Hoy vamos a detener a Víctor López en Oklahoma City.

—Mierda —contestó Lawson—. ¿Lo dices en serio?

O'Dwyer asintió.

—Sí.

A Lawson le entraron ganas de darle un puñetazo. Si capturaban a Víctor López en Oklahoma, José se enteraría de inmediato. Lo peor de todo era que O'Dwyer ni siquiera sabía nada de José Treviño o de quién era. Lawson solo le había dicho al agente del ICE que estaba colaborando con la OCDETF, que llevaban años trabajando en el caso y que López era una pieza importante de su plan.

Lawson no sabía qué decir. O'Dwyer le explicó que cuando Lawson le pidió que se olvidara de López no le hizo caso. En vez de eso, había establecido un sistema para que le informasen cada vez que López se subía a un avión. Lawson tenía que reconocer que O'Dwyer era persistente. En aquel momento, le explicó O'Dwyer, López estaba en un avión hacia Oklahoma City e iba a volver a Laredo ese mismo día. Cuando llegara al aeropuerto de Oklahoma City, la policía local iba a seguir a López para averiguar qué tramaba. Y cuando volviera, al hacer transbordo en el aeropuerto de Dallas, O'Dwyer haría que detuvieran a López para interrogarlo y empezar a apretarle las tuercas.

—Es que no quería abandonar a este objetivo —explicó O'Dwyer, como disculpándose.

El camarero llegó con un plato de tacos de pollo, pero Lawson ya estaba levantándose de la silla. Había perdido completamente el apetito. Dejó algo de dinero sobre la mesa. La situación se le había escapado de las manos. No podía hacer nada para evitar la detención.

—¿Podrías informarme de los pormenores de la detención? —preguntó.

—Sí, ningún problema —repuso O'Dwyer—. Te llamaré.

El día de San Valentín empezaba con mal pie. Ahora iba a tener que darles la noticia a Pérez y Pennington de que su investigación podía irse al traste antes de acabar el día. Esperaba que el resto de su equipo pudiera encontrarle el lado positivo a lo que estaba a punto de pasar, porque él era incapaz.

Lawson pasó una noche agitada. Y cuando O'Dwyer le contó, la mañana siguiente, cómo había ido la operación, las noticias eran peores de lo que había imaginado. López se había reunido brevemente con José en el aparcamiento del aeropuerto, y después había vuelto a la terminal para tomar el siguiente vuelo. Poco después, un policía de tráfico de Oklahoma City detuvo la camioneta de José a unos doce kilómetros del aeropuerto. Los policías no tenían ni idea de quién era José; su objetivo era López y se estaban limitando a recoger pruebas para O'Dwyer, intentando descubrir a quién le entregaba el dinero López. Los policías de Oklahoma y los agentes de incógnito del equipo de Investigaciones de Seguridad Nacional habían retenido a José en la parte trasera de un coche patrulla mientras registraban su camioneta con un perro entrenado para detectar drogas. José viajaba con un entrenador de caballos mexicano y les dijo a los agentes que acababa de volver del hipódromo Remington Park, cerca de allí. Les explicó que estaba ayudando al entrenador a sacarse una licencia para trabajar en Estados Unidos.

José llevaba encima 5.000 dólares, lo cual, aunque era mucho dinero, no constituía ningún delito. Los policías lo fotografiaron junto con el dinero en el asiento trasero del coche patrulla; llevaba una camisa a cuadros, un gorro de lana y gafas. José cumplió con todo lo que le pidieron, pero no habló demasiado. Los agentes comentaron que lo único extraño era que se le veía demasiado tranquilo; no preguntó por qué había ocho agentes (unos cuantos del HSI) merodeando alrededor de su camioneta después de que lo detuvieran por no poner el intermitente al cambiar de carril, como le había dicho el policía de Oklahoma City. Incluso aceptó que registraran su vehículo. Tras unos cuarenta y cinco minutos, los dejaron libres y José y el entrenador se marcharon en la camioneta.

Mientras O'Dwyer le explicaba cómo había ido la detención, Lawson intentó imaginarse cuál sería el próximo movimiento de José. Sí, había conservado la calma cuando lo detuvieron en la carretera, pero Lawson sabía muy bien que ahora José era consciente de que la policía lo vigilaba. Esa detención iba a tener repercusiones. Ahora solo les quedaba esperar y ver cómo se desarrollaba la situación.

CUARENTA Y UNO

TANTO PENNINGTON COMO PÉREZ LE HABÍAN ACONSEJADO A LAWSON QUE no se preocupara de las consecuencias de la detención de tráfico en Oklahoma, al menos no hasta que vieran a José hacer algo fuera de lo normal. Graham les dijo que no había detectado nada inusual en ninguno de sus tratos con José o los demás. Y José parecía cada vez más ocupado con su nueva granja en Oklahoma.

Pero, a medida que avanzaba la primavera de 2012, su racha de mala suerte parecía perpetuarse. Un agente de la DEA, el mismo que había estado tomando notas mientras interrogaban a Poncho Cuéllar y sus hombres, había empezado a sentirse interesado por Carlos Nayen, especialmente cuando oyó que Miguel había estado pagándole con cocaína. El avispado muchacho de veintiséis años estaba vendiéndola en Dallas con unas ganancias más que lucrativas. Ahora a Lawson le habían dicho que la DEA planeaba capturar a Nayen y acusarlo de tráfico de drogas y contrabando de armas; había pasado a estar en el punto de mira de la DEA. No era suficiente que el ICE estuviera siguiendo a Víctor López: ahora la DEA iba a por Carlos Nayen.

Pérez también estaba teniendo dificultades para evitar que su mejor fuente, Parlay, sufriera una crisis nerviosa. Hablaban casi cada día y ella se pasaba gran parte del tiempo intentando alentarlo. Parlay la mantenía informada de todo lo que hacían los hombres de José en el hipódromo. Le explicó que Nayen y José estaban intentando darle un buen empujón a la operación en California, contratando al veterano Paul Jones y a otros entrenadores famosos que trabajaban en el hipódromo Los Alamitos, cerca de Los Ángeles. En el aislado mundo de las caballerizas había empezado a circular que Los Zetas estaban comprando caballos con bolsas de deporte llenas de billetes en Los Alamitos. Los mozos de cuadra, paseadores y otros trabajadores de las caballerizas (algunos de los cuales ya habían huido de Los Zetas en México) pensaban que habían conseguido escapar del sanguinario cártel. Pérez intentaba tranquilizar a Parlay y conseguir que se concentrara en su objetivo compartido de arrestar a los delincuentes. Pero su informante ya se había autoconvencido de que Los Zetas lo habían descubierto.

Una mañana, finalmente, acabó de desquiciarse del todo. Desaliñado y blandiendo una pistola frente a una comisaría de policía de San Antonio, afirmó que Los Zetas le habían mandado que fuera a tirotear la comisaría. Los policías consiguieron desarmarlo (milagrosamente nadie resultó herido) y él se puso a presumir ante ellos de que trabajaba para el FBI. Pérez recibió una llamada de uno de los agentes quien, escéptico, le preguntó si eso era verdad; el hombre casi se disculpó por tener que hacerlo, ya que Parlay parecía claramente desequilibrado. Quedó muy sorprendido cuando Pérez le confirmó que sí, que trabajaba para ella.

Ahora, la única forma de conseguir que Parlay saliera de prisión era deportándolo, dado que era su informante. Así que Pérez fue a San Antonio y se lo llevó en coche de vuelta a Laredo. Le fue imposible ocultar su frustración durante el viaje de dos horas hasta la frontera.

—Podría haberte pagado por tu trabajo después del juicio —le dijo—. Pero ahora ya no puedo. Lo has echado todo a perder.

El hombre se deshizo en disculpas mientras viajaban, diciéndole que sentía mucho haberle causado tantos problemas. Con pesar, Pérez lo siguió con la vista mientras se alejaba por el puente hacia Nuevo Laredo.

CUANDO PARECÍA QUE LAS cosas no podían ir peor, Lawson recibió todavía más malas noticias: esta vez fue un correo electrónico de Bill Johnston, un agente de la DEA que trabajaba en el piso superior. Los fines de semana, Johnston, nacido en Filadelfia, solía salir a tomar algo con Lawson y otros agentes jóvenes del edificio. Jeff Hathaway había sido transferido a Suramérica y Johnston había estado intentando arreglar la relación algo tensa que había entre su agencia y Lawson, ofreciéndose a ayudarle en su investigación siempre que le fuera posible.

En el correo electrónico, Johnston decía que había oído sin querer que la DEA de California iba a hacer una redada en el hipódromo de Los Alamitos aquella mañana. Habían recibido el soplo de que Omar Treviño estaría ahí. Lawson se dejó caer en la silla, conmocionado. Después volvió a releer el correo para cerciorarse de que lo había entendido todo bien. Pero el mensaje era corto y conciso. Echó la silla atrás, se levantó y se fue a toda prisa al escritorio de Pérez. Sentía cómo su pánico inicial se transformaba rápidamente en rabia.

—La DEA va a hacer una redada en Los Alamitos. Nos han jodido la operación; nos han jodido pero bien —le dijo a Pérez, caminando alrededor de su escritorio, demasiado nervioso para sentarse.

—¿Qué? —preguntó Pérez, incrédula, volviéndose en la silla—. ¿Cuándo lo has sabido?

—Acabo de recibir un correo electrónico de Bill, del piso de arriba. Están buscando a Omar.

—Mierda —maldijo Pérez, entendiendo las implicaciones—. ¿Qué más han dicho?

—Nada más, eso es todo —repuso Lawson, sin parar de caminar de un lado al otro—. Voy a llamar a Pennington.

Volvió a su escritorio en cuatro zancadas; estaba que mordía. Cuando Pennington lo supo, reaccionó de forma similar: primero sorpresa, después enfado. El cuerpo especial llevaba más de un año trabajando en ese caso, leyendo con atención miles de documentos, recopilando con cuidado todas las pruebas necesarias para relacionar el dinero de las drogas con los caballos. Si José y los demás huían a México, estarían fuera de su alcance. Todo habría sido en vano.

Tras llamar a Pennington, Lawson llamó a Bill Johnston.

—¿Qué demonios pasa en California?

Johnston dijo que le había contado todo lo que sabía en el correo. La DEA era tan grande y tenía tantos equipos distintos que él sabía muy poco sobre las cosas en las que trabajaban otras oficinas o incluso agentes de su propia oficina.

—Estaré ahí en quince minutos —dijo Lawson—. Mira a ver qué más puedes averiguar.

Tras colgar, volvió al cubículo de Pérez y la encontró en su ordenador, buscando alguna noticia sobre la redada en el hipódromo.

—No faltará mucho para que den la noticia en los medios —le dijo Pérez.

—Qué desastre —contestó Lawson—. Me voy arriba a ver si me entero de qué narices está pasando.

—Yo hablaré con mis fuentes en el hipódromo para ver si tienen algo —dijo Pérez, móvil en mano.

Cuando Lawson llegó a la oficina de Johnston en la sexta planta, este ya había llamado a uno de sus compañeros en México que estaba asesorando a los agentes sobre el terreno en California. No podía decirle nada hasta que se calmaran un poco las cosas. La redada en Los Alamitos todavía seguía en marcha. Lawson se puso a dar vueltas como un tigre enjaulado, mientras Johnston telefoneaba a la oficina de la DEA en Santa Ana, junto al hipódromo, donde al parecer tuvo más suerte. Cuando dejó el teléfono, Johnston le dio las novedades.

—Han detenido a algunas personas —dijo—. Van a enviarme algunas fotos cuando haya acabado todo.

Lawson se sentó en una silla al lado del escritorio de Johnston. ¿Qué pasaba si detenían a José? Le empezaba a palpitar la cabeza. Tenía la sensación de que el caso se le escurría entre los dedos.

Johnston lo miró con pesar.

—En cuanto sepa algo te lo haré saber.

Cuando Lawson salió del ascensor para ir a su oficina, se sacó instintivamente el celular del bolsillo y empezó a marcar un número. De repente se detuvo, miró la pantalla y vio a quién estaba llamando: «Papá». Colgó apresuradamente. Se sintió todavía más desolado. Desde que había vuelto a Laredo, le pasaban este tipo de cosas; a veces de repente le asaltaba el recuerdo y le embargaba el dolor. Se detuvo en el pasillo e intentó recomponerse.

Cuando llegó a la oficina dedujo que Pérez ya había informado a Villarreal de la redada. Le veía por la ventana de su oficina, caminando de un lado a otro.

—¿Se lo has dicho? —preguntó Lawson.

—Sí —dijo ella—. No se lo ha tomado nada bien. Quiere que le mantengamos informado al momento de todo lo que sepamos.

Pérez tenía más malas noticias. Había sabido que el Cuerpo de Alguaciles de Estados Unidos también había recibido el mismo chivatazo de que Omar Treviño, acompañado de sus guardaespaldas, había ido en un avión privado a Los Ángeles para ver algunos caballos en Los Alamitos. Ambas agencias estaban ahora en el hipódromo, llevando a personas aparte para interrogarlas y deteniendo a cualquiera que pareciera sospechoso para poder indagar más.

Se ofrecía una recompensa de cinco millones de dólares por la captura de Omar o su hermano Miguel. Lawson sabía que ninguna de las dos agencias podía desaprovechar la oportunidad de arrestar a Omar en suelo americano si juzgaban creíble la información que tenían. Pero a él todo aquello le escamaba.

—¿Tú crees que Omar se arriesgaría siquiera a venir aquí, con todas las agencias habidas y por haber buscándolo?

—Me duele decirlo, pero creo que no es tan tonto —repuso Pérez.

—¿Y qué pasa si detienen a José? —preguntó Lawson.

No podían hacer más que esperar y ver qué pasaba, lo que era todavía peor.

—Pues entonces se acaba todo —contestó Pérez, frunciendo el ceño—. Ni modo, nada que hacer.

Fueron a comer al lugar favorito de Lawson, al del pollo frito con salsa de carne, pero ninguno tenía demasiado apetito. Apenas probaron sus platos mientras esperaban el correo electrónico de Johnston con las fotos de los detenidos por la DEA. Lawson siguió consultando una y otra vez su bandeja de entrada desde el celular.

—Ya ha llegado —dijo, nervioso.

Era el correo electrónico de Johnston. Descargó el archivo adjunto en su teléfono. Sabía que sería mejor esperar hasta que volvieran a la oficina para descargarlo en el ordenador, pero no podían esperar tanto.

Pérez acercó su silla a la de Lawson para poder ver las fotografías de los detenidos.

—¡No! —dijo al ver la primera foto: era Carlos Nayen—. Ya verás que la DEA de Dallas tampoco va a estar muy contenta con esto.

—Qué desastre —contestó Lawson, meneando la cabeza.

—¿Y quién es el otro, el del pelo negro? —quiso saber Pérez, señalando la otra fotografía.

—Ese es Felipe Quintero —respondió Lawson—. Es un entrenador de caballos que contrataron en California.

—Ah sí, es cierto —recordó Pérez—. Estaba en la All American en Ruidoso.

Lawson asintió en silencio. Ambos estaban algo aliviados al no ver a José entre los detenidos por la DEA. En su mensaje de correo electrónico, Johnston le decía a Lawson que fuera a su oficina de inmediato porque tenía más información sobre la redada.

En cuanto volvieron fueron directamente a la oficina de Johnston. El agente de la DEA les explicó rápidamente lo que había averiguado de los agentes en California. A medida que la redada progresaba y los agentes se dispersaban por todo el hipódromo, los espectadores habían empezado a huir en tropel, con lo que la DEA había decidido montar un control en el aparcamiento. Todo el mundo que salía de los establos llevaba tejanos y camiseta, pero

Nayen iba vestido de Ralph Lauren. También parecía inusualmente retraído, ya que ni siquiera había dirigido la mirada a la foto de Omar Treviño cuando un agente de la DEA le preguntó si reconocía al fugitivo que andaban buscando. Nayen también tenía un pasaporte mexicano, así que el agente resolvió detenerlo para interrogarle más a fondo; decidieron hacer lo mismo con Felipe Quintero, que era quien conducía el coche. En cuanto Nayen estuvo bajo custodia, los agentes le preguntaron repetidas veces si conocía a Miguel u Omar Treviño. Nayen se hizo el tonto y dijo que jamás había oído hablar de ellos. Tras un par de horas lo dejaron irse. Naturalmente, Omar no apareció por ninguna parte.

Para su gran alivio, ninguno de los agentes había visto tampoco a José. Con tanta presión policial sobre los Treviño, Lawson era consciente de que habían tenido una suerte tremenda por llegar tan lejos. Se les empezaba a acabar el tiempo. Les habían salido mal demasiadas cosas: la DEA de Dallas a la caza de Carlos Nayen, el ICE detrás de Víctor López y ahora la redada de Los Alamitos. También se había enterado de que el ejército mexicano había asaltado el rancho de Francisco Colorado en Veracruz.

Tenían que moverse más rápido. El problema era que Doug Gardner no parecía tener tanta prisa como ellos. «Tenemos que estar bien organizados y preparados», le decía a Lawson cuando este, ansioso, lo presionaba para saber qué día iban a presentar todas las pruebas ante un gran jurado para conseguir la imputación. «Necesitamos más tiempo», le decía una y otra vez Gardner.

CUARENTA Y DOS

MIGUEL TREVIÑO SIEMPRE HABÍA SIDO UN HOMBRE DESCONFIADO, PERO LA redada de Los Alamitos exacerbó su paranoia y su miedo a ser traicionado. Tras la redada, Carlos Nayen recibió un mensaje con instrucciones de volver inmediatamente a México. Nayen sabía que, después de haber sido detenido e interrogado por la DEA, Miguel lo consideraba un riesgo. Sacó la batería de su BlackBerry y la guardó en un cajón de su apartamento en California. No iba a volver bajo ningún concepto.

Con Nayen desaparecido y escondiéndose, Felipe Quintero, el entrenador de caballos californiano que había sido detenido con Nayen, recibió un aluvión de correos electrónicos en español preguntándole por «El Chamaco», que era como Miguel y sus hermanos solían llamar a Nayen. «¿Qué pasa? ¿Por qué no respondes? En México estamos preocupados».

Fernando García, que no había estado en Los Alamitos cuando se produjo la redada, volvió a los establos. Recibió un mensaje de Yo Yo con instrucciones para que se deshiciera de los móviles y cerrara sus cuentas de Facebook y otras redes sociales, y eso hizo. Siguió entrenando a los caballos de José para la próxima carrera de junio, la Ed Burke Million Futurity; era la misma carrera que Tremor Enterprises había ganado el año anterior con un premio de un millón de dólares. Un par de semanas después de la redada,

Fernando recibió una llamada telefónica de José pidiéndole que fuera a México a conocer a su hermano.

—Quiere hablar contigo —le dijo José.

García había visto a Miguel en tan solo una ocasión, el año anterior, cuando fue a México con Nayen. Habían hablado del futuro de su negocio de carreras y de cómo les iba a los caballos en Estados Unidos. García siempre había querido quedarse un poco en la periferia del cártel. Era consciente de que acercarse mucho a Miguel u Omar era peligroso y sabía qué les sucedía a los que sabían demasiado. Pero Nayen lo había convencido para que actuara en contra de su sentido común.

José siempre le había dejado claro a Miguel que prefería trabajar con García que con Nayen; este era muy ambicioso y siempre andaba tramando algo. García sabía bien cuál era su lugar. Ahora José estaba haciendo todo lo posible para convencerlo de que se reuniera con Miguel y le pidiera un ascenso. Con cierta reticencia, García aceptó.

Poco después de hablar con José, Fernando García condujo hasta Laredo y cruzó el puente a pie para entrar en México y reunirse con Yo Yo. Estuvieron dando vueltas en carro por Nuevo Laredo durante horas, esperando una llamada de Miguel. Pero esta no llegaba y se sentaron en un restaurante a esperar. Pasados unos minutos, Yo Yo se disculpó y salió del local. No regresó. García se asustó. «¿Y si había sicarios en camino? ¿Y si todo aquello no era más que una trampa de Miguel para llevarle hasta Nuevo Laredo y acabar con su vida, como había hecho ya con tantos?». García salió corriendo por la puerta y tomó un taxi hasta el puente, que cruzó a toda prisa de vuelta a Laredo.

Poco después recibió un mensaje en su BlackBerry. «Soy el tipo al que conociste en Zacatecas. Vuelve aquí. Todo va bien. Solo vamos a hablar». García sabía que era Miguel porque se conocieron en Zacatecas. ¿Qué tenía que hacer ahora? Ni siquiera tenía treinta años y ya estaba entrenando a algunos de los caballos de carreras más codiciados de todo el sector. Se estaba ganando buena fama como entrenador. Si no se reunía con Miguel, se quedaría sin caballos. Decidió arriesgarse.

García volvió a encontrarse con Yo Yo en Nuevo Laredo; esta vez fueron a su apartamento, donde García dejó su celular (el cártel registraba a cualquier persona que fuera a reunirse con Miguel y Omar para asegurarse de que no llevaran dispositivos electrónicos que pudieran hacerlos localizables). Después, estuvieron de nuevo paseando por Nuevo Laredo en espera de la llamada. Pasadas unas horas, un conductor llamó a Yo Yo diciéndole que iba a pasar a recogerlos. Cuando el hombre llegó, García y Yo Yo subieron al asiento trasero de una camioneta. Eran ya las dos de la madrugada de una noche completamente oscura cuando llegaron a las afueras de Nuevo Laredo. Subieron por un camino de tierra y siguieron hasta que García vio unas camionetas aparcadas y docenas de hombres armados iluminados por los faros de su vehículo. «Está a punto de pasar algo terrible», pensó.

La camioneta se detuvo. Uno de los sicarios de Miguel abrió la puerta del acompañante. Le pidió al conductor un paquete de cigarrillos. García intentaba conservar la calma. El conductor le dio los cigarrillos mientras García y Yo Yo esperaban en el asiento trasero para ver qué iba a pasar a continuación. El pistolero se giró hacia ellos.

—Ahora mismo viene mi compadre para hablar con ustedes —les dijo, y desapareció.

Esperaron.

Miguel salió de la oscuridad, se sentó sigilosamente en el asiento del copiloto y cerró la puerta.

—Quiero que ocupes el lugar de Carlos —le dijo a García—. He hablado con mi hermano y hemos decidido que Carlos ya no va a ayudarnos más.

García asintió. En este punto era difícil decirle que no. Nadie le decía que no a Miguel. Miguel le explicó que, a partir de entonces, García iba a trabajar con José y que Yo Yo le ayudaría con los pagos como había ayudado a Nayen. También iba a duplicarle el sueldo; ahora cobraría 10.000 dólares al mes. García aceptó. Miguel desapareció con la misma rapidez con que había llegado. El conductor puso marcha atrás para salir del campo y bajaron por la pista de tierra, entre saltos y sacudidas, hasta la autopista. La sensación de terror de García empezó a convertirse en alivio. Estaba vivo. Y ahora iba a ayudar a Miguel a gestionar toda su operación de carreras de caballos en Estados Unidos. Nunca se habría podido imaginar que iba a encargarse de los ejemplares más codiciados en las carreras y de gestionar los millones de dólares invertidos en ellos. Era mucho más de lo que jamás se le había pasado por la cabeza. Estaba viviendo su sueño. Pero este sueño tenía un precio.

Cuando García se reunió con Francisco Colorado más tarde en Ruidoso, hablaron de los caballos que este estaba entrenando para él. Colorado había venido en su avión privado y García había ido a recogerlo al aeropuerto; después, ambos se habían dirigido a un restaurante para hablar de negocios. García había ayudado a un amigo de Colorado a conseguir una licencia de propietario de caballos y a abrir una cuenta bancaria para Bonanza Racing Stables, una de las empresas tapadera que habían creado. Colorado no quería más caballos a su nombre en las subastas. En México, sus contratos con Pemex estaban bajo inspección, igual que su empresa; no quería que lo arrestaran por blanqueo de dinero. Parecía inusualmente reflexivo cuando se sentaron a comer. Su mujer y su hijo pequeño estaban en Houston porque Veracruz ya no era un lugar seguro para ellos. Sabía que Nayen se escondía de Miguel en California. Lo había criado como a un hijo.

—Si tomas el mando —le advirtió a García—, ten cuidado.

JOSÉ SE HABÍA VUELTO cada vez más desconfiado desde que los agentes de tráfico lo habían detenido en Oklahoma City. Él creía que la culpa era de Víctor López. Llamó a Miguel, le explicó el incidente cerca del aeropuerto y le hizo saber que su mensajero, López, estaba trayéndoles problemas.

—Tendrás que hacer algo con Víctor —le dijo a su hermano.

En Nuevo Laredo, López cada vez estaba más preocupado. La policía lo había detenido en el aeropuerto de Dallas después de su breve encuentro con José en Oklahoma City y lo interrogaron para saber a dónde iba y de qué trabajaba. Lo último que quería era que Miguel pensara que era un confidente, y decidió contarle a Miguel lo que había pasado en Dallas.

Lo que López no sabía era que podía darse por muerto. Miguel había ordenado su ejecución tan pronto colgó el teléfono tras la conversación con José. El encargado del trabajo fue Yo Yo, primo de López. Este ordenó a un grupo de sicarios que le mataran y simularan un intento fallido de robarle el coche para despistar a la policía de Estados Unidos. Yo Yo sabía que no tenía otra opción que seguir las órdenes que había recibido. Quería avisar a López para que huyera, pero era demasiado arriesgado. Miguel acabaría enterándose y, entonces, el próximo en morir sería él.

CUARENTA Y TRES

DESDE ENERO DE 2010, PENNINGTON Y SU CUERPO ESPECIAL HABÍAN EStado viviendo en Austin con lo que habían traído en las maletas; trabajaban cada día hasta bien entrada la noche en la sala de conferencias de la oficina del fiscal federal, designada como centro de operaciones. La habitación no tenía nada especial; era solo una estancia alargada y estrecha al final de un pasillo, con más de cien cajas de cartón amontonadas que le daban un aspecto de bosque denso.

Entre las columnas se sentaban los miembros del equipo en escritorios improvisados con sus portátiles. En medio estaban Brian Schutt y Kim Williams, que intentaban relacionar los nombres de los caballos con los documentos de registro y pedigrí que se habían presentado a la American Quarter Horse Association (AQHA). Habían recibido docenas de cajas de la AQHA en Amarillo gracias a una orden judicial dictada meses atrás, y estaban examinando minuciosamente cada documento para identificar qué caballos constaban como propiedad de los distintos compradores falsos de Miguel. Una vez identificados, los datos de cada caballo se introducían en una larga hoja de Excel en sus computadoras.

Pennington y Billy Williams seguían intentando relacionar los distintos documentos bancarios de José con colaboradores suyos como Nayen, García y López. Habían descubierto que treinta y cinco yeguas transferidas a Zule Farms en Oklahoma, entre ellas Dashin Follies, constaban ahora como propiedad de Luis Aguirre.

Tras recibir los caballos, Zulema, la esposa de José, le había hecho un cheque de 122.000 dólares a Aguirre, pero el banco lo había rechazado. Pennington ya había visto ese nombre antes en otros documentos. Al parecer Aguirre había puesto con frecuencia a su nombre caballos de José y sus hermanos.

Lawson y Pérez colaboraron con Graham y otras fuentes para tener vigilados a varios de los hombres de José. Tras la redada en Los Alamitos y la detención de tráfico en Oklahoma, estaban en alerta roja ante cualquier cosa que pudiera salirse un poco de lo normal. Para su gran alivio, García y José siguieron actuando con toda normalidad en el hipódromo de Los Alamitos. Estaban preparando varios de sus caballos para las próximas eliminatorias de junio para la Ed Burke Million Futurity. Únicamente Carlos Nayen había cambiado de rutina. Ahora pasaba casi todo el tiempo en su apartamento, cerca de Los Alamitos, con su mujer y su bebé recién nacido, pero ya no iba nunca al hipódromo. Lawson no podía dejar de pensar en Ramiro Villarreal.

YA HABÍAN PASADO TRES semanas y Lawson empezaba a creer que habían esquivado la catástrofe cuando recibió una inquietante llamada de una de sus fuentes en Los Alamitos. Su fuente le dijo que una periodista de investigación llamada Ginger Thompson, del *New York Times*, andaba haciendo preguntas por ahí sobre José Treviño y Tremor Enterprises.

Sin que Lawson y su equipo lo supieran, Thompson había recibido un chivatazo sobre Tremor Enterprises seis meses atrás; cuando avisaron a Lawson, Thompson estaba a punto de publicar su artículo. Un par de horas después Lawson recibió una llamada de otro de sus informantes del hipódromo con quien Thompson también había contactado. Lawson estaba perplejo. La periodista del *Times* parecía estar hablando con todas sus fuentes clave.

Si el *Times* publicaba la exclusiva, su investigación podía darse por finalizada: José, Nayen y los demás se subirían al primer avión con destino a México. Estaban en un buen atolladero. Esta vez estaban tratando con alguien que no era agente de la ley y con objetivos distintos a los suyos.

Lawson se dirigió con grandes pasos al cubículo de Pérez. Esta frunció el ceño cuando le vio la expresión.

—No quiero oír más malas noticias —dijo, meneando la cabeza.

—No te creerás lo que te voy a contar —contestó él.

Pérez levantó una ceja; su expresión reflejaba el miedo que empezaba a sentir.

—¿Qué ha pasado?

—Una reportera del *New York Times* anda husmeando por Los Alamitos —dijo Lawson—. Está hablando con todo el mundo. Y lo sabe todo de José y Tremor Enterprises.

—¿Cuándo va a publicarlo?

—No tengo ni idea —repuso Lawson, andando de un lado a otro. Empezaba a tomarse toda esa mala suerte como algo personal.

—*Chingao* —soltó Pérez, volviendo a sentarse en la silla—. No puede publicarlo. Al menos hasta que los arrestemos.

—Ya, ya lo sé. ¿Y si hablamos con ella?

—Los agentes no pueden ir y ponerse a hablar con los reporteros como si no pasara nada.

—Pues alguien tiene que hacerlo —respondió Lawson.

Dirigió la mirada a la oficina de Villarreal; a través de la ventana veía a su jefe sentado en su escritorio, completamente absorto en una conversación telefónica.

Pérez lo miró.

—Tú le caes mejor —dijo ella.

Lawson suspiró.

—Pues vamos allá—dijo, dirigiéndose hacia la puerta cerrada de Villarreal.

Los dos agentes le expusieron la situación a Villarreal, que los escuchaba con el ceño fruncido mientras le contaban las devastadoras consecuencias que podrían producirse si la periodista del *Times* publicaba su historia: José huiría a México, sus hombres se dispersarían y sus informantes serían asesinados. «Tenían que hacer algún tipo de trato con la reportera para que esperara un mejor momento para publicar su historia», apremió Lawson; al menos hasta que pudieran hacer los arrestos. Villarreal se echó para atrás en la silla, sopesando todo lo que los dos agentes le habían planteado.

—Déjenme hablar con San Antonio —dijo, finalmente.

Mientras salían de la oficina de Villarreal, Lawson sintió que lo invadía la impotencia. Era la misma sensación de siempre cuando se sabía atrapado en la lenta maquinaria de la burocracia y no podía hacer nada al respecto. Villarreal iba a transmitir el problema a sus superiores de la cadena de mando en San Antonio, y desde ahí lo comunicarían a Washington, donde el tema quedaría aparcado hasta que fuera demasiado tarde.

—Será mejor que se lo digas a Pennington —comentó Pérez.

Steve Pennington se tomó la noticia con más calma que cuando le habían dicho lo de la redada. No podía hacer otra cosa que seguir trabajando como hasta ahora, se dijo a sí mismo. Intentaría no meterse y dejaría que los mandamases que había por encima de él solucionaran el problema. Pennington no había dejado de mirar con lupa los documentos financieros del caso con la misma férrea determinación de siempre. Y había una lección que tenía bien aprendida: la persistencia y la paciencia normalmente tenían su recompensa.

Como Lawson se había temido, los de Washington se pusieron a debatir qué hacer para acabar concluyendo que no harían nada. Y fue entonces cuando la periodista se puso en contacto con la oficina de prensa de la DEA en Washington para decirles que iba a publicar su artículo y preguntarles si querían hacer algún comentario al respecto. La DEA se puso en contacto con el FBI para avisarles sobre el artículo de Thompson, y cundió el pánico. El FBI se puso en contacto con la reportera para intentar llegar a un acuerdo con ella.

Tras un mes de negociaciones en un tenso tira y afloja, Thompson aceptó esperar a publicar su historia el día de la redada. A cambio, el FBI le concedería en exclusiva la orden de registro redactada de la investigación en la que se plasmaban los entresijos de la operación de blanqueo de dinero. Era una victoria para el *Times* y una victoria para el FBI y el IRS, que acaban de ganar unas valiosísimas semanas más.

CUARENTA Y CUATRO

LAWSON EMPEZABA A VER LOS BENEFICIOS DE TENER UNA FECHA DE PUBLIcación del *New York Times* amenazando con caerles encima en cualquier momento. Él y Pérez habían estado presionando a Gardner desde la redada en Los Alamitos para la imputación, pero Gardner había querido esperar hasta septiembre. Sin embargo, ahora que la reportera del *Times* amenazaba con publicar su historia sobre Tremor Enterprises, el fiscal se mostró de acuerdo con ellos: no podían esperar más.

Fijó su presentación ante el gran jurado para el 30 de mayo de 2012.

Pennington y Billy Williams redactaron un borrador que resumía la investigación completa para presentarlo ante este cuerpo judicial. El documento, llamado «Resumen de los hechos», tenía que sintetizar los casi tres años de investigación en unas cincuenta páginas que fueran digeribles para el jurado de Austin.

Pennington, el agente con más experiencia, fue quien se encargó principalmente de redactar el resumen, que Gardner también usaría como base para la acusación cuando fueran a juicio. Entre aquellos montones de cajas, Williams y Pennington trabajaron con diligencia para reunir la información financiera, el marco legal y los distintos bienes que se iban a incautar, incluyendo los dos aviones privados de Francisco Colorado, el rancho de José y los cientos de caballos de carreras.

En la sala de operaciones, cada agente tenía su propia tarea. Lawson y Pérez estaban ocupados trabajando en las órdenes de arresto y de registro que iban a necesitar. Schutt y Kim Williams estaban sentados en la larga mesa confeccionando las minuciosas hojas de cálculo con los datos de los caballos de Tremor Enterprises y varios compradores falsos. Hasta el momento llevaban una lista de más de cuatrocientos caballos que Miguel Treviño había comprado en Estados Unidos.

Durante varias semanas, los supervisores del FBI y del IRS, junto con Doug Gardner, habían estado enzarzados en un debate sobre si era o no necesario requisar todos los caballos. Inicialmente habían pensado llevarse únicamente los más valiosos, unos cincuenta en vez de varios centenares. Algunos agentes del equipo de Washington no querían requisar ninguno, pero Pennington, Pérez y Lawson defendieron su posición a capa y espada. «No podemos dejar estos activos tan valiosos en manos del cártel», repetía Pennington a sus supervisores. «Así no desmantelaremos la red. Se limitarán a darles los caballos a sus parientes o se los llevarán a México».

Las dos agencias también tenían distintas opiniones sobre quién tenía que encargarse de requisar los animales y, después, cuidarlos. Se trataba de una tarea cara y pesada que nadie quería. Los peces gordos del FBI se defendían diciendo que su trabajo era arrestar criminales y no cuidar de docenas de nerviosos caballos de carreras que, además, valían su peso en oro. Tras una acalorada discusión en Washington, se decidió que sería el IRS quien se encargaría de la incautación; resultó ser la opción que Doug Gardner también prefería. Era lo que tenía más sentido, explicaba, ya que el IRS formaba parte del Departamento del Tesoro de los Estados Unidos y contaba con una oficina de gran tamaño de embargo de activos. Los encargados de la logística en el IRS no estaban tan convencidos; ellos embargaban yates y aviones privados, no animales vivos.

Para asegurarle a Washington que la operación podía llevarse a cabo con éxito, Pennington recurrió al experto Henri Maldonado, un veterano gestor de embargo de activos del IRS de San Antonio con quien había colaborado a lo largo de los años. El plan era incautar los cuarenta caballos más valiosos el día de la redada y dejar el resto bajo una orden de protección. Esta opción implicaba que los establos como Southwest Stallion Station de Graham y las instalaciones de entrenamiento de Paul Jones en Los Alamitos iban a recibir la orden del juzgado de cuidar de los caballos hasta que el IRS pudiera venderlos en una subasta. El caballo más valioso de Miguel, Tempting Dash, se quedaría con Graham, ya que el semental estaba en cuarentena y solo podía salir del estado con un permiso especial. En San Antonio, Maldonado se puso manos a la obra como supervisor del embargo más peculiar y caro que jamás había hecho para el IRS.

EL EQUIPO LLEVABA TRABAJANDO jornadas de catorce horas durante las últimas semanas en Austin, preparando las pruebas para el gran jurado y haciendo planes para la redada, que suponía un proyecto de enorme envergadura que se ejecutaría de forma simultánea en Texas, Nuevo México, Oklahoma y California. Lawson y Pérez trabajaban toda la semana sin parar y volvían cada viernes a Laredo para pasar el fin de semana.

Para cuando Pérez llegaba a casa, sus tres hijos ya estaban dormidos. Llevaba varios meses sin ver apenas a su familia. La última vez que llegó a casa, su marido le había dicho, sarcásticamente, que iba a tener que buscarse una novia.

—Muy bien, pues si lo haces, asegúrate de que bañe a los niños y los ayude a hacer los deberes —le contestó Pérez, irritada.

Sabía que su marido se sentía frustrado por sus frecuentes ausencias. Pero llevaban tanto tiempo juntos y se conocían tan bien que ella tenía la sensación de que su matrimonio podría soportar la presión de la investigación. Su marido también era de la frontera y comprendía que para ella ese caso suponía más que un simple ascenso.

Había otra cosa que preocupaba a Pérez aparte de la inminente acusación y redada. Volvía a estar embarazada. A excepción de Juan y su familia, Pérez solo se lo había contado a Lawson; nadie más del equipo de investigación lo sabía. Estaba de solo doce semanas y no quería que todo el mundo supiera que estaba embarazada antes de que le hubieran hecho la primera ecografía. Una mañana de lunes a mediados de mayo se quedó en Laredo y Lawson fue solo a Austin. Pérez fue a la consulta del médico sin Juan. Le había dicho a su marido que no había ninguna necesidad de acompañarla para una revisión rutinaria.

Pérez estaba tumbada sobre la camilla mientras el doctor le iba haciendo la ecografía sobre el estómago. Advirtió que el hombre fruncía el ceño y examinaba la silueta del bebé en el monitor con más atención.

—¿Qué sucede? —quiso saber Pérez, repentinamente preocupada.

—Seguramente no es nada —contestó él—. A veces, dependiendo de la posición del bebé, se hace difícil detectar los latidos del corazón.

A Pérez ya le había pasado esto en otras ocasiones. Pero esta vez el doctor estaba tardando más de lo normal y tuvo la sensación de que el hombre intentaba ganar tiempo.

—Vamos a volver a intentarlo —dijo él, pasándole el transductor más despacio por el estómago.

—¿Qué sucede? ¿Algo va mal?

Pérez intentó no dejarse llevar por el pánico.

—Lo siento mucho —dijo el médico finalmente—. El corazón no late.

Pérez pensó que debía tratarse de un error. Ella se encontraba perfectamente y no había notado nada raro hasta entonces. El médico debía haber interpretado mal la ecografía. Le echó un vistazo a la silueta del bebé en el monitor; no se movía. Apartó la mirada, tumbada bocarriba en la camilla, y la clavó en el desvaído beige del techo. Sabía que el doctor tenía razón. No se oía el familiar zumbido de los latidos del corazón de su bebé en el monitor, como en sus anteriores embarazos. Nada. Solo silencio.

Cuando finalmente comprendió lo sucedido, la invadió primero la rabia y después una gran tristeza; apenas podía oír al doctor mientras este hacía los preparativos para que fuera al hospital.

—¿Es por algo que he hecho? —preguntó sentándose en la camilla y volviéndose a poner la camiseta—. Últimamente he estado bajo mucho estrés.

—Estas cosas suceden a veces —dijo él, suavizando la voz—. No es culpa tuya.

Pérez afirmó con la cabeza. Sintió que el corazón le caía a los pies. Salió de la consulta del médico totalmente inexpresiva y se dirigió hacia su carro en el estacionamiento, donde llamó a su marido. Él se puso muy nervioso y le dijo que no se moviera hasta que él llegara a la consulta.

—No pasa nada —le dijo ella—. Estoy bien.

Pero mientras intentaba consolar a su marido, empezó a llorar. Tras la llamada trató de recomponerse y llamó a Lawson en Austin.

—Alma, ¿qué sucede?

A pesar de sus esfuerzos por parecer tranquila, Lawson notó que estaba abatida.

—El corazón del bebé no late —contestó ella, empezando a llorar de nuevo.

Sentada en el asiento del coche, en el estacionamiento, observó a una sonriente embarazada salir de otro vehículo y entrar en la consulta del ginecólogo.

—Lo siento muchísimo, de verdad —dijo Lawson—. ¿Puedo hacer algo por ti? Lo que sea.

—No, no te preocupes, ya se me pasará. Solo necesito que avises a todo el mundo de que me voy a tomar unos días de descanso.

—Por supuesto. Cuídate mucho, ¿de acuerdo?

—Sí, lo haré, no te preocupes —repuso Pérez.

Tras la conversación Lawson se sentía consternado. No estaba preparado para afrontar una crisis de este tipo. Entendió que, en aquel momento, Pérez era probablemente la persona de la que se sentía más cerca, especialmente después de la muerte de su padre. Cada lunes, antes incluso del amanecer, Lawson detenía su camioneta ante la acera de la casa de Pérez, al otro lado de la ciudad, en el nuevo barrio de clase media, y los dos ponían rumbo a Austin, a tres horas de distancia, para reunirse con los demás. En los viajes de ida y vuelta habían hablado de todo, sin tabúes. A veces charlaban de religión. Pérez era católica y Lawson veía que ella encontraba consuelo en su fe. La iglesia evangélica en la que él se había criado era muy rígida y severa y, tras la muerte de su padre, había empezado a poner en tela de juicio sus enseñanzas, que no le habían ofrecido demasiado consuelo. Por aquel entonces ya se consideraba agnóstico. También les gustaba hablar de sus objetivos para el futuro, del sueño de Lawson de tener un rancho de caballos en Tennessee y del deseo de Pérez de tener otro hijo. Ella había crecido con una sola hermana pequeña y siempre había querido tener una vida familiar más bulliciosa. Pero también quería avanzar en su carrera profesional. Le encantaba su trabajo en la agencia. Equilibrar ambas cosas era una lucha constante.

Durante la investigación, ambos agentes habían pasado casi todas las horas juntos; tanto era así que otros miembros del equipo les hacían bromas al respecto y le preguntaban a Pérez si le gustaba Tennessee. Para asegurarse de que Juan no estuviera incómodo con la situación, Lawson insistía en quedar con él para jugar al golf o hacer barbacoas. Quería que Juan estuviera tranquilo y supiera que entre él y Alma había únicamente una relación laboral. Lawson tenía suerte porque Juan apoyaba a su mujer, respaldaba sus decisiones profesionales y, al parecer, se tomaba sus largas ausencias con filosofía.

Elena, la novia de Lawson, no era tan comprensiva. Se quejaba cada vez más y con más amargura de que no estaba en casa y pasaba todo su tiempo con otra mujer: su compañera, Alma Pérez. Las pocas horas que sí pasaban juntos acababan a menudo en discusiones y amargos reproches de que Pérez le importaba más que ella.

Dos días después de la ecografía, Pérez fue al hospital para someterse al legrado. Villarreal le había dicho que se tomara todo el tiempo que necesitara. Al salir de la intervención vio un enorme ramo de flores de Lawson y el equipo de Austin que le levantó los ánimos. Pérez estaba lista para sumergirse en su trabajo y aplacar en él cualquier resto de tristeza. A la mañana siguiente ya estaba de nuevo en la oficina.

Lawson la llamó al celular.

—¿Cómo lo llevas?

Pérez estaba en la computadora revisando las órdenes de arresto que habían estado preparando.

—Estoy bien —dijo ella.

—¿De verdad? —preguntó Lawson.

—Pues claro. Si no fuera así, te lo diría.

—Quizá deberías bajar un poco el ritmo.

—Scotty, escúchame —atajó Pérez.

—¿Qué?

—No me vuelvas a decir nunca más eso.

—Lo que quiero decir es que...

—Te veo el lunes por la mañana —cortó Pérez, sin ocultar su irritación.

Había trabajado durante sus tres embarazos en el FBI sin ningún problema. Su aborto espontáneo había sido algo simplemente del destino, y no quería que ninguno de sus compañeros masculinos la juzgara por ello, ni siquiera Lawson.

—Te he echado de menos —dijo Lawson, en tono jocoso, cambiando de tema.

—¿Ah sí? —contestó Pérez, ya sonriendo—. Lo que tú digas, pero no llegues tarde a recogerme.

UN MIÉRCOLES BIEN TEMPRANO, la mañana del 30 de mayo, se reunió el gran jurado en el juzgado federal del centro de Austin. Doug Gardner presentó la base legal del caso y Steve Pennington y Scott

Lawson presentaron sus averiguaciones ante los dieciséis hombres y mujeres del jurado. Querían conseguir un cargo de delito grave a nivel federal por blanqueo de dinero, con una pena máxima de veinte años de prisión. Lawson les habló sobre Los Zetas y su violenta trayectoria, y Pennington se encargó de explicar cómo varios hombres, compradores falsos que trabajaban para Miguel Treviño y sus hermanos, adquirían los caballos de carreras con pagos de dinero en efectivo, transferencias bancarias o ingresos estructurados. En unas pocas horas el gran jurado emitió una acusación formal contra quince miembros de la conspiración, entre ellos Miguel Treviño y sus dos hermanos. Otros acusados fueron Carlos Nayen, Fernando García, Francisco Colorado y Alfonso del Rayo.

Un magistrado selló la acusación, de modo que José y sus hombres no pudieran saber nada antes de ser arrestados. El equipo acordó la fecha para las detenciones, el 12 de junio, lo cual les dejaba menos de dos semanas.

CUARENTA Y CINCO

CON TODO LO QUE LES HABÍA SALIDO MAL, ERA UN MILAGRO QUE HUBIERAN conseguido llegar a la acusación sin que José hubiera huido súbitamente a México para ponerse bajo la protección de sus hermanos. Por suerte, José parecía demasiado ocupado dirigiendo su imperio en rápida expansión como para sospechar algo. Además, cada vez tenía que dedicar más tiempo a planear, junto a su esposa, Zulema, una fastuosa boda para su hija de veintiún años, Alejandra, que se iba a casar con un joven marine.

La familia no reparaba en gastos y la multitudinaria ceremonia iba a celebrarse el primer sábado de junio en el histórico hotel Adolphus, en el centro de Dallas. A Lawson le costaba creer que, tras casi tres años de trabajo, la redada fuera a producirse en poco menos de una semana. Pero, aun así, no pudo resistirse a la oportunidad de reunir una prueba más para su caso. La boda iba a tener una gran resonancia y todo el mundo de las carreras de caballos estaría presente. No creía que Omar o Miguel fueran a correr el riesgo de acudir a Dallas, pero siempre cabía la posibilidad de que algún otro miembro del cártel hiciera acto de presencia en la celebración. Así que, por si acaso, iban a tener en alerta a un equipo del SWAT de Dallas.

A medida que los invitados iban entrando en el hotel, Lawson se adueñó de un taburete en la barra del bar situado a la entrada del salón. Le preocupaba que José o Nayen lo vieran pero, aparte de Pérez, él era el único agente que podía identificar rápidamente a los miembros de la trama. Llevaba su Glock oculta en una funda tobillera bajo el traje de ejecutivo. Intentaba hacerse pasar por un empresario relajándose tras un día duro, disfrutando de unas cervezas. Lawson vio a Doc Graham entrar en el vestíbulo junto a otros respetables miembros del sector de las carreras de caballos, lo cual indicaba el creciente estatus que estaba adquiriendo José en aquel entorno. La revista *Track*, una conocida publicación del sector, estaba cubriendo la boda, que promocionaba como uno de los eventos destacados del año. Tyler Graham también había sido invitado, pero se había visto obligado a declinar: tenía que hacer de padrino en otra boda que se celebraba el mismo día.

José y Zulema, de pie ante las puertas de cristal grabado de la sala del banquete, iban recibiendo a los invitados a medida que llegaban. Lo que no sabían era que en la sala se habían instalado cámaras y micrófonos ocultos. En el piso superior, el FBI tenía una *suite* equipada con monitores de vídeo y un equipo de técnicos que iba a grabar todo lo que pasara durante la boda. Mientras disfrutaba su cerveza, Lawson se preguntaba por qué Fernando García no estaba en la celebración. También echó en falta a Carlos Nayen, pero eso no le sorprendió tanto; al parecer, era García quien ahora se encargaba de dirigir el negocio de José. Lawson supuso que José intentaba ser cuidadoso y mantener alejados de la boda de su hija a sus colaboradores en el blanqueo de dinero.

Lawson inspeccionó el vestíbulo y el bar haciendo ver que esperaba a alguien. De repente, dos enormes autocares se detuvieron ante el hotel y una banda de diecisiete músicos empezó a descargar instrumentos de viento, guitarras y tambores. Los hombres, enfundados en trajes de terciopelo a juego, atrajeron todas las miradas mientras desfilaban por el vestíbulo hasta la sala de baile para prepararse para tocar tras la cena. En los laterales de los vehículos se leía el nombre de la formación: «Banda el Recodo». Lawson envió un mensaje a uno de sus informadores mexicanos y descubrió que el conjunto provenía de Sinaloa y eran el grupo favorito de Miguel. Solían cobrar 250.000 dólares por actuación, según le dijo su fuente. Supuso que el capo había enviado a la banda como regalo especial para los recién casados.

Lawson y otro agente se fueron alternando para estar apostados en el bar. Cuando no estaba abajo, estaba en la *suite* del piso de arriba, observando la celebración en las pantallas de vídeo. Aparte de algunos otros famosos del mundo de las carreras de caballos como Doc Graham, no reconoció a nadie importante. Para el final de la noche ya estaba claro que no iban a ver a ningún integrante de su lista de los más buscados. José no había conseguido pasar desapercibido todos estos años sin ser precavido. Lawson había tomado algunas fotos en el vestíbulo con el celular para añadirlas como pruebas. Pero el equipo del SWAT no le iba a hacer falta. La única presencia de los hermanos de José estaba en las baladas que entonaban dulcemente los dos gallardos cantantes de la Banda el Recodo ante la novia, deslumbrante con su largo vestido blanco.

AHORA QUE YA NO tenían que pensar en la boda, Pérez, Lawson y Pennington se reunieron con otras agencias en la sede del FBI en San Antonio para revisar los últimos detalles de la redada, planificada para la madrugada del martes 12 de junio. En la reunión participaron representantes de nueve oficinas de campo distintas del FBI, el IRS, la DEA y la oficina del fiscal federal. El rancho de Oklahoma estaba bajo vigilancia ininterrumpida del FBI, igual que Nayen, García y el resto de sus compañeros en hipódromos de Nuevo México, Texas y California. Llevaban desde principios de abril comentando cada detalle por videoconferencia, correo electrónico y llamadas telefónicas. Iban a necesitar un ejército de doscientos hombres y personal de apoyo para llevar a cabo la redada simultáneamente en cuatro estados. Si cualquiera de los colaboradores de José se enteraba antes de tiempo, toda la banda huiría a México. La operación entera tenía que realizarse de forma rápida e impecable antes de que cualquiera de los objetivos pudiera enterarse por otros medios.

Pero había un punto esencial que Pérez y Lawson todavía no habían decidido. La investigación había monopolizado sus vidas durante casi tres años y ambos esperaban con ansia su culminación en el rancho de José en Oklahoma. Les fascinaba la idea de poder encontrarle cara a cara y ponerle las esposas en las muñecas antes de que se lo llevaran en una camioneta blindada. Pero, tras la reunión del martes, Villarreal les había pedido que se quedaran un instante para charlar.

—¿Quién de ustedes dos va a encargarse del centro de operaciones?

Pérez y Lawson se quedaron en silencio. Ambos sabían que tener a alguien en el centro de mando de San Antonio para coordinar la enorme redada y dirigir a los agentes en los cuatro estados era crucial. Nadie conocía el caso mejor que ellos. Solo ellos y Steve Pennington sabían exactamente qué pruebas debían buscarse durante la operación y cuál era la conexión entre cada comprador falso y SRL en la enmarañada red de blanqueo de dinero.

Nunca habían tenido una discusión seria, lo que suponía todo un logro para ser dos personas que pasaban tanto tiempo juntos. Pero ahora, de pie en aquel pasillo, ante Villarreal, hubo un tenso silencio entre ambos. Muchos casos sólidos se habían venido abajo por actitudes soberbias; una mala relación entre los agentes podía llevarles a tomar malas decisiones. Y una desavenencia podría poner en peligro todo aquello por lo que tanto habían trabajado durante los últimos dos años y medio.

—Y bien —repitió Villarreal, esta vez con un toque de impaciencia—. ¿Quién será de los dos?

CUARENTA Y SEIS

LA NOCHE ANTES DE LA REDADA, PÉREZ SE REGISTRÓ EN EL HOTEL DE SAN Antonio. No esperaba poder dormir demasiado. Era bien entrada la noche y la temperatura apenas había bajado tras la sofocante tarde de verano. El zumbido del aire acondicionado era constante. Su mente repasaba una y otra vez los detalles de la redada del día siguiente. Entrarían en los domicilios y los hipódromos al amanecer. Estuvo sopesando la idea de irse a la cama, pero no tenía demasiado sentido. Sabía que no iba a poder dormir.

Su móvil sonó justo después de medianoche. Un alarmado agente de Nuevo México, responsable de la vigilancia de Fernando García, le dijo que el entrenador de caballos no estaba en su casa. Lawson había estado controlando de cerca el móvil de José Treviño, haciendo un seguimiento de cada movimiento. Por la tarde habían sufrido una falsa alarma cuando José casi perdió su vuelo de vuelta a Oklahoma desde Los Ángeles, lo que habría supuesto una catástrofe absoluta. Pero justo en el último momento, consiguió subir al avión. Aparte de varios agentes sobre el terreno en cuatro estados, contaban con dos aviones de vigilancia en Nuevo México y California para estar seguros de que todo el mundo estaba localizado cuando empezara la redada a primera hora de la mañana. La noticia de que García había desaparecido inquietó a Pérez. ¿Podía ser que alguien le hubiera avisado? Marcó el número de Lawson.

En Oklahoma, Lawson paseaba por el exterior del hotel, demasiado tenso para poder dormir, cuando recibió la llamada de Pérez. Había llegado a Oklahoma City a altas horas de la madrugada, donde se encontró a trescientos agentes esperándolo en el depósito de armas de la Guardia Nacional, situado en el centro de la ciudad. No sabía que iba a tener que dar el informe a toda la sala, repleta de agentes, y se puso nervioso de inmediato. Durante la mañana y la tarde habían ido llegando a Oklahoma City agentes de policía, del IRS y del FBI, intentando no levantar sospechas mientras reservaban habitaciones en bloque para la noche. La enorme armería era el único lugar lo suficientemente grande como para que todos pudieran caber. Lawson jamás había tenido que hablar ante tanta gente. El hecho de que Pennington estuviera a su lado lo ayudó.

Los dos recordaron a los agentes reunidos que habían sido Los Zetas quienes habían asesinado a Jaime Zapata, un agente federal del HSI, y casi habían matado también a su compañero, Víctor Ávila, en febrero. Lawson tenía amigos en Laredo que habían trabajado codo a codo con ambos agentes. Durante sus primeras semanas en Laredo había coincidido con ambos en el vestíbulo antes de que los transfirieran a México. Y ahora, uno de ellos estaba muerto. Los Zetas eran el cártel más brutal de todo México, los advirtió Lawson. José era el hermano mayor de Miguel y Omar Treviño, dos de los líderes del cártel, y la redada a los miembros de su familia en Lexington, que incluía a su anciana madre, podía ser muy peligrosa. El Departamento de Estado de los Estados Unidos había redactado una advertencia, que iban a publicar después de la redada, avisando a los viajeros estadounidenses a México de que el índice «para la violencia potencial» se había incrementado.

En las afueras de Oklahoma City, Henry Maldonado, encargado jefe de la incautación de bienes del IRS, había reunido un pequeño ejército. Había contactado con más de una docena de vaqueros con remolques para transportar caballos y les había indicado que estuvieran listos a primera hora de la mañana para salir a su señal. No les dijo dónde iban a ir ni les dio demasiados detalles sobre el trabajo;

solo les indicó que debían estar preparados para cualquier contingencia y que habría muchísima seguridad. En cuanto Pennington y su cuerpo especial se apoderaran de los caballos, el IRS iba a tener que fotografiar a cada animal y adjudicarle un número. También iban a tener que identificar a los más valiosos de todo el grupo, que eran los que los vaqueros transportarían en los remolques.

Lawson iba andando en círculos mientras escuchaba a Pérez, que parecía alterada mientras le explicaba que no podían localizar a García en Ruidoso. Tenían planeado caer sobre su casa al amanecer, pero los agentes encargados de su vigilancia le habían dicho que el coche no estaba aparcado en la entrada.

—¿Crees que sospecha algo? —preguntó Pérez.

—Si fuera así, José ya habría desaparecido. Pero no se ha movido del sitio —repuso Lawson.

—Bueno, ya te iré contando si hay noticias —dijo Pérez.

—Alma, una cosa.

—¿Sí? —dijo ella, ahogando un bostezo.

—Me gustaría que estuvieras aquí.

—A mí también —contestó ella—. Pero estoy contenta de que seas tú quien ha ido a Lexington. Ha sido tu caso desde el principio y te corresponde estar ahí.

—¡Gracias! —dijo Lawson; no se le ocurría qué otra cosa podía decir—. Buenas noches.

Colgó el teléfono. Pérez estaba tan implicada en el caso como él, o quizá incluso más. Un buen agente siempre quiere estar en el arresto, porque es entonces cuando puede haber meteduras de pata y pasarse por alto pruebas importantes. Nadie conoce el caso mejor ni está más implicado que el agente al mando. Este agente es quien detecta cosas que el equipo de recogida de pruebas, profesionales bien formados, pueden no ver. Es, simplemente, la naturaleza humana. Cuando llevas casi tres años de tu vida dedicados a algo, tiendes a prestar atención incluso a los detalles más nimios. Ambos habían sacrificado tiempo con sus familias. La novia de Lawson estaba a punto de romper con él y Pérez se había perdido los cumpleaños, los partidos y las representaciones de preescolar de sus hijos. Todo eso no sería en vano si conseguían atrapar a José y a sus hermanos. Pero, para ello, todo tenía que ir como la seda durante la redada. No podía cometerse ni un solo error.

En San Antonio, le tocaba a Pérez coordinar a los mil doscientos agentes y personal implicados en las redadas simultáneas de Texas, California, Nuevo México y Oklahoma. Iban a entrar en Ruidoso Downs y Los Alamitos, y en las residencias de García, Nayen y Huitrón, además del rancho de José en Lexington. De los mil doscientos agentes, trescientos iban a estar en la redada de Lexington; el resto se iban a repartir entre las demás ubicaciones. Pérez iba a controlar y registrar cada una de las pruebas en una base de datos segura, además de coordinar las órdenes de registro y seguir cualquier pista nueva que pudiera surgir junto a un equipo de representantes de la DEA y el IRS, y con Doug Gardner de la oficina del fiscal federal.

Aun en el caso de que hubieran conseguido imputar a Miguel y Omar, ambos estaban en México, fuera del alcance del FBI. Pero Pérez y Lawson no esperaban llegar tan lejos. Su prioridad principal, además de arrestar a José en Lexington, era localizar todos sus móviles. Cuando Lawson entrara en la casa de José, iba a llevar consigo a un técnico de telefonía de uno de sus equipos de recogida de pruebas. Pocas veces se podían conseguir los números de teléfono de un capo de un cártel, pero los agentes sabían que José hablaba a menudo con sus hermanos. En cuanto consiguieran el número de Miguel, podrían rastrearlo para determinar su ubicación exacta. Pero tendrían que actuar con rapidez; en cuanto corriera la voz sobre las redadas, él y Omar se librarían de sus móviles. Los agentes solo iban a tener minutos. Ya contaban con un equipo de ataque de soldados mexicanos preparados y a la espera. Esta vez, Miguel no iba a escapar.

Lawson volvió a su habitación del hotel. Estaba inquieto, listo para entrar en la granja de José. En menos de cuatro horas se reunirían en el depósito de armas de nuevo y emprenderían el trayecto de una hora hasta Lexington. Lawson pensó en su padre y en lo que pensaría sobre lo que su hijo, el agente del FBI, estaba a punto de hacer. Se habría sentido orgulloso, con su estilo poco efusivo de siempre. «Todo irá bien, ya verás», le habría dicho. Había pasado ya más de un año desde su muerte y Lawson todavía no se sentía capaz de borrar su número del celular. Tumbado en la cama, mirando al techo, deseó poder llamarle una última vez.

TODAVÍA ERA DE NOCHE cuando el convoy salió hacia Lexington. Cualquier persona despierta a esas horas debió pensar que Oklahoma estaba bajo asedio. Pero los agentes no querían correr ningún riesgo. Además, también pretendían transmitir el mensaje de que contaban con una fuerza abrumadora. Los SWAT, en vehículos oficiales, encabezaban la larga hilera de vehículos federales de incógnito y dos vehículos de transporte de tropas, antiminas y a prueba de emboscadas. Cerraban la comitiva más vehículos de policía de los SWAT. Lawson y Pennington iban al frente del convoy. Mientras salían de las afueras de Oklahoma City, Pérez le envió un mensaje a Lawson desde el centro de mando en San Antonio. «Allá vamos. Ni por todo el oro del mundo habría querido a ningún otro compañero».

Estaba a punto de enfrentarse, finalmente, a José, en un momento que tanto él como Pérez llevaban mucho tiempo imaginando y deseando; saber que su compañera no le iba a tener ningún rencor por ello lo hizo sentir mejor. No era una persona que se guardara el resentimiento; le estaba agradecido por ello. Recibió otro mensaje de Pérez donde le decía que García finalmente había aparecido en su casa. Ahora todos sus objetivos estaban en el lugar correspondiente.

El equipo de los SWAT enfiló el largo camino de gravilla que llegaba hasta el rancho de José. Lawson y Pennington esperaron en la entrada, dentro de su vehículo, hasta que los SWAT les confirmaron que podían salir. Un avión de vigilancia sobrevolaba sus cabezas para asegurarse de que no había emboscadas o huidas inesperadas. El avión a duras penas había conseguido llegar a

Lexington: tras el despegue, el piloto había avisado por radio de que quizá no iba a poder aterrizar. Había chocado cuando se deslizaba por la pista para salir hacia la misión y el tren de aterrizaje había quedado dañado, pero había decidido seguir con la misión de todos modos.

—¡FBI! ¡Salgan con las manos arriba! —gritó uno de los agentes del SWAT a través de un megáfono mientras los demás rodeaban la casa.

El rancho, de cuarenta hectáreas, contaba con diversos edificios, incluyendo cinco establos y una oficina, pero Lawson quería atacar primero la hacienda de José antes de que este pudiera destruir los móviles y demás pruebas. José salió de la casa seguido por su mujer, Zulema, y tres de sus hijos: José Jr., que ya no era adolescente, y otros dos más pequeños. José y Zulema tenían las manos en alto y parecían confundidos. El sol empezaba a salir y ambos estaban en pijama, despeinados tras el brusco despertar. La madre de José estaba en una casa móvil tras la hacienda. Un miembro de los SWAT escoltó a la anciana matriarca hasta la parte delantera de la propiedad junto con el resto de la familia. Lawson, Pennington y los demás agentes federales recibieron la aprobación para entrar en la hacienda después de que los SWAT hubieran registrado todos los establos y casas de la propiedad. José y Zulema estaban esposados. Lawson entró inmediatamente con uno de los equipos de recogida de pruebas para intentar encontrar los móviles. Sabía que tenía muy poco tiempo.

Mientras examinaban la habitación de José, Lawson recibió un mensaje de Pérez para que supiera que las demás redadas iban según lo planeado. En California, el FBI y la DEA habían arrestado a Nayen en su piso de lujo cerca de Los Alamitos. Uno de los agentes del FBI advirtió que su BlackBerry no tenía batería, con lo que iba a resultar difícil recuperar algún número de teléfono útil. Pero, aunque lo hubieran conseguido, Lawson dudaba que pudieran hacer algo con él. Tras la redada de Los Alamitos, Miguel, Omar y todos sus hombres se habían desecho de sus móviles de inmediato.

El resto de la Waco Treasury Taskforce se había dividido en dos equipos encargados de las incautaciones y arrestos en Ruidoso Downs y Los Alamitos. En California, Brian Schutt arrestó al entrenador de caballos Felipe Quintero, y Steve Junker, con la ayuda de Kim y Billy Williams, capturó a Fernando García en Nuevo México. En las afueras de Austin, los agentes locales del FBI habían esposado a Chevo Huitrón y lo habían llevado en coche a un juzgado cercano para ser procesado.

Pero todavía era demasiado pronto para cantar victoria. Lawson necesitaba encontrar los móviles de José y se le empezaba a acabar el tiempo. Lawson y el técnico de telefonía rebuscaron en cajones y armarios mientras Pennington salió a inspeccionar la oficina de la granja. La perseverancia de Lawson finalmente fue recompensada. En un cajón lleno de calcetines y ropa interior encontró una Black-Berry y varios fajos de billetes. Se trataba de billetes de cien dólares, nuevecitos y por estrenar: los preferidos de Miguel. El técnico de telefonía encendió la BlackBerry y buscó en los contactos. Solo había un número de teléfono y, por el prefijo, supieron que era mexicano. Lawson sintió que le subía la adrenalina ante el hallazgo. Puesto que el teléfono estaba oculto, solo contenía un número y era una BlackBerry (el método de comunicación favorito de Miguel), todos los indicios parecían esperanzadores. Iban a tener que moverse rápidamente para triangular las coordenadas de GPS del líder del cártel antes de que Miguel se deshiciera de su móvil. Lawson envió rápidamente el número a Pérez, en el centro de mando, para que pudiera reenviárselo a los analistas y al equipo de ataque en México.

Mientras registraban el rancho, la historia en el *New York Times* sobre José Treviño y Tremor Enterprises ya estaba llegando a decenas de miles de lectores. Ginger Thompson, la periodista del *Times*, había conseguido la exclusiva, con lo que la historia tuvo un tremendo éxito y los medios de comunicación de todo el mundo pronto empezaron a hacerse eco de ella, especialmente en México, donde investigar a los Treviño en profundidad era impensable debido a la complicidad y corrupción del gobierno.

Cuando el equipo de recogida de pruebas hubo peinado la oficina de José, Lawson y Pennington quisieron hacer un último repaso. Lawson tenía que dirigirse a una oficina del FBI cercana donde finalmente se reuniría con José cara a cara, pero primero quería volver a revisar el recinto. Lawson rebuscó en los archivadores en busca de cualquier cosa útil. Sacó un cheque de Tremor Enterprises a nombre de Francisco Colorado por 400.000 dólares que nunca se había cobrado.

—Esto es oro —comentó Pennington.

Lawson guardó el cheque en una bolsa de pruebas y se la entregó al equipo.

Finalmente, todos los equipos de recogida de pruebas consiguieron reunir un centenar de cajas llenas de registros de caballos, documentos financieros y otras pruebas. También incautaron varios ordenadores que José empleaba para su negocio. Satisfecho al fin, Lawson condujo hasta la oficina del FBI en Norman, a medio camino entre Lexington y Oklahoma City, donde habían trasladado a José y a Zulema. Llevaba años imaginándose cómo sería esta reunión. Cuando finalmente llegó a la oficina, José estaba sentado en una sala de interrogatorios, esperándolo. Le habían dado a José permiso para cambiarse y ponerse unos tejanos y una camiseta. Seguía actuando como si no tuvieran nada de qué acusarlo y toda la situación fuera un enorme error. Lawson se sentó ante él con Ernie Elizondo, un agente del cuerpo especial que hablaba español y que lo acompañaba por si había algún impedimento lingüístico. De todos modos, como Lawson sabía que José hablaba un buen inglés fluido, decidió proseguir.

—Solo quiero que me escuche con atención antes de que le lea sus derechos bajo la ley Miranda. Llevamos trabajando en este caso mucho tiempo; no es algo que llevemos haciendo desde hace dos o tres meses. Si hay alguna cosa que pudiera decirnos para arrojar luz sobre la situación, sería bueno para usted y yo lo agradecería.

José asintió con la cabeza.

—Conozco mis derechos —dijo.

Lawson le leyó sus derechos y le pasó el formulario de consentimiento a José, quien se negó a firmarlo.

—Toda mi vida he estado trabajando y esforzándome —dijo José—. Soy americano y respeto el uniforme de los agentes de la ley.

Pero los agentes de la ley habían convertido su vida en un infierno, explicó, debido a sus hermanos Miguel y Omar.

—Puedo elegir a mis amigos y socios, pero no tengo ningún control cuando se trata de elegir a mi familia —le dijo a Lawson.

Además, añadió, tampoco tenía ningún contacto con sus hermanos.

—¿Y qué hay de su granja de cría? ¿Acaso no son esos caballos propiedad de Miguel? —preguntó Lawson.

José meneó la cabeza.

—He trabajado muchísimo para tener el éxito que tengo ahora —repuso, y explicó que todo empezó con Tempting Dash, que había comprado muy barato y que le había proporcionado mucho dinero; todo lo que tenía hoy en día se basaba en sus ganancias iniciales gracias a su caballo ganador.

—Es injusto que relacionen mi éxito con mi hermano.

Lawson esperaba poder sacar a José de sus casillas lo suficiente como para que dejara escapar algo sobre Miguel que les pudiera servir para localizarlo. Le había dado una oportunidad a José y le había dicho que no se trataba de una investigación hecha a la ligera, así que quizá ahora Treviño podía tener un momento de arrepentimiento y proporcionarle algo de información que pudiera servirle para el caso. Pero ese no era el estilo de José.

—¿Por qué iba a venderle Ramiro Villarreal a Tempting Dash por casi nada justo después de que el caballo hubiera tenido tanto éxito?

—No sé por qué Ramiro lo vendió tan barato —dijo José.

Explicó que no tenía ni idea de que Villarreal trabajaba para su hermano Miguel. Tampoco era consciente de que Tempting Dash hubiera hecho carreras en México.

Con esa actitud empezaba a insultar seriamente la inteligencia de Lawson.

—¿Y qué hay de Carlos Nayen?

—Es uno de mis clientes —contestó José.

—Sabemos que Carlos trabaja para Miguel.

—Pues entonces debería hablar con Carlos y Miguel sobre eso.

Lawson pudo ver que esta forma de abordar la situación no iba a llevar a ningún lado. Le había dado una muestra a José de todo lo que tenía para acusarle, pero José no se iba a dejar intimidar. Había llegado el momento de enseñarle lo grave que era su situación y dejarle claro que, esta vez, no iba a poder irse de rositas como en otras ocasiones.

—Sabemos que Miguel le envía dinero del narcotráfico a Carlos Nayen para que él pague los gastos de su operación.

Lawson se sacó del bolsillo una hoja de cálculo y la puso sobre la mesa.

—Usted llevó esto a una reunión con Miguel y Carlos en México.

—Eso es incumbencia de Carlos y Miguel. Yo no tengo nada que ver —argumentó José, casi sin mirar el papel.

—Tenemos pruebas de que usted se lo llevó a ellos en persona —afirmó Lawson.

Sabía que esta vez su ataque había dado de pleno; solo hacía falta ver la expresión vacía que tenía la cara de José, intentando pensar qué decir o hacer a continuación.

—No tengo nada más que decirle —soltó José finalmente con mirada desafiante, retrepándose en su silla.

La entrevista había terminado. Lawson se levantó de la mesa y dobló la hoja de cálculo. Sabía que la próxima vez que hablara con José sería a través de su abogado. Esperaba que en México sus compañeros hubieran tenido más suerte.

CUARENTA Y SIETE

EN OKLAHOMA, LAWSON ESPERABA NOTICIAS DE LA OFICINA DEL FBI EN Ciudad de México. Iba enviándole mensajes a Pérez, pero ella no había oído nada. No estaba claro cómo el FBI en la embajada estadounidense en México había organizado el equipo de asalto, pero sabía que estaban colaborando con analistas distintos y con un nuevo equipo de soldados mexicanos recién seleccionados.

Llegó la hora de comer y todavía no tenían noticias de Ciudad de México. Lawson, angustiado, sabía que para entonces Miguel y Omar ya tendrían toda la información sobre la redada y seguramente ya habrían cambiado de móviles y residencia. La oportunidad había pasado. No iban a conseguir atrapar a los jefes del cártel; se les habían vuelto a escapar de las manos. Para él supuso una tremenda decepción. Habían conseguido acercarse al máximo al círculo íntimo de Miguel, pero habían salido con las manos vacías.

En México todo parecía un puro caos, pero en realidad las incursiones violentas y los asesinatos obedecían a menudo a un motivo concreto. Los cuerpos de seguridad estadounidenses solo podían hacer presión y esperar, pero nadie iba a atrapar a Miguel y Omar hasta que el complejo mundo de la política mexicana decidiera que había llegado el momento de deshacerse de ellos. Lawson experimentó la misma frustración y sensación de inutilidad que el día en que, de pie junto a la orilla del río Bravo, había entendido que el asesino de los hermanos García iba a quedar libre en

Nuevo Laredo. Solo podía consolarse con el hecho de que la impunidad del criminal no había durado demasiado: unos meses después, el pistolero había sucumbido a la cruda justicia de la guerra, decapitado por otro sicario del Cártel del Golfo, convertido en un muerto más en un mar cada vez mayor de cadáveres. Y, como había pasado con el asesino de los hermanos García, también acabaría llegando el día del juicio final para Miguel y Omar. Quizá no sería hoy, pensó Lawson, pero llegaría pronto.

MIENTRAS PENNINGTON TRABAJABA CON Lawson en Oklahoma, el resto de la Waco Treasury Taskforce trabajaba arduamente en Nuevo México y California. Su objetivo principal era identificar todos los caballos que pertenecían a Miguel Treviño, una tarea que podía llevarles varios días. Cada animal tenía un número único tatuado en el interior del labio inferior, que debían cotejar con un montón de registros de la American Quarter Horse Association y varias casas de subastas, de modo que pudieran asegurarse de que estaban confiscando los caballos correctos.

Billy Williams, Steve Junker y Kim Williams habían pasado dos días sin dormir en Ruidoso desde la redada del martes, apresurándose para embargar todos los caballos de Miguel antes de que este enviara a alguien para reclamarlos. Kim Williams era la única que se sentía cómoda hurgando en la boca de los caballos para encontrar el tatuaje identificativo. Uno de los caballos más valiosos, Coronita Cartel, ya le había mordido en el brazo a Junker, algo que Billy consideró motivo suficiente para guardar una distancia más que prudencial con los animales.

Era un trabajo complicado y sucio, que se hacía todavía más duro por un incendio forestal que avanzaba rápidamente hacia Ruidoso. Las grises nubes de humo, cada vez más cerca, se cernían amenazantes sobre el horizonte. Cuando terminaron con el hipódromo, pasaron a unas instalaciones de entrenamiento al sur de Ruidoso para incautar unos cuantos caballos más que, según habían descubierto, eran también propiedad de José. El aire olía a humo y la brisa traía cenizas consigo. Intentaron trabajar con rapidez. Los agentes del FBI y la policía enviados para ayudarlos con la redada ya se habían marchado. Justo cuando pensaban que estaban a punto de terminar, Billy recibió una llamada de un informante en Ruidoso Downs que lo dejó paralizado: Los Zetas se dirigían hacia allí.

El cuerpo especial había dejado atrás seis valiosos caballos de carreras bajo la custodia protectora de un entrenador. Pero ahora le habían dicho a Billy que el entrenador se había fugado a California en cuanto supo a quién pertenecían los animales, ignorando la orden de la corte federal. Y ahora, según la fuente de Billy en el hipódromo, algunos hombres del cártel estaban de camino para llevarse los caballos. Los tres agentes estaban exhaustos y cubiertos de la mugre de los establos. Sin embargo, lo peor era que ahora ellos eran lo único que se interponía entre Miguel y sus caballos. Billy fue a darles la mala noticia a Junker y Kim.

—Mierda, necesitaremos refuerzos —exclamó Kim.

—Tendremos que acudir a la policía local —dijo Junker, frunciendo el ceño.

Era imposible movilizar a algún agente federal en tan poco tiempo. La oficina del FBI más cercana estaba en El Paso, a tres horas de distancia, y además el incendio les cortaba el camino. Su única esperanza estaba en el Departamento de Policía de Ruidoso, que ya estaba sobrecargado de trabajo. Si pudieran conseguir un par de vehículos policiales para patrullar el hipódromo, quizá Los Zetas creerían que contaban con refuerzos de sobra y se lo pensarían dos veces antes de presentarse con un remolque para caballos.

—Si vemos un coche lleno de sicarios será una lucha igualada, pero si vienen dos o más, seremos los mejores testigos a distancia que podamos ser —soltó Junker esbozando una sonrisa.

Los tres se metieron en el Cadillac Escalade negro de Junker y se dirigieron de nuevo al norte, rumbo a Ruidoso. Kim Williams, en el asiento del acompañante, empuñaba un fusil de asalto AR-15. La policía ya había cerrado la carretera principal de la ciudad para que no entrara ni saliera ningún coche, y ante ellos apareció una barricada policial. Junker vio que los ojos del policía se abrían como platos cuando se acercaron. La expresión de su cara parecía querer decir «Pero... ¿se puede saber qué narices es esto?». Sin duda estaba al corriente de la redada federal que se había producido en el hipódromo, y ahora veía a un coche acercarse a su barricada con tres personas dentro armadas hasta los dientes. Junker le enseñó rápidamente su placa de agente antes de que al policía se le pudiera pasar por la cabeza atacarles.

—Somos parte del cuerpo especial del hipódromo —explicó—. ¿Crees que en tu comisaría podrían enviarnos un par de coches patrulla para ayudarnos? Se dice que vamos a tener visitantes y necesitamos refuerzos.

El policía soltó una risotada.

—Estás de broma, ¿no? Estamos evacuando el pueblo.

El fuego había devorado ya más de doscientas casas. Podían ver un DC-10 volando en círculo sobre sus cabezas, rociando los bosques de pinos en llamas con nubes de polvo rojo retardante del fuego para intentar evitar que el incendio siguiera avanzando hacia el centro del pueblo.

Por suerte, el hipódromo estaba en el otro extremo de Ruidoso. Al fuego todavía le quedaba un buen trecho antes de llegar a los caballos.

—Pues nos arriesgaremos —dijo Junker.

El policía se encogió de hombros y los condujo a través de la barricada. Era inquietante conducir por la carretera vacía mientras las cenizas caían del cielo y revoloteaban sobre el parabrisas. Las casas y locales estaban vacíos y abandonados. Casi todo el mundo había sido ya evacuado. Era solo cuestión de tiempo antes de que los detuvieran en otra barricada y tuvieran que soltar otra vez su larga y enrevesada historia que, de todos modos, los agotados policías considerarían como una completa locura. Junker detuvo el coche a un lado de la carretera y salió de un salto. Kim le dirigió una mirada de perplejidad a Billy mientras Junker rebuscaba en la parte trasera de su coche. Volvió con una vieja luz estroboscópica roja, de esas que se conectan al mechero del coche.

—Guau —soltó Kim, sonriendo—. ¿Llevas con eso en el maletero desde los noventa?

—De la vieja escuela —dijo Billy, asintiendo con tono de aprobación.

Junker conectó la luz y la colocó en el salpicadero. Con la luz roja parpadeando en el Escalade, el policía de la siguiente barricada los dejó pasar con un ademán y finalmente llegaron a la entrada de Ruidoso Downs. La adrenalina y el café negro eran lo único que los mantenía en pie mientras examinaban el perímetro del hipódromo para ver si encontraban algún indicio de los secuaces de Miguel.

—Tenemos que sacar de aquí a los caballos, y rápido —apuntó Kim.

Los otros dos asintieron. No podían confiar en que las barricadas pudieran detener a Los Zetas. Billy llamó al encargado del hipódromo, que les prestó un remolque de transporte de caballos. Sobre Kim recayó la tarea de conseguir que los seis aterrorizados animales cooperasen. Tras varios intentos fallidos y juramentos e imprecaciones varios, logró guiarlos hasta el remolque, que engancharon al Escalade.

Mientras daban la vuelta por la estrecha y única carretera de montaña que todavía estaba abierta para salir de Ruidoso, Junker no pudo evitar echar un último vistazo por el retrovisor. Detrás de ellos las montañas estaban cubiertas de humo y fuego, pero, para su alivio, la carretera estaba vacía y no había ningún indicio de que los hombres de Miguel les fueran a la zaga.

BRIAN SCHUTT TENÍA SUS propias preocupaciones en California. La mañana de la redada había llegado al hipódromo Los Alamitos con los agentes del FBI y el IRS de California, pero el guardia que custodiaba las caballerizas les dijo que los caballos de José no estaban allí.

—¡Y una leche! —soltó Schutt, sorteando al guardia.

Sabía por sus fuentes que José tenía al menos veinte caballos en Los Alamitos, que eran entrenados en varios establos. Schutt llamó a la oficina del hipódromo para recordarles secamente que tenían a varios agentes federales armados esperando en la puerta. Poco menos de diez minutos después se presentó ante ellos un aturullado capataz con una lista de todos los establos registrados en las caballerizas.

—No sé de qué van estos hombres, pero algo se traen entre manos —gruñó el capataz mientras conducía rápidamente a Schutt y al resto de los agentes a las cuadras de Bonanza Racing Stables.

En la larga hilera de establos, Schutt encontró varios de los caballos de José, entre ellos los tres que acababan de clasificarse para la Ed Burke Million Futurity. De los tres clasificados, solo uno estaba registrado bajo Tremor Enterprises; los otros dos estaban a nombre de Bonanza, empresa dirigida por Fernando García. Con nueve caballos en la carrera, tres de los cuales pertenecían a José, la balanza estaba tremendamente a su favor y era muy probable que ganara el premio de un millón de dólares por segundo año consecutivo.

Schutt se planteó la posibilidad de permitir que los caballos participaran en la carrera de todos modos, ahora que habían pasado a ser propiedad del Departamento del Tesoro de los Estados Unidos. Tenía a un puñado de vaqueros a la espera con sus remolques listos. Acababan de enterarse de quién era el verdadero propietario de los caballos y estaban cada vez más ansiosos por marcharse. Algunos estaban intentando cubrir el nombre de sus servicios de transporte con cartones y cinta adhesiva. Schutt sabía que tenía que moverse con rapidez. El estacionamiento empezaba a llenarse de paseadores de caballos, mozos y entrenadores, todos intentando salir a toda prisa antes de que los detuvieran e interrogaran. Llamó a Doug Gardner en el centro operativo de San Antonio para preguntarle qué hacer con los tres caballos. Uno de ellos, un elegante semental bayo llamado Mr. Ease Cartel, había estado a punto de batir el récord de velocidad del hipódromo durante su ronda clasificatoria. Mientras miraba al caballo en su establo, Schutt no podía dejar de maravillarse ante la fuerza y velocidad que transmitían sus músculos. Para él era como estar al lado de un Ferrari o Lamborghini.

Gardner respondió al teléfono.

—Hola, Brian. ¿Cómo va la cosa?

—Por aquí todo bien —respondió Schutt—. Pero debo preguntarte algo. Tengo aquí a tres clasificados para la Futurity. Faltan menos de dos semanas para la carrera. ¿Los retiro o qué hago?

—Lo preguntaré a los de arriba y en cuanto sepa algo, te digo qué hacer —repuso Gardner.

Mientras Schutt esperaba la respuesta, los agentes se fueron paseando por las hileras de establos en busca de más caballos de José. Igual que Kim en Ruidoso, a Schutt le tocó la tarea de inspeccionar el labio de los animales y comprobar que el número tatuado coincidía con el que tenían en sus registros para asegurarse de que los vaqueros no se llevaran otros caballos por error. Pasados quince minutos, sonó nuevamente el teléfono.

—Sí, confíscalos —dijo Gardner.

Mucho después, Pennington, Schutt y el resto del cuerpo especial acabaron lamentando la decisión de retirar los caballos de la carrera. Los animales habrían ganado cientos de miles de dólares para el Departamento del Tesoro de los Estados Unidos solo por participar, y Mr. Ease Cartel habría tenido muchas posibilidades de hacerse con el premio de un millón de dólares. Además, después de la carrera, los caballos habrían ganado muchísimo valor. Pero ninguno de ellos sabía lo suficiente sobre carreras en aquel momento como para evitar aquel error.

Schutt hizo que cargaran rápidamente a los caballos en los remolques. En total habían identificado veinticuatro caballos. Un anciano mexicano que estaba sacando a uno de los animales de los establos le susurró un «gracias» a Schutt cuando este pasaba a su lado, en voz tan baja que solo lo pudiera oír el agente. Le pareció ver el alivio reflejado en los ojos del hombre.

CUANDO VOLVIERON A LAREDO, Lawson y Pérez se dedicaron a capturar a sus fugitivos en México antes de que, para cubrirse las espaldas, Miguel y Omar los mataran o pagaran a alguien para que lo hiciera. Francisco Colorado estaba en paradero desconocido, igual que Alfonso del Rayo. Pero Lawson tenía la sensación de que del Rayo no era un compinche de Miguel; más bien le parecía alguien atrapado en la trama. Llamó a Tyler Graham y le pidió el número de teléfono de del Rayo. Iba a apostar por su intuición e intentaría conseguir llegar a un acuerdo con del Rayo para que se entregara. Lawson se consolaba sabiendo que Colorado ya estaba en el punto de mira de los sicarios en México. Su única oportunidad de sobrevivir era intentar pasar desapercibido en Estados Unidos. Y si quería conservar la vida, iba a tener que acabar entregándose tarde o temprano.

El arresto en Estados Unidos del hermano de Miguel Treviño se había convertido en la noticia más candente de México, especialmente en Veracruz, donde la imputación de Francisco Colorado, acusado también de haber servido de enlace entre el exgobernador Fidel Herrera y Los Zetas, era uno de los principales temas de debate.

Alfonso del Rayo había estado viviendo en la incertidumbre, demasiado asustado para hablar con las autoridades sobre su secuestro. Tras su arresto, Nayen le había llamado desde California exigiéndole que le enviara más dinero para costearse un abogado. También le pidió las llaves de su casa en San Antonio. Su mujer y su hijo necesitaban un lugar donde vivir mientras él estaba en prisión, explicó. Del Rayo le dio las llaves a la esposa de Nayen. Le preocupaba que, con Nayen en prisión, Los Zetas decidieran ir a por él y su familia. No tenía otra opción que intentar contentar a Nayen; de lo contrario volverían a secuestrarle o algo peor. Parecía que no había escapatoria a esa pesadilla que cada día era más aterradora.

Justo cuando del Rayo pensaba que su situación no podía ser peor, recibió una llamada de teléfono que lo dejó tan conmocionado que, momentáneamente, se le olvidó todo su inglés. Era un agente del FBI de Estados Unidos que lo llamaba para decirle que había sido imputado.

—¿Qué? —soltó del Rayo en español, sin estar seguro de haber comprendido a su interlocutor—. ¿Cómo puede ser esto posible?

El agente, que dijo que se llamaba Scott Lawson, le explicó que llevaban meses escuchando sus llamadas de teléfono y que el FBI sabía que había comprado un caballo para Miguel Treviño en Oklahoma.

Pero del Rayo ni siquiera había oído hablar de Miguel Treviño. Solo conocía a Carlos Nayen y a Fernando García, le explicó al agente. Le contó a Lawson que había sido secuestrado y que Nayen, junto con un empleado de la oficina del gobernador, le había dicho que tenía que ir a comprar el caballo a Oklahoma o que su familia entera sería asesinada. Y, desde entonces, Los Zetas lo habían estado extorsionando.

—Si eso es cierto —le advirtió Lawson—, tiene que venir de inmediato a Estados Unidos para demostrarlo y limpiar su nombre.

Del Rayo se quedó callado al otro lado de la línea, intentando decidir qué hacer. Si iba a Estados Unidos, testificaba en el juzgado y les decía a las autoridades todo lo que sabía, Los Zetas lo matarían.

—Colabore con nosotros —lo apremió Lawson—. Tráigase a su esposa y a sus hijos con usted. Mi compañera y yo nos reuniremos con ustedes en el aeropuerto. No le pondremos las esposas delante de su familia.

—De acuerdo —accedió del Rayo finalmente—. Pero denme dos semanas para dejarlo todo en orden.

Cuando colgó el teléfono todo el peso de lo que acababa de decidir cayó sobre él. Él y su familia iban a tener que dejar atrás todo lo que amaban. México ya no era un lugar seguro. «Será temporal», se dijo a sí mismo. Algún día volverían.

LA MAÑANA DE SU arresto, José Treviño se había estado preparando para hacer el último pago de 200.000 dólares por su rancho de

Oklahoma. Su anciano vecino, que le había vendido veinticuatro hectáreas, se había acostumbrado a dormir con una escopeta bajo la cama. Le dijo a Lawson que, a su parecer, José era propietario de demasiados caballos y tomaba medidas de seguridad poco frecuentes para proteger el rancho. Bien entrada la noche había hombres con linternas patrullando el recinto; se trataba de una costumbre peligrosa porque los caballos eran animales que se movían en manada y que podían asustarse fácilmente y, si pasaba esto, podían echar a correr y hacerse daño o lesionarse entre ellos. Pero para entonces el anciano ya conocía los rumores sobre José y sus hermanos de México y por eso vendió su propiedad aunque no era un buena negocio: no quería ningún problema. Pero ahora que José ya no estaba se sentía algo más tranquilo. Los meses de ansiedad finalmente iban a quedar atrás.

Tras el embargo del rancho y de los caballos, el legado de Miguel empezaba a desmoronarse. José y su esposa estaban bajo custodia y los agentes federales vigilaban la propiedad y los casi trescientos caballos que todavía estaban en el rancho, que ahora pertenecía al Departamento del Tesoro.

A José se le había acabado su racha de buena suerte. La redada del 12 de junio en Los Alamitos había revelado su plan para ganar la Ed Burke Million Futurity por segunda vez. Con sus tres caballos ahora bajo la custodia del gobierno de Estados Unidos y retirados de la carrera, a José Treviño se le habían acabado los trofeos y los premios de un millón de dólares.

CUARENTA Y OCHO

LA REDADA HABÍA SIDO TODO UN ÉXITO. JOSÉ Y EL RESTO DE LOS SOSPE-
chosos habían sido arrestados sin necesidad de un solo disparo.
Incluso el avión de vigilancia del FBI con el tren de aterrizaje estropeado había podido aterrizar finalmente en Oklahoma City sin
apenas daños; únicamente algunas marcas en el fuselaje y una tripulación sobresaltada.

Pero cualquier sensación de triunfo que Lawson y Pérez hubieran tenido quedó ensombrecida por el hecho de que Miguel y Omar
seguían estando fuera de su alcance en México. Al menos, como dijo
Pennington, podían sentirse orgullosos de saber que habían terminado con los planes de los hermanos al norte del río Bravo.

José, que se había declarado no culpable, estaba en régimen de
aislamiento en una penitenciaría del condado, cerca de Austin. El
juez federal Sam Sparks había rechazado imponer una fianza, ya
que se consideraba que José podía huir. Sparks, anteriormente abogado litigante, llevaba más de dos décadas sirviendo en el distrito
este de Texas. A este juez de setenta y tres años se le consideraba
una persona conservadora pero no ideologizado, y deliberativo al
dictar sus sentencias. Ya había puesto en libertad bajo fianza a Zulema, la esposa de José, y a Alexandra, su hija mayor.

Aparte de Miguel y Omar, Sergio «Saltillo» Guerrero, Luis
Aguirre y Víctor López estaban también campando a sus anchas
por México. Poco después de la redada se supo que Víctor López

había muerto de forma sospechosa en Nuevo Laredo, por lo que fue eliminado de la lista de fugitivos. Como esperaban, Francisco Colorado se entregó al FBI en Houston tres días después de la redada. No le quedaban muchas opciones, ya que no podía volver a México. A ojos de Miguel, estaba marcado, igual que Carlos Nayen.

En otro embrollo más con la DEA, la agencia había acusado a Nayen en el distrito este de Texas con cargos de tráfico de drogas y contrabando de armas justo un mes antes de que el FBI y el IRS pudieran presentar sus cargos en el distrito oeste, lo que ahora iba a complicar el proceso judicial en Austin. Nayen se había declarado culpable de los cargos y se negó a testificar en el juicio.

Los dos jóvenes entrenadores de caballos, Felipe Quintero y Adán Farías, junto con Raúl Ramírez, uno de los jóvenes postores en las subastas, habían llegado a un acuerdo de culpabilidad. Y los dos entrenadores de caballos habían aceptado testificar para la fiscalía.

El resto de los acusados, Francisco Colorado, Eusevio Huitrón y Fernando García, irían a juicio con José Treviño.

El juez Sparks decidió que el juicio se celebraría en octubre de 2012 en el juzgado federal de Austin, lo que daba al equipo solo cuatro meses para prepararse. Se trataba del mayor caso que la oficina del fiscal federal de Austin había tenido en más de una década. Gardner sabía que iba a necesitar la ayuda de otro fiscal federal en la oficina, así que reclutó a Michelle Fernald. Ambos habían colaborado en varios juicios a lo largo de las últimas dos décadas y sus personalidades, muy distintas, se complementaban muy bien en el juzgado. Fernald tenía un don para el dramatismo que contrastaba muy bien con el estilo pausado y práctico de Gardner.

El equipo se sentía un tanto alarmado ante la tarea que tenían por delante de condensar, en menos de cuatro meses, una investigación de tres años en una presentación coherente ante un jurado. Tenían al menos cuatrocientas cajas de pruebas recuperadas durante la redada y que ahora atiborraban la sala de conferencias de la oficina del fiscal federal. Había montones tan altos que cubrían las ventanas con su vista del Capitolio y el centro de Austin. De todos modos, tampoco es que le prestaran demasiada atención al mundo exterior; las persianas venecianas estaban siempre cerradas para que los agentes pudieran analizar a fondo cada documento en un retroproyector e ir desarrollando el corpus de pruebas.

Estaban trabajando horas extra desde antes de la redada de junio y ahora sentían la presión de la fecha del juicio, cada día más próxima. Cada mañana, antes del amanecer, Schutt y Kim Williams salían a correr por el lago Lady Bird para eliminar el estrés. Pennington no tenía esta opción, ya que tenía una lesión en la rodilla desde la primavera, cuando había corrido una media maratón con ellos dos. Le echaba la culpa de su lesión a un sueño que había tenido. La noche antes de la maratón había soñado que estaba en la carrera mirando a Schutt, Junker y Kim Williams mientras corrían, pero que él estaba observándolos desde un lugar elevado. A medida que los veía alejarse de él, se dio cuenta de que estaba muerto. Cuando se levantó, el sueño se le quedó grabado; incluso estaba algo asustado. No era tan mayor, se dijo, y ni siquiera se había retirado todavía.

Esa mañana, cuando llegó a la línea de salida de la maratón, estaba decidido a superar a cualquiera que se le pusiera por delante. Pero mientras corría disparado colina abajo notó cómo se le rompía algo en la parte trasera de la rodilla y sintió una tremenda punzada de dolor subiéndole por la pierna. Tras la carrera, el dolor se convirtió en una incomodidad constante, que ignoró durante meses hasta que su mujer lo obligó a ir al médico. El diagnóstico no era bueno: se había desgarrado el cartílago de la rodilla y se iba a tener que operar. No podría haberle sucedido en peor momento, pensó. Iba a tener que ir cojeando con las muletas de acá para allá con Omar y Miguel todavía sueltos.

A Pérez se le hacía cada día más difícil dejar a sus hijos las mañanas del lunes y no volver a verlos hasta el fin de semana. Una mañana, mientras se preparaba para ir a Austin, su hijo mayor, que ya tenía siete años, le preguntó por qué nunca estaba en casa.

—¿Es porque no nos quieres?

Había visto un programa de televisión sobre la policía y tenía una vaga sensación de que su madre hacía algo por el estilo. Pérez intentó explicarle que ella era una agente federal, pero el niño quedó decepcionado al saber que ni siquiera llevaba un uniforme como el de la televisión.

—Yo soy policía, lo que pasa es que no me visto como ellos. Y, en ocasiones, meto a los malos en prisión. Hay malos por todas partes, así que a veces tengo que irme muy lejos para arrestarlos.

Su hijo la miró, parpadeando, intentando encontrarle el sentido a lo que le decía.

—Entonces, ¿por qué no te buscas otro trabajo? —le preguntó.

—Porque me encanta lo que hago —repuso ella.

—Ah —dijo él, con carita de decepción—. Bueno, de acuerdo.

Después, cuando iba con Lawson camino de Austin, la invadió un sentido de culpabilidad. Al menos su marido comprendía lo que significaba su trabajo para ella. La conocía lo suficiente para saber que, si le planteaba un ultimátum para hacer que dejara su trabajo, el tiro le saldría por la culata. Cuando Lydia decidiera que ya se había cansado de cuidar a sus hijos, puede que Pérez tuviera que abandonar la brigada de crímenes violentos. Y entonces no sabría qué hacer después. La sensación de culpa empezó a remitir, sin desaparecer del todo, cuando llegaron a la carretera interestatal 35 y ella y Lawson se pusieron a hablar de su siguiente tarea para preparar el juicio. Aun así, sabía que tenía que terminar ese caso. Estaba aportando su granito de arena para ayudar a la tierra natal de sus padres. A veces se preguntaba si acaso no sería ya demasiado tarde.

Finalmente, Elena, la novia de Lawson, había roto con él cuando volvió a Laredo tras la redada de Oklahoma. Lawson llevaba meses esperando la ruptura y, ahora que finalmente la relación había terminado, admitió ante Pérez que no sentía más que alivio.

En la preparación del juicio, su trabajo principal era tener un ojo puesto en los informadores y reunir a todos los testigos que se habían prestado a testificar. La actitud serena de Graham empezaba a verse algo afectada bajo la presión de vivir tanto tiempo una doble vida.

No paraba de preguntarle a Lawson cuándo se acabaría todo. Pero lo único que Lawson le podía prometer era que el juicio se celebraría pronto. De nuevo quedó impresionado por las agallas de Graham cuando aceptó subir al estrado como testigo. Sabía que el FBI iba a tener que asignarle una escolta de seguridad, ya que su vida podía estar en peligro. Muchas otras personas del sector de los caballos de carreras estaban tan asustadas que ni siquiera se planteaban testificar. Un conocido entrenador de caballos en Los Alamitos, que había trabajado con José, había contratado guardaespaldas cuando supo quiénes eran los hermanos de José. Estaba tan aterrorizado ante la mera idea de presentarse como testigo que Gardner determinó que no podría subir al estrado sin perder la compostura.

DOS SEMANAS DESPUÉS DE que Lawson hablara por teléfono con del Rayo, el rico constructor llegó al aeropuerto de San Antonio desde Ciudad de México con su mujer y sus dos hijos. Pérez y Lawson se reunieron con la familia en la zona de recogida de equipajes. Los agentes llevaban traje de negocios, sus placas doradas del FBI y las pistolas ocultas bajo los abrigos.

—¿Cómo están? —Pérez los saludó en español, intentando tranquilizar a la familia—. ¿Cómo les fue el viaje?

La familia traía consigo un montón de equipaje. Estaba claro que del Rayo sabía que no iban a volver pronto a casa. Su esposa parecía recelosa y los niños se agarraron instintivamente al brazo de su padre.

—Bien, bien —respondió del Rayo en inglés mientras levantaba el maletín que llevaba—. Aquí están todos mis registros médicos y documentos financieros —dijo, caminando por la terminal hacia la salida—. Quiero limpiar mi nombre.

Como Lawson le había prometido, no le pusieron las esposas a del Rayo ante su familia, a pesar de que seguía estando imputado. Caminaron hasta la acera exterior de la terminal del aeropuerto y del Rayo, con su maletín de pruebas, entró en la parte trasera del coche. Del Rayo intentaba sonreír y decirles adiós con la mano a sus hijos de modo que no se asustaran al ver a dos desconocidos llevándose a su padre, pero los niños ya estaban al borde de las lágrimas cuando el coche se puso en marcha.

Condujeron directamente hasta el juzgado federal de Austin, donde del Rayo fue puesto a disposición judicial y salió en libertad bajo fianza. Después de esto se reunió con Doug Gardner en su oficina para informarle y que este pudiera defender su inocencia ante el tribunal.

CUARENTA Y NUEVE

STEVE PENNINGTON Y BILLY WILLIAMS EMPEZABAN A ADVERTIR QUE NECE-
sitaban ayuda para investigar a ADT Petroservicios, la empresa
de Francisco Colorado, y para seguir el rastro de los fondos que
habían ido pasando por las distintas cuentas bancarias estadounidenses de José Treviño.

A través de testigos dispuestos a colaborar, habían descubierto
que Miguel trataba a ADT Petroservicios como su propio banco
personal, ingresando dinero en la empresa y usándolo después para
hacer transferencias bancarias a Estados Unidos. Pero su debilidad seguía siendo la falta de documentos para demostrarlo más
allá de toda duda razonable ante un jurado. Ambos habían solicitado documentos bancarios de ADT a México, pero no habían
recibido respuesta. Gardner y Fernald iban a tener que demostrar
al jurado que los millones que Colorado había gastado en caballos
provenían del tráfico de cocaína de Miguel. También tenían que
demostrar que algunas personas del sector, como Chevo Huitrón,
habían aceptado pagos de José y Carlos Nayen aun sabiendo que
era dinero sucio. Pero estaba resultando un desafío más complicado incluso de lo que habían previsto.

Michelle Fernald sugirió que su esposo, Michael, les ayudara
también con el análisis financiero. De treintaiocho años, Michael
Fernald, quien llevaba el mismo corte de pelo militar que cuando
salió del ejército (donde había trabajado en el Departamento de

Inteligencia), era un investigador criminal del IRS destinado en Austin. Fernald llevaba meses oyendo hablar de la investigación de Treviño y estaba intrigado por la magnitud y complejidad de la trama de blanqueo de dinero.

A diferencia de Pennington o Billy Williams, Fernald era un contable público especializado en delitos de guante blanco y experto en fraude electrónico. Pennington conocía a Fernald y respetaba su opinión, ya que este lo había ayudado anteriormente con órdenes de registro, pero nunca había trabajado a tiempo completo en un caso de un cártel de drogas. Pennington llamó a Fernald y le preguntó si estaría dispuesto a unirse a ellos. Le aseguró que no tendría que preocuparse del aspecto del tráfico de drogas del caso, ya que esa era la especialidad de Pennington; lo que necesitaban de él era un análisis financiero en profundidad de los negocios de Colorado y José, igual que los que hacía en las investigaciones de guante blanco.

Fernald aceptó de inmediato. Y cuando Pennington planteó la idea ante el resto del equipo, todos se mostraron rápidamente de acuerdo en que era una buena idea.

La mañana siguiente, Fernald llegó pronto y despejó un espacio en una de las mesas plegables de la atestada sala de conferencias. Brian Schutt y Kim Williams ya estaban allí. Ahora había seis investigadores analizando las pruebas. Las cajas de cartón estaban marcadas con distintos colores según el estado o la ciudad donde se hubieran recuperado las pruebas. Había recibos, facturas de veterinarios e incluso trozos de papel con nombres, números de teléfono y garabatos porque alguien del equipo de recogida de pruebas había pensado que aquellas anotaciones podrían ser importantes. Ahora tenían que ir examinando las pruebas, una por una, y decidir qué eran. Cada trozo de papel iba a convertirse en un documento electrónico. Los pizarrones de las paredes a su alrededor tenían garrapateados nombres, diagramas de flujo y otras notas que a alguien le habían parecido importantes, todo en rotulador negro.

A lo largo del día, Pennington u otro agente les gritaban el nombre de algún caballo a Kim Williams y Schutt, que estaban sentados por el centro de la mesa con sus portátiles. Ellos consultaban si un determinado animal estaba ya en su hoja de Excel, cada día más larga, y si no era así lo añadían de inmediato. Para entonces, Pennington y su cuerpo especial llevaban tanto tiempo en la investigación que la conocían al dedillo. Pero Fernald tenía menos de cuatro semanas para entender bien todo lo que tenía que saber sobre las finanzas de Francisco Colorado y José Treviño. Abrió su portátil y se puso a leer.

LAS DOS PRIMERAS SEMANAS pasaron volando y Michael Fernald sentía la tremenda presión de intentar elaborar un análisis financiero de una compleja trama de blanqueo de dinero en tan poco tiempo. Cada día se leía montones enormes de papeles hasta que las letras se desdibujaban ante sus ojos por la falta de sueño. Esperaba obtener algunos documentos financieros de ADT Petroservicios durante el intercambio de pruebas con los abogados defensores. También había presentado otra solicitud de documentos financieros a México apelando al tratado MLAT, esta vez a través del Departamento de Estado de Estados Unidos. Lo había convertido en una solicitud amplia y había incluido los contratos de Pemex con ADT Petroservicios. Era la primera vez que trabajaba en un caso con una empresa mexicana. Normalmente enviaba las órdenes judiciales a bancos y corporaciones y estos le proporcionaban los documentos financieros en cuestión de semanas; de lo contrario, se enfrentarían a severas penalizaciones e incluso a la cárcel. Pero no contaba con esta autoridad en México. Tenía que limitarse a pedir los documentos y esperar. Sabía que Billy Williams y Pennington no habían conseguido nada con su primera petición. En cualquier investigación, los agentes siempre esperan un golpe de suerte y depositan sus esperanzas en ello, pero Fernald sabía que se le estaba acabando el tiempo.

Cinco días antes del juicio de octubre, viendo que ninguna de las dos partes estaba mínimamente preparada, el juez Sparks tomó una decisión. Con más de treinta mil páginas de documentos de la acusación, fechas de juicios solapadas de los abogados de los acusados y las negociaciones en curso sobre los cientos de caballos bajo custodia del IRS, ambas partes habían suplicado a la corte que les diera más tiempo. El juez Sparks accedió y puso una nueva fecha para el juicio: el 15 de abril de 2013.

La decisión del juez supuso un gran alivio para el equipo.

Ahora tenían seis meses más. Eso significaba que Michael Fernald tenía una posibilidad mucho más realista de conseguir la información que necesitaba para poder investigar en profundidad. El amigo de Lawson, el agente especial de la DEA Bill Johnston, también se había unido al equipo en un esfuerzo más por reparar la relación entre ambas agencias. Doug Gardner se había enterado a través de otro fiscal de que la oficina de la DEA en Houston tenía en su poder registros de conversaciones pinchadas entre Ramiro Villarreal y los hermanos Treviño, Miguel y Omar. Las grabaciones de la DEA podrían ayudarlos a relacionar el dinero de Miguel con los caballos. Johnston le dijo a Gardner que haría todo lo que estuviera en sus manos para conseguirle la grabación de las llamadas intervenidas. Gardner también le encargó las órdenes de registro de correos electrónicos al joven agente de la DEA. Johnston iba a empezar por el correo electrónico de Fernando García y, a partir de ahí, tendría que ir tirando del hilo.

El único inconveniente de retrasar la fecha del juicio era saber qué hacer con los caballos durante varios meses más. Algunos ya empezaban a ponerse enfermos y otros habían muerto porque el rancho de José no podía dar cabida a tantos animales. El IRS había confiscado 485 caballos, muchos de los cuales seguían en Lexington bajo una orden de protección. Al menos once habían muerto ya. El hijo mayor de José, José Jr., se había quedado a cargo de ellos con tan solo un puñado de trabajadores. Pero Junior, que había nacido y crecido en Dallas, odiaba la vida en el rancho. Estaba impaciente por deshacerse de la carga que suponían los caballos y volver a la ciudad. Ya le había preguntado al IRS si podía vender sesenta de las yeguas de cría menos valiosas, de modo que tuviera menos animales que mantener.

Los costes de cuidar a los caballos que iba acumulando la agencia eran cada vez mayores. El día de la redada, los vaqueros contratados por el IRS se habían llevado cuarenta y nueve de los caballos de carreras más valiosos de José y ahora tenían que pagar a distintos establos para que los cuidaran. La agencia ya había gastado casi un millón de dólares en tan solo cuatro meses. Y no ayudaba que el estado de los caballos enfermos y moribundos del rancho de Lexington se hubiera filtrado a los medios de comunicación, lo que suponía más mala prensa para los susceptibles jefes de Pennington en Washington. También hubo expertos en carreras de caballos que advirtieron a Billy Williams y a Pennington de que las docenas de potros de un año del rancho de José iban a tener que ser domados, ensillados y entrenados en los siguientes meses si querían tener alguna posibilidad de convertirse en caballos de carreras. Así que los agentes dijeron a sus jefes que los caballos tenían que subastarse, y pronto.

Pero el abogado de José tomó medidas para bloquear la venta de los caballos, argumentando ante el juez que su cliente les tenía un «apego sentimental». Tras cerca de una semana de litigio en los juzgados, José finalmente aceptó que se llevara a cabo la subasta, pero bajo una condición: que el gobierno no vendiera sus cinco caballos más preciados, entre los que estaban Mr. Piloto, Separate Fire (que había ganado la carrera Ed Burke Million Futurity en Los Alamitos) y Tempting Dash. Michelle Fernald y Doug Gardner aceptaron el trato. También acordaron que el IRS iba a tener los ingresos de la subasta en fideicomiso hasta después del juicio. Si José era exonerado de sus acusaciones, el dinero sería para él.

CINCUENTA

MIGUEL TREVIÑO HABÍA PERDIDO EL RANCHO DE OKLAHOMA Y SU HERMANO estaba en prisión, pero cuatro meses después de la redada finalmente había alcanzado su máximo poder. En octubre de 2012, Heriberto Lazcano, líder de Los Zetas, había caído ante las balas de los soldados del pequeño pueblecito de Progreso, Coahuila, a unos ciento treinta kilómetros al sur de Nuevo Laredo.

La muerte de El Verdugo había convertido a Miguel en el único líder de Los Zetas, con Omar como segundo al mando. Ahora los hermanos controlaban la mitad de México. Pero el brutal ascenso de Miguel le granjeó más enemigos que aliados. El cártel, ahora el segundo más grande del país después del de Sinaloa, empezaba a fracturarse. Tras la muerte de Lazcano apareció una pancarta en Nuevo Laredo donde se denunciaba a Miguel como el traidor que había revelado a los militares el lugar donde estaba El Verdugo y, además, afirmaba que también había ayudado a las autoridades a capturar a Mamito y a El Talibán, otro líder de Los Zetas, para ganar todavía más poder. Algunos consideraban que el uso que hacía Miguel de los fondos de Los Zetas para invertirlos en el rancho y en la compra de llamativos caballos de carreras en América era temerario y caprichoso. La pancarta, colgada en el pueblo natal de Miguel, anunciaba que el nuevo grupo divergente de Los Zetas, llamado Los Legionarios, iba a matar a Miguel y a sus seguidores. «Ojo por ojo», se leía.

Ahora los hermanos no solo tenían que luchar contra el Cártel de Sinaloa y sectores del ejército mexicano, sino que iban a tener que enfrentarse también a los desertores de su propia organización.

EL PRIMER DÍA DE noviembre de 2012 tuvo lugar en Heritage Place la subasta más inusual y famosa de su historia. Miles de personas se presentaron con la esperanza de comprar ejemplares de las mejores estirpes de caballos de carreras subastados por el Departamento del Tesoro de Estados Unidos. Tras haber leído acerca de José Treviño y de Los Zetas, muchos de los espectadores asistieron únicamente para quedarse embobados ante los más de trescientos caballos a la venta, con nombres tan llamativos como Big Daddy Cartel, Break Out the Bullets y Cartel Syndicate [Papá cártel, Saca las balas y Sindicato del cártel].

Pérez sacó del armario sus botas de vaquero para la subasta y Lawson acudió con sus acostumbrados tejanos y botas. Ambos llevaban una cartuchera oculta bajo la chaqueta. A medida que el subastador iba entonando la letanía de pujas, los dos agentes observaban a los asistentes para ver si algo o alguien les parecía sospechoso. Pennington y su cuerpo especial se dedicaron a pasearse por los establos y alrededor del recinto donde se celebraba la venta. Steve Junker también estaba allí, ya que se había comprometido a ayudar a Pennington con la vigilancia y la seguridad siempre que lo necesitaran.

Los agentes no habían recibido ninguna amenaza directa desde que se había anunciado la subasta, pero ahora que Miguel Treviño era el líder de Los Zetas, sabían que este podía ordenar que los asesinaran a ellos o a sus informadores en cualquier momento como venganza. También podía haber montado una red de compradores falsos para recuperar sus caballos más valiosos en la subasta. Para evitar que esto pasara, Pennington y su equipo investigaban a fondo a cada comprador antes de aprobar la venta.

A medida que Lawson se acercaba a la pista donde se realizaba la venta advirtió que un fornido mexicano estaba filmando a los postores con un iPad, así que le dio un codazo a Pérez y le señaló al hombre con la barbilla para que se fijara en él.

Ella le echó un vistazo y asintió con la cabeza a Lawson para confirmarle que también le parecía sospechoso. Se alejaron de la multitud.

—¿Qué te parece? —le preguntó Lawson.

—Puede que trabaje para Miguel —dijo Pérez, hablando en voz baja para que nadie más pudiera oírlos—. Seguramente quiere saber quién está pujando por sus caballos; puede que haya otros cárteles aquí, intentando comprarlos. Así podría vengarse más tarde.

Lawson les envió un mensaje de texto a Pennington y a las fuerzas especiales para que observaran al tipo corpulento del iPad. Cuando Junker recibió el mensaje y leyó la descripción, cayó en la cuenta de que el hombre estaba justo detrás de él. Haciendo ver que tomaba una foto con el móvil al caballo que había en la pista, le sacó una fotografía de perfil al sospechoso. «¿Te refieres a este tipo?», respondió en un mensaje con la foto adjunta.

Lawson reenvió la foto a un informante mexicano para ver si podían identificarlo como alguien que trabajaba para Miguel. La respuesta llegó pocos minutos más tarde: «Se parece a uno de los sicarios de Miguel, un tipo al que llaman "El H"».

—Mierda —gruñó entre dientes Lawson, y le mostró el mensaje a Pérez.

Ambos estaban alarmándose por momentos. A la subasta habían acudido reporteros para cubrir la noticia y, además, el lugar estaba repleto de miles de espectadores que deambulaban por la enorme casa de subastas, paseándose arriba y abajo por las hileras de compartimentos de los largos establos donde se hallaban los caballos de Los Zetas. Había varios tenderetes para atraer al gentío ocupados por distintos comerciantes: desde joyeros hasta aseguradoras de ganado. Heritage Place tenía el tamaño de un pequeño pueblo. Si se producía un tiroteo entre los cárteles o un secuestro, saldrían en las portadas de todos los periódicos.

«¿Estás seguro?», preguntó Lawson. «No», contestó el informante en su mensaje.

—No está seguro —le dijo Lawson, irritado, a Pérez, que no le sacaba el ojo de encima, mientras Lawson intentaba confirmar si el tipo trabajaba o no para Miguel.

Lawson envió la foto a otras dos fuentes, pero nadie pudo confirmarle si se trataba de «El H».

«Pues nada», escribió Lawson en un mensaje para el resto del equipo. «Puede que sea un sicario, pero no lo puedo confirmar».

«Qué información más útil», repuso Pennington en su respuesta.

Lawson y Pérez siguieron vigilando a su presunto sicario, quien mostró un enorme interés, igual que muchos otros, cuando empezaron las pujas por un caballo llamado Dash of Sweet Heat. La potrilla, al igual que Tempting Dash, era progenie de First Down Dash, uno de los caballos favoritos de Miguel.

La anterior dueña de la yegua, Julianna Hawn Holt, copropietaria de los San Antonio Spurs, la vendió a Carlos Nayen el año anterior en una subasta en Ruidoso que alcanzó la suma de 650.000 dólares. Como amazona consagrada y figura prominente en el sector de las carreras de cuarto de milla, Holt había quedado estupefacta al descubrir que había vendido su caballo a Los Zetas. Cuando la redada apareció en las noticias, se puso en contacto con el IRS y se ofreció para recomprar el caballo, pero le dijeron que tendría que pujar por él en la subasta como cualquier otro comprador.

Un enviado de confianza de Holt se quedó cerca de la pista de venta con la instrucción expresa de comprar a Dash of Sweet Heat al precio que fuera. La puja fue dura y a Lawson y a Pérez les costó identificar a los postores entre la multitud. El tipo del iPad siguió grabando, pero no levantó en ningún momento la mano para pujar. Ya se había difundido la misión de Holt para recuperar a su potrilla y se esperaba que el precio que acabaría pagando alcanzaría una suma astronómica. Finalmente fue el representante de Holt quien se hizo con la yegua; pagó un millón por un caballo que Holt había vendido el año anterior por mucho menos. Para cuando terminó la subasta de tres días, el IRS había recaudado nueve millones de dólares.

Fue un enorme alivio que todo terminara, y mejor aún que no hubiera habido ni rastro de violencia, a pesar del avistamiento del supuesto sicario. Tras vender la mayoría de los caballos de José, ahora los agentes podían dedicar todas sus energías a prepararse para el juicio que se aproximaba en abril.

Steve Pennington ya no pudo posponer más su operación de rodilla. Tras la intervención su médico le ordenó que se quedara en casa e hiciera reposo. Obligado a quedarse al margen, Pennington adoptó la costumbre de pasearse por el jardín con la ayuda de un bastón, cuando debería haberse quedado en cama recuperándose. A su parecer se trataba del peor momento para quedarse a un lado, teniendo en cuenta que acababa de arrestar al hermano de un capo de la droga y después había vendido sus preciados caballos. Lo único que quería era volver a trabajar en Austin.

CINCUENTA Y UNO

LA MAÑANA DEL 15 DE ABRIL DE 2013, LA PRIMERA DEL JUICIO, FUE UN húmedo y cálido día de verano en Austin. El juzgado federal, recién inaugurado, ocupaba toda una manzana de la ciudad con su fachada de cristal, acero y caliza blanca. Los ocho pisos del edificio, de altos muros y ángulos marcados, se elevaban como un imponente castillo modernista rodeado por agentes de seguridad nacional armados con fusiles de gran calibre.

Durante semanas las historias sobre Tremor Enterprises y José Treviño habían recibido una enorme atención de los medios de comunicación, que se centraron especialmente en Los Zetas y la brutalidad de los hermanos de José en México. A medida que el juzgado empezaba a llenarse, los reporteros de televisión comenzaron a instalarse para tomar imágenes en directo desde fuera, y los fotógrafos se atrincheraron cerca de la parte inferior de las escaleras para tomar fotos de los acusados y sus familiares cuando llegaran.

En un radio de una manzana alrededor del juzgado, los SUV del Departamento de Seguridad Nacional bloqueaban todas las intersecciones, y los agentes encargados de la seguridad en la parte exterior del edificio redirigían el tráfico para alejarlo del lugar. Unos días antes habían sabido, por medio de la oficina de desarrollo urbanístico de la ciudad, que alguien había intentado comprar una copia de los planos del juzgado, pero el funcionario, receloso, había hecho que el visitante se fuera con las manos vacías. El sospechoso incidente no había hecho más que aumentar la presión entre el equipo de seguridad.

A los departamentos del *sheriff* y de policía se les asignaron tareas de vigilancia ininterrumpida en los domicilios de Michelle Fernald, Doug Gardner y el juez Sam Sparks. Steve Junker fue designado como guardaespaldas de Gardner y se le encomendó la tarea de escoltarlo cada día en su trayecto hasta el juzgado y de vuelta a casa. Bob Rutherford, un agente especial del IRS, fue el encargado de proteger a Michelle Fernald.

Ambos fiscales llegaron pronto al juzgado a fin de prepararse para la larga jornada de la elección del jurado. Los dos llevaban chalecos antibalas en el carro, pero ninguno tenía ánimos de ponérselo. Les costaba imaginar que Los Zetas fueran tan atrevidos como para abrir fuego contra dos fiscales en la tranquila ciudad de Austin. Pero el jefe de seguridad del edificio les recordó que los pistoleros del cártel ya habían asesinado a un agente federal en México. Miguel y Omar Treviño eran famosos por sus brutales acciones, y los ciudadanos estadounidenses no podían correr ningún riesgo. La primera mañana del juicio, antes de que Gardner saliera del coche, Junker, enfundado en un chaleco antibalas, oteaba el horizonte en busca de cualquier detalle sospechoso; no podía evitar pensar que los chalecos no servirían de nada si el cártel decidía contratar un francotirador.

El interior del juzgado era tan imponente como su fachada: los resonantes pasillos de mármol blanco hacían que muchos de los posibles miembros del jurado bajaran la voz hasta convertirla en un susurro. Mientras el juez Sparks veía cómo la sala más grande se llenaba hasta los topes, no pudo disimular su irritación al ver que algunas personas se quedaban en la puerta, intentando entrar. Su enfado no era contra ellas sino contra los arquitectos y burócratas de Washington. Aquel iba a ser, sin duda, uno de los mayores juicios celebrados en Austin en muchos años. Sparks se había decidido por la sala de audiencias de la primera planta para la elección del jurado porque era la única donde iban a caber los candidatos, los medios de comunicación y las familias de los acusados. Pero, aun así, se había quedado pequeña. Había pedido que las salas del nuevo juzgado fueran mayores, pero sus superiores habían hecho oídos sordos a su solicitud. El juez ordenó que los alguaciles prepararan otra sala con transmisión de audio y vídeo para los que se habían quedado fuera, donde se instaló a los miembros de la familia y reporteros que seguían esperando en el vestíbulo.

La familia de José Treviño había llegado temprano. Su madre, menuda y con la larga cabellera gris recogida en una trenza, se sentaba en medio de la segunda fila, flanqueada por dos de sus hijas. Era el único miembro de la familia que también había estado en el juzgado en 1995 cuando su hijo mayor, Juan Francisco, fue condenado a veinte años en Dallas. Ahora observaba cómo su tercer hijo, vestido con un traje azul oscuro, se sentaba en la abarrotada mesa de los acusados al lado de Francisco Colorado, Francisco García, Chevo Huitrón y el hermano de Chevo, Jesse, que había sido imputado como cómplice pocas semanas después de la redada. Si lo declaraban culpable, José podía enfrentarse a hasta veinte años de cárcel. Y como el blanqueo de dinero era un cargo federal, había pocas posibilidades de que le concedieran una reducción de la pena.

El primer día del proceso se iba a dedicar a elegir al jurado. Los abogados, sus asistentes legales y los acusados se sentaron, apretujados, alrededor de la larga mesa de la defensa. Casi la mitad de la docena de abogados allí sentados estaban en el equipo legal de Francisco Colorado, incluido su abogado de México y el famoso letrado de Houston Mike DeGeurin, bronceadísimo y de pelo entrecano, quien estaba al mando de la defensa de Colorado. José se sentaba al lado de su representante legal, David Finn, un preeminente abogado defensor procedente de Dallas y antiguo fiscal federal. Al lado de Finn estaba Christie Williams, una experimentada abogada defensora de Austin a la que Finn había contratado como adjunta.

En el lado opuesto del juzgado, en otra larga mesa de conferencias, se sentaba la fiscalía: Doug Gardner, Michelle Fernald y Daniel Castillo, el encargado del embargo de bienes. Steve Pennington y

Scott Lawson, vestidos con traje y corbata, se sentaban al otro lado de la mesa, frente a José y los abogados defensores. Lawson estaba nervioso. Era el juicio más complejo en el que había participado jamás. Había dedicado casi tres años de su vida a derribar a José Treviño y Tremor Enterprises. Y la constelación de notorios abogados defensores reunidos en la mesa frente a él no dejaba de preocuparle. Finn, DeGeurin y el resto tratarían de debilitar el caso y sembrar dudas sobre la culpabilidad de sus clientes en la mente de los miembros del jurado. Lucharían para que los exoneraran o para que, al menos, cumplieran una sentencia corta. Pensó en la familia García y en todas las demás víctimas de las matanzas de Los Zetas en México. Para Lawson, el asunto iba más allá del dinero sucio y de los caballos de carreras; se trataba de demostrarles a hombres como Miguel que nadie es intocable.

En la galería, Alma Pérez se sentó en uno de los duros bancos de madera tras la madre y las hermanas de José, que susurraban entre ellas en español. Pérez advirtió que las hermanas habían traído bolígrafos y libretas. El hecho de que las hermanas Treviño tomaran notas seguramente inquietaría a algunos de sus testigos en el estrado, especialmente a los mexicanos. Pérez imaginó que transmitirían todo lo que habían oído a sus hermanos. Pero el juez Sparks no podía prohibir que se tomaran notas durante el juicio. Muchos reporteros también estaban sentados alrededor de Pérez, empuñando sus bolígrafos y con los cuadernos preparados.

Gardner y Fernald pensaban llamar al menos a sesenta testigos al estrado y sentían que contaban con suficientes pruebas para probar su caso de forma aplastante. Pero a los fiscales siempre les rondaba por la cabeza la idea de que se les hubiera pasado algo por alto. En lo referente a las pruebas, nunca era suficiente.

Les llevó casi todo el día elegir a los dieciséis miembros del jurado a partir de un grupo inicial de al menos cien candidatos. Doce se sentarían en la tribuna del jurado y los otros cuatro serían suplentes que sustituirían a cualquiera de los otros doce en el caso de que tuvieran que abandonar el juicio por enfermedad u otras razones. La larga jornada había casi llegado a su fin cuando un hecho inesperado sacudió a Lawson. El abogado de José hizo entrar al abuelo de Tyler Graham a la sala para que este hiciera el juramento y pudiera admitirlo como posible testigo.

Finn se acercó al atril que había en el centro de la sala. —El testigo ha tenido la amabilidad de esperar a que le trajera ante su señoría. Está citado. Se trata del doctor Charles Graham. Si no le importa tomarle ahora el juramento, podríamos ponerlo en guardia telefónica y él podrá seguir dedicándose a sus asuntos, si a usted le parece bien.

Erguido y sin su distintivo sombrero de vaquero, Graham avanzó con paso firme por el pasillo central de la sala; todos los ojos estaban clavados en él. Se plantó ante el estrado del juez, levantó la mano derecha y pronunció su juramento ante el secretario del juzgado.

Gardner y Fernald habían ido postergando lo más posible la publicación de su lista de declarantes. Había demasiados testigos protegidos de México que podían ceder ante el miedo o incluso ser asesinados por Miguel y Omar. Durante la investigación ya habían muerto tres hombres y no querían perder otros testigos durante el juicio.

Pero para entonces Finn sabía obviamente que la fiscalía llamaría a declarar a Tyler, el nieto del doctor Graham. Lo que no sabía era lo que iba a testificar, o que había sido un informante clave para el FBI durante toda la investigación. El doctor Graham tenía seguramente una cierta idea del lío en que estaba metido su nieto, pero Finn lo había citado para que apareciera en el juzgado como testigo a favor de José. Si no se presentaba, lo podrían acusar de desacato a la autoridad y emitir una orden judicial para arrestarlo.

Lawson supuso que la estrategia de Finn sería demostrar lo mucho que la familia Graham se había enriquecido en sus tratos con José, de modo que la credibilidad de Tyler quedara en entredicho.

Pero lo que Finn todavía no sabía era que Graham había seguido colaborando con los Treviño porque Lawson y el FBI se lo habían pedido. Lawson imaginó que Finn cambiaría de idea sobre llamar al doctor Graham al estrado cuando oyera lo que su nieto Tyler tenía que decir sobre su cliente.

Tras tomarle juramento al abuelo de Tyler, decidieron cerrar la sesión hasta el día siguiente, cuando empezaría el verdadero espectáculo. Lawson observó al doctor Graham mientras salía de la sala con paso firme. Lo siguió rápidamente entre la multitud para intentar atraparlo en el vestíbulo antes de que saliera. No se conocían y Lawson sentía curiosidad por saludar al hombre que tanto había influido en el realismo con que su nieto percibía la vida y los negocios.

—¡Doctor Graham! —lo llamó Lawson. Sus palabras resonaron a lo largo del blanco pasillo de mármol.

El anciano se detuvo y se dio la vuelta.

—Doctor Graham, me llamo Scott —le dijo Lawson, apretando el paso para alcanzarlo.

Graham lo miró un momento con frialdad, evaluando al desconocido que tenía delante, pero después cambió de expresión y sonrió.

—¡Joder! —dijo cuando cayó en la cuenta de quién era Lawson—. No sé qué narices has hecho, pero mi nieto te tiene muchísimo respeto.

Le estrechó la mano a Lawson con energía. Después se dio la vuelta hacia la puerta y se marchó.

EL SEGUNDO DÍA DEL juicio, los fotógrafos se apresuraron a sacar fotos de Fernando García y los hermanos Huitrón mientras subían a toda prisa las escaleras del juzgado, intentado zafarse de ellos. A diferencia de los demás, a José y Francisco Colorado no les habían permitido salir bajo fianza, así que el alguacil los acompañó a la sala desde una celda de la parte posterior donde se retenía a los detenidos. El juicio iba a empezar exactamente a las 8:30. El juez Sparks no toleraba la impuntualidad.

Le tocaba empezar a la acusación, exponiendo el caso del gobierno contra José Treviño y sus cómplices. Doug Gardner, alto y enjuto, con ojeras oscuras después de muchas horas preparándose para el juicio, se levantó para dirigirse a la sala y al jurado.

—Este caso es, en realidad, bastante simple. Los Zetas son un cártel de drogas. Se ganan la vida con las drogas, la extorsión, el secuestro, el asesinato y el soborno. Ese dinero lo envían a Estados Unidos para comprar caballos de cuarto de milla. Los dos líderes del cártel son Miguel Treviño y Omar Treviño, conocidos como «Cuarenta» y «Cuarenta y dos». Y todo esto lo están haciendo a través de su hermano José Treviño, aquí presente. —Gardner se volvió hacia José, sentado en la mesa de la defensa—. En treinta meses han conseguido amasar casi dieciséis millones de dólares en gastos relacionados con caballos. Es así de sencillo. Dinero sucio de las drogas que entra en Estados Unidos para invertirlo en un negocio legítimo en nuestro país. A eso se le llama blanqueo de dinero.

Francisco Colorado, vestido con un traje de diseño y una corbata de seda roja, escuchó con atención la traducción simultánea en español por los auriculares. Con su afilada nariz, un mechón de pelo gris y los ojos hundidos, parecía un ave rapaz que no se perdía ni un solo movimiento de Gardner. José miraba al jurado. No le hacían falta los auriculares porque dominaba el idioma lo suficiente. Examinó las caras de los miembros del jurado una a una, con expresión de incredulidad, como si no acabara de creerse que estos doce desconocidos tuvieran su destino en sus manos. De vez en cuando apuntaba algo en un cuaderno que tenía delante, sobre la mesa.

Gardner empezó a caminar de un lado a otro delante de la mesa de la fiscalía.

—El juez ha dicho que este es un caso de conspiración —dijo, paseando la mirada por el jurado para asegurarse de contar con toda su atención—. Y, realmente, hay dos cargos: conspiración y blanqueo de dinero. Ambas cosas mezcladas en el mismo caso.

La acusación sabía que uno de los desafíos más complicados sería establecer la relación entre los acusados de conspiración para que el jurado lo viera claro. Tenían que demostrar, sin que hubiera lugar para la duda razonable, que José y todos los que trabajaban con él sabían que el dinero de los caballos venía de la cocaína. Gardner recurrió al prosaico ejemplo de un Wal-Mart, con el que todos los miembros del jurado estarían familiarizados, para explicar cómo funciona una conspiración.

—Imaginemos que tenemos a un grupo de personas que quieren ganar dinero. ¿Y cómo ganan ese dinero? Pues vendiendo bienes. Está el director general, que está al mando. Después está el director financiero, que se encarga del dinero. Luego tenemos a los encargados de la tienda, los cajeros, los reponedores, los conductores de camiones, los que llevan el dinero al banco, los administradores y los contables. Wal-Mart, en este caso, sería una conspiración. Una conspiración legítima y dentro de la legalidad.

Pero, en vez de bienes baratos importados, Los Zetas vendían cocaína y marihuana, y Miguel Treviño era el director ejecutivo del cártel. Esta era la imagen que Gardner quería transmitir. A diferencia de Wal-Mart, no había nada legal en Los Zetas SL, que vendían drogas y practicaban la extorsión y el asesinato. Y José, Nayen, García y los demás, según argumentaba el gobierno, habían tomado precauciones para ocultar el origen de los millones que habían gastado en caballos de carreras y en el rancho de Lexington. Uno de los procedimientos que habían usado para hacerlo era la estructuración de fondos, haciendo ingresos bancarios de menos de 10.000 dólares en numerosas ocasiones, para no tener que rellenar los informes del IRS, diseñados para evitar el blanqueo de dinero. Otra forma era filtrando el dinero de las drogas a empresas de México que más tarde lo enviaban mediante transferencias bancarias a Estados Unidos.

Scott Lawson estaba sentado delante de Michelle Fernald en la mesa de la fiscalía, observando a Gardner mientras este se paseaba por la sala. Aunque solo era el segundo día del juicio, ya empezaba a sentirse ansioso, deseando estar de nuevo en la calle. Sabía que seguramente sería uno de los últimos en testificar. La última semana les llamarían a él y a Pennington para cerrar el caso ante el jurado, asegurándose de volver a resumir todas las pruebas clave antes de que este saliera a deliberar. Gardner había predicho que el juicio podía durar tres semanas o más. Antes del juicio Pérez le había dicho que él había tenido suerte: al menos no tenía que sentarse en los duros bancos de madera de la galería. Ella no iba a testificar, pero había estado trabajando resueltamente entre bambalinas para preparar a sus testigos hispanohablantes para el juicio, la mayoría de los cuales eran antiguos miembros de Los Zetas. Billy Williams sería un testigo-perito, igual que Brian Schutt y Michael Fernald, así que a los tres se les había aconsejado que se quedaran fuera de la sala hasta que testificaran. Kim Williams había vuelto a Irving para trabajar en otro caso. Con tantos imputados, otro desafío para la fiscalía era conseguir que el jurado recordara quién era cada miembro de la trama dentro del enorme sistema de blanqueo de dinero. Por detrás de la mesa de los acusados descendió una gran pantalla. El jurado pareció animarse ante el despliegue visual. Gardner proyectó una foto tras otra, primero de Miguel y, después, de su hermano Omar. Ambos, afirmó, habían decidido meter a su hermano José en el negocio de los caballos de carreras.

—Tempting Dash gana una carrera en Dallas. Después, entre la clasificación y la final, pasa a otro propietario: de Ramiro Villarreal a José Treviño. Tempting Dash gana y José Treviño se lleva más de cuatrocientos mil dólares por una carrera amañada con la que empieza a construir su imperio de caballos.

Gardner pulsó el mando para pasar a la siguiente diapositiva: una foto de Nayen que Lawson había sacado en la subasta de Ruidoso.

—Van a oír hablar de Carlos Nayen. Él es el hombre encargado del dinero. Cuando Ramiro Villarreal es asesinado, Nayen pasa a ocupar su lugar. Empieza a pedir indicaciones a Cuarenta y Cuarenta y dos con mensajes de texto. Es el encargado de coordinar la compra de caballos en las subastas, los pagos de los caballos en las instalaciones de cría y los pagos de manutención de los caballos en los establos.

Otra foto, esta vez de Francisco Colorado, apareció en la pantalla que tenían sobre las cabezas.

—También conocido como «Pancho», van a oír pruebas de que este hombre cuenta con una empresa de servicios de extracción petrolífera llamada ADT Petroservicios. Oirán testimonios que demostrarán que esta empresa está basada en una mentira. Todo el dinero que José Treviño recibió de esa empresa es dinero sucio conseguido con las drogas de Los Zetas. Está introduciendo dinero tanto en Estados Unidos como en México a través de su empresa, aparentemente legal, para comprar y mantener caballos de cuarto de milla americanos.

Sentado debajo de la pantalla, el Francisco Colorado de carne y hueso negó con la cabeza, incrédulo, como si todo lo que Gardner acababa de decir fuera una mentira inconcebible.

—Siguiente diapositiva, por favor —pidió Gardner—. El acusado Fernando García, la mano derecha de Carlos Nayen. Cuando hablo de pagos estructurados, verán al menos un día en que Fernando García recibió 90.000 dólares, todo en incrementos de 9.000 dólares en un mismo día, y rápidamente los sacó de su cuenta.

Gardner fue pasando varias fotos más en las que aparecían los dos entrenadores de caballos de California, Felipe Quintero y Adán Farías, a los que Carlos Nayen había contratado para entrenar a sus caballos en Los Alamitos.

En la siguiente diapositiva se veía a Eusevio Huitrón, conocido como Chevo, el entrenador de caballos que había trabajado con Tempting Dash y amigo de Tyler. Fue él quien presentó a José Treviño y Tyler Graham, que descendía de una saga de especialistas en caballos y que finalmente se convirtió en informador del FBI y, más tarde, en testigo en la corte federal.

—Ahora oirán pruebas que demuestran que Chevo Huitrón se ha reunido con Cuarenta y que entrena a sus caballos. Durante los últimos dos años, entre él y su hermano han recibido aproximadamente 500.000 dólares en efectivo estructurado en sus cuentas domiciliadas en Austin, Texas. Siguiente diapositiva, por favor. Jesús Maldonado Huitrón: junto con su hermano, aparece como el propietario de la cuenta de Wells Fargo a través de la que se blanqueó el medio millón de dólares.

Al final de este pase de diapositivas, Gardner se detuvo un momento para permitir que el jurado digiriera toda la información antes de dar por terminada su declaración inicial. No era demasiado aficionado a los discursos teatralizados y campechanos que muchos abogados de Texas dirigían al jurado para metérselo en el bolsillo. Eso iba a dejárselo a los abogados de la defensa. Gardner había sido militar toda su vida y prefería un estilo más directo. Los hechos eran los hechos.

—Cuando vuelva a dirigirme a ustedes al final de este juicio, les voy a pedir una cosa. Mi petición va a ser que condenen a los cinco acusados y los declaren culpables de conspiración para el blanqueo de dinero. Gracias.

Gardner recogió sus papeles del atril y se sentó en su asiento de la mesa de la fiscalía.

Ahora le tocaba a la defensa. El abogado principal de José, David Finn, se levantó de golpe de su mesa y avanzó hacia el atril. Con el pelo peinado a la perfección y el traje cortado con exactitud milimétrica, Finn se dispuso a hacer gala del dramatismo que Gardner había evitado en su declaración inicial.

—En esta historia hay más, muchísimo más —afirmó Finn—. Ustedes van a oír que mi cliente, un ciudadano americano de cuarenta y seis años sin antecedentes criminales, está relacionado con dos tipos malos. Dos hermanos que están en México.

Finn miró al jurado con complicidad y cara de saber bien de lo que hablaba, sacudiendo la cabeza.

—¿Y quieren saber las ganas que tienen de capturarlos? El Gobierno de Estados Unidos ofrece una recompensa de cinco millones de dólares por su hermano. Y el de México, de tres millones. Eso suman ocho millones de razones por las que mi cliente está sentado en este tribunal ahora mismo. Sus hermanos no son los que están aquí. Sus hermanos no son los que están siendo juzgados... sino mi cliente.

Finn estaba encarando primero uno de sus mayores desafíos, que era presentar a su cliente, José, como un ciudadano humilde y respetuoso de la ley; alguien completamente diferente a sus hermanos y sus brutales negocios sucios de miles de millones de dólares. Con la cantidad de atención que estaban dedicando los medios de comunicación a la redada y al caos desatado por Los Zetas en México, no era tarea sencilla.

—José es un hombre trabajador. Van a oír, una y otra vez, de cada uno de los testigos, que José es un hombre tremendamente trabajador. Van a oír que no es un traficante de drogas que se dedica a frecuentar tugurios de mala muerte con *strippers*. José vivía en una casa pequeña con su mujer y sus cuatro hijos, justo en las afueras de Dallas, una casita estilo rancho que vale quizá unos 40.000 dólares. Conduce coches y camiones desvencijados. No van a oír nada de Porsches o Lamborghinis ni de despilfarros ni de lujos, porque eso no va con José.

El dinero con que José había conseguido poner en marcha su imperio en las carreras en Oklahoma había empezado con un caballo llamado Tempting Dash, explicó Finn.

—La otra pasión de José, además de su familia, son los caballos. Y van a oír de boca de muchísimas personas que trabajan en este sector que José sabía bien lo que hacía con los caballos. No es ninguna tapadera. Es un negocio legítimo y real con caballos reales, bienes reales, construido con el sudor y el esfuerzo de mi cliente y su esposa. Y eso es lo que van a oír. José y su mujer tuvieron un golpe de suerte porque primero ahorraron dinero y consiguieron comprar este caballo del que van a oír hablar mucho: Tempting Dash. Un buen caballo. José consiguió comprarlo a buen precio. Este caballo era un buen corredor, y eso fue lo que pasó: corría y ganaba carreras. Y sí, ganó bastante dinero, como ha explicado el señor Gardner. ¿Y que hizo José? ¿Despilfarrar su dinero en vino, mujeres y vicios? No. Lo que hizo fue invertirlo —Finn se acercó al estrado del jurado y volvió a mirar a los hombres y mujeres que lo conformaban, como si compartieran un secreto que nadie más de la sala conociera—. Compraron otra casa. Y van a oír que allí tenían muchísimos caballos. Pues permítanme decirles que muchos de estos caballos los compraron por cuatrocientos pavos, quinientos pavos, ochocientos pavos. Y, además, un montón de estos caballos, especialmente los que estaban en Oklahoma, ni siquiera pertenecían a José. Él se encargaba de cuidarlos. Intentaba hacer que se reprodujeran. Pero no eran suyos. Y eso se lo van a decir muchísimas personas distintas.

Finn estaba intentando conseguir ganarse la simpatía del jurado hacia su cliente, plantando la semilla de la duda y esperando que floreciera. Quería que creyeran que José, un esforzado albañil que había tenido la tremenda suerte de comprar un caballo ganador por poco dinero, ahora estaba siendo perseguido injustamente por los crímenes de sus hermanos.

—Todo esto es, en realidad, por sus hermanos. No pudieron capturar a los hermanos, pero seguían queriendo su recompensa de ocho millones. Así que, ¿a quién vamos a cazar? Vamos a quedarnos con lo que tenemos más a mano. Capturemos a José, el hermano, que está partiéndose la espalda cuidando a su familia, pagando sus impuestos, que no tiene ni un solo antecedente criminal… Ah, por cierto, para que lo sepan, todas estas ganancias ilícitas que en teoría tuvo José… Bueno, pues pagó impuestos por ellas. Exactamente lo que haría un criminal, ¿a que sí? Ni un solo antecedente penal. Simplemente se levantó una mañana y dijo: «Anda, mira, voy a blanquear dinero para Los Zetas». Vaya tontería.

La cara de Finn se contrajo en una mueca de indignación ante la mera idea de que se estuviera acusando a su cliente injustamente. Volvió a mirar al jurado a los ojos.

—Voy a tener que pedirles a todos que no se dejen distraer con todo lo que les dirá el gobierno sobre Los Zetas, los tumultos, las decapitaciones, los cárteles y que el mundo se va a acabar en dos días.

No es por eso por lo que estamos aquí. No se dejen llevar por la conmoción y por ¡ay!, Los Zetas, Los Zetas, Los Zetas, caos, asesinatos, decapitaciones. Y a diferencia de lo que sucede en la bola de cristal del juez, donde todas las cosas se ven del revés, cuando miren todas estas pruebas, al final, van a verlo todo tal como es. Y van a decirse a sí mismos: «Pues no sé». —Finn sacudió la cabeza de lado a lado, como si fuera un miembro del jurado desconcertado por la duda—. «La verdad es que no lo sé. No han podido demostrarlo con pruebas».

Plantada esta semilla, Finn pasó a su siguiente objetivo: los informantes que iban a testificar contra José en los días siguientes. Algunos de ellos también habían trabajado para Miguel y Omar.

—¿Saben qué? Yo lo que esperaba era oír una confesión, o ver una prueba de ADN. O huellas dactilares, o pistolas, o dinero. Algo que no fuera un montón de informantes confidenciales pagados que tienen todos los motivos del mundo para decir lo que el gobierno quiere que digan. Y el juez les explicará, señoras y señores del jurado, justo antes de la deliberación, que su deber es sopesar la credibilidad del testimonio de estos informantes o confidentes con mucho cuidado. ¿Por qué? Porque, por naturaleza, no son de fiar. ¿Y por qué? Porque quieren algo. Quieren una sentencia reducida. Quieren que se desestimen sus casos, cosa que, por cierto, ya se ha hecho. Quieren quedarse en Estados Unidos. Se les está pagando y no están diciéndoselo a sus encargados de la libertad condicional. No están pagando impuestos con lo que se les está pagando. Son unos mentirosos. Y el gobierno les va a pedir que se fíen de lo que les dirán un montón de informantes confidenciales cuyos nombres, francamente, descubrimos ayer, a la vez que ustedes. Ayer.

Gardner se levantó, sin ocultar su irritación.

—Discúlpeme, señoría, pero voy a objetar. Revelamos todos estos nombres a los abogados de los acusados el viernes. Está relatando los hechos erróneamente.

La frustración se adueñó de la expresión de Finn.

—Está bien. Discúlpeme, señoría; permítame reformular lo que he dicho. El viernes antes de un juicio del lunes por la mañana.

Yo soy de Dallas; vengo conduciendo desde allí y no tengo ni idea de a quién voy a interrogar. Vaya, así que informantes confidenciales. Y esto... Les va a encantar esto, ya verán —dijo, con un tono cómplice—. Uno de los testigos del gobierno es un tipo llamado Tyler Graham, ¿sí? Y ayer nos oyeron hablar sobre el doctor Graham, que es un gran veterinario. Es propietario de un montón de caballos en esta área, etcétera. Al principio, este doctor Graham acogió a José bajo sus alas, fue una especie de mentor y lo ayudó a construir su negocio. Pero José resultó ser tan bueno en lo que hacía que acabó por convertirse en una amenaza para el doctor Graham, así que este lo echó de Oklahoma. Y por ello, como oirán, José tuvo que irse, para alejarse del doctor Graham, porque el doctor Graham estaba molesto con él, ¿de acuerdo?

Aquí Finn intentó volver a atacar la noción de que Tyler Graham pudiera ser un testigo fiable de la acusación.

—Bueno, a lo que íbamos. El doctor Graham tiene un nieto, Tyler Graham, uno de los testigos del gobierno. Llamarán al señor Tyler Graham al estrado y le dirán: «Oiga, señor Graham, ¿qué sabe usted sobre José Treviño Morales?». Y él dirá lo que sea que vaya a decir. Entonces yo le preguntaré: «Oye, muchacho, ¿sabes lo que es "estructurar"?». «¿Qué quiere decir con eso, señor Finn?». «Tengo sus registros que muestran un montón de ingresos hechos por usted, en efectivo de nueve mil, nueve mil, nueve mil, nueve mil, nueve mil y nueve mil». Recuerden lo que el señor Gardner les acaba de decir: eso es «estructurar». Su propio testigo es culpable de estructurar y está metido hasta las cejas. Pero a él no lo verán en esta sala. ¿Tyler Graham? ¿Tyler? —Finn se puso a llamarlo, teatralmente, para meterse al jurado en el bolsillo.

—De acuerdo. Ya basta —dijo el juez Sparks—. Cíñase a la declaración inicial.

—Tyler Graham es blanco —prosiguió Finn, meneando la cabeza, resabiado, intentando plantar otra semilla de duda y que el jurado empezara a preguntarse por qué todos los acusados eran mexicanos.

¿Dónde estaban Tyler Graham o Paul Jones, el famoso entrenador de caballos de Los Alamitos?

—Señoría, tengo que protestar —atajó Gardner desde su asiento—. Esto está completamente fuera de lugar.

—Protesta admitida —concedió Sparks, irritado—. Haga su declaración inicial. Todas las personas de esta sala, incluidos los acusados, tienen los mismos derechos, independientemente de su raza o trasfondo. Y que no consten estas afirmaciones en el acta. Ahora, por favor, prosiga.

—Bien, cuando Tyler Graham comparezca ante este tribunal, ustedes mismos podrán evaluarlo —dijo Finn, mirando al jurado de nuevo como si estuviera a solas con ellos en la sala—. El juez les indicará, igual que el gobierno les acaba de explicar, qué son las pruebas que van más allá de la duda razonable. Si creen que el gobierno ha dejado demostrado el caso, que el estado lo ha probado, entonces condenarán al acusado; en caso contrario, votarán para proclamarlo no culpable. Será un juicio interesante. Gracias. —Finn terminó y se dirigió con solemnidad a su asiento en la mesa de la defensa.

Ahora que las declaraciones iniciales habían concluido, la fiscalía tenía la palabra. Gardner y Fernald iban a dedicar los primeros días del juicio a instruir al jurado sobre Los Zetas y el poder y dinero con los que contaban los hermanos de José en México.

Lawson observó la cara de José para ver su expresión cuando Gardner llamó a Poncho Cuéllar como testigo. Un alguacil escoltó a Cuéllar, vestido con su uniforme de prisionero, para entrarlo en la sala. José se mantuvo inexpresivo, como advirtió Lawson; cualquier señal de que conociera a Cuéllar quedó disimulada cuando este se sentó en el estrado para testificar. El otrora contrabandista de Los Zetas había supuesto un gran avance para su caso: les había ofrecido una panorámica completa de cómo funcionaba la organización de Miguel, desde la cocaína que salía hacia el norte hasta el dinero que viajaba hacia el sur, donde se redistribuía a José y a su red de falsos compradores. Y ahora Lawson esperaba que Cuéllar fuera quien encajara todas las piezas del rompecabezas ante el jurado.

Gardner se acercó al estrado para abordar a Cuéllar.

—¿Sabe por qué Cuarenta y Cuarenta y dos nunca han sido arrestados en México? —preguntó.

—Sí —asintió Cuéllar.

—¿Por qué?

—Porque han comprado a toda la policía de México, al ejército y a altos cargos. Todo comprado —repuso Cuéllar.

En la galería, una de las hermanas de José tomaba notas, mirando a Cuéllar con atención. Con su testimonio, sin duda, Cuéllar esperaba reducir su sentencia de veinte años por tráfico de drogas y convertirse en un testigo protegido. El Gobierno de Estados Unidos le proporcionaría una nueva identidad. En México ya era hombre muerto.

—¿Sabía usted que Cuarenta y Cuarenta y dos o Mamito compraban caballos en Estados Unidos? —preguntó Gardner.

—Sí, señor.

—¿Y dónde compraban ustedes estos caballos?

—En Oklahoma y Ruidoso. Primero en subastas y, después, directamente a los propietarios.

—¿Y le suena a usted un individuo llamado Ramiro Villarreal?

—Sí, señor.

—¿De qué lo conoce?

—Él es quien compró en México a Tempting Dash, a Mr. Piloto y a un montón de caballos y yeguas que eran realmente rápidos. En México tenía fama de comprar caballos de carreras muy, muy buenos.

—¿Y para quién compraba estos caballos?

—Para Omar y Miguel, y para otras personas. Era su negocio.

—Y, hablando de negocios, ¿cómo se pagaron estos caballos en Estados Unidos?

—Los compraban personas que no... a los que el IRS no investigaba, personas muy solventes y a las que no se les preguntaría de dónde salía el dinero.

—¿Y qué tipo de personas eran esas?

—Personas con empresas grandes como Pancho Colorado y Alejandro Barradas.

—Y estos empresarios, después de recibir los caballos, ¿cómo recibían un reembolso del cártel?

—Se les pagaba en México. Miguel les pagaba, o Cuno, o Metro, o quien fuera que se encargara en Veracruz.

—¿Sabe qué le pasó a Ramiro Villarreal?

—Fue asesinado.

—¿Y quién lo mató?

—Omar. Perdón, lo siento, Miguel. Descubrieron que estaba cooperando con las autoridades de Estados Unidos.

—¿Y ha oído usted hablar de un individuo llamado Alejandro Barradas?

—Sí, señor.

—¿Sabe lo que le sucedió al señor Alejandro Barradas?

—Fue asesinado porque Carlos Nayen le dijo a Miguel que Alejandro Barradas ya no quería tener más yeguas a su nombre, así que lo mataron.

En este punto Gardner decidió dirigir su línea de interrogatorio hacia José y su implicación en la conspiración de sus hermanos.

—¿Alguna vez Cuarenta le habló sobre el papel de su hermano José Treviño en el negocio de los caballos?

—Sí, señor.

—¿Y qué le dijo?

La otra abogada de José, Christie Williams, se levantó repentinamente.

—Protesto. Testimonio preferencial. Cláusula de confrontación.

Estaba abriendo fuego con un arsenal de protestas legales ante el testimonio de Cuéllar sobre su cliente con la esperanza de que alguna fuera aceptada.

El juez Sparks miró reflexivamente a Williams durante un momento.

—Admito la protesta ante la pregunta.

Gardner intentó reformular la pregunta.

—¿Alguna vez Miguel Treviño le dijo que su hermano José Treviño estaba implicado en el negocio de los caballos?

—Repito mi protesta —atajó Williams.

—En este caso no la acepto —respondió Sparks.

Cuéllar explicó que Omar le había hablado de su hermano José, de lo trabajador que era y de que no quería tener nada que ver con su negocio de drogas.

—Cuando lo conocí, vi que era cierto, que no quería tener ninguna relación con las drogas. Pero entonces Ramiro Villarreal compró a Tempting Dash para Miguel y pronto quedó registrado a nombre de José, que se hizo rico con el caballo.

Tras varias preguntas más, Cuéllar terminó su declaración y salió escoltado de la sala. A los fiscales todavía les quedaba un importante testigo que querían presentar ante el jurado aquel día. Lawson observó mientras José Vásquez Jr. se dirigía al estrado. Su interrogatorio de Vásquez en Plano había sido una clase magistral para Lawson sobre la increíble cantidad de dinero que podía ganarse vendiendo drogas en Estados Unidos, el mayor mercado de estupefacientes del mundo. Enjuto y de aspecto corriente, Vásquez había empezado con catorce años vendiendo bolsitas de cocaína en las calles del sur de Dallas. A los treinta y dos años era multimillonario y el mayor distribuidor de cocaína de Los Zetas en Dallas. La sangrienta purga que Miguel había hecho entre los hombres de Cuéllar llevó a Vásquez y a Héctor Moreno a facilitar a la DEA el número de teléfono de los líderes del cártel. Después que Miguel y Omar desataran su venganza sobre Piedras Negras, Vásquez había llegado a la conclusión de que una celda en una cárcel de Estados Unidos quizá no estaría tan mal. Ahora estaba testificando con la esperanza de reducir su sentencia de trece años de prisión dictada por un juez federal de Dallas.

Vásquez explicó al jurado que solía distribuir mil kilos de cocaína al mes y almacenaba dos mil más para otros distribuidores de la región.

—En cuanto ya estaba en mi poder, yo hacía las funciones de almacén para ellos.

—¿Proporcionaba usted el transporte de la cocaína? —preguntó Gardner.

—Sí.

—¿Puede hacer saber a las señoras y señores del jurado cuáles son algunas de las ciudades en las que se distribuyó la cocaína?

—Bueno, estábamos por todas partes: en Dallas, Fort Worth, Arlington, Grand Prairie, San Louis, Missouri...

—¿Y cómo se transportaba el dinero desde Dallas cuando usted lo recibía en México?

—Lo enviábamos en camiones, en los depósitos de combustible. Poníamos tres bolsas selladas al vacío, quitábamos la tapa inferior del camión y abríamos el lugar donde va la bomba de combustible, y por ahí metíamos el dinero en el depósito.

Ahora que su testigo había descrito cómo llegaban las drogas y se ocultaba y transportaba el dinero a México, Gardner dirigió sus preguntas al dinero de las drogas y los caballos.

—¿Alguna vez se le pidió que entregara el dinero de estas drogas para pagar gastos relacionados con caballos en la zona de Dallas, Texas?

—Sí, señor.

—De acuerdo. ¿Puede decirme cuántas veces?

—Quizá unas ocho o diez veces.

Gardner le pidió que describiera la ocasión en la que había entregado dinero a José Treviño, que lo había estado esperando en el estacionamiento de un Wal-Mart cerca de Dallas. Puesto que se trataba del hermano de Miguel, Vásquez había enviado a su propio padre para la entrega.

—Héctor Moreno me dijo que el dinero era para el hermano de Cuarenta, que tenía que estar todo en billetes de cien porque iba a ser para el hermano de Cuarenta.

—Usted ha afirmado antes que hizo algunas entregas a Carlos Nayen en la zona de Dallas. ¿Cuántas entregas cree que hizo usted al señor Nayen en Dallas?

—Pues unas cuatro, cuatro o cinco veces.

Según explicó Vásquez algunos lugares de entrega eran Lone Star Park y Retama Park en San Antonio y varios hoteles de la zona de Dallas.

Después pasó a describir al jurado cómo había enviado algunas de las ganancias de la cocaína de Miguel a Ruidoso para sobornar a los encargados de los cajones de salida en la All American Futurity de 2010.

—Héctor me dijo que necesitaba 110.000 dólares en Nuevo México antes de una carrera. Creo que tenían un caballo llamado Mr. Piloto que iba a correr ahí.

—Señor Vásquez, en total, ¿podría decirle al jurado aproximadamente cuánto dinero se le pidió que gastara en caballos durante el tiempo que estuvo traficando con drogas en Dallas?

—Unos 900.000 dólares.

—¿Todo este dinero procedía de la venta de cocaína?

—Sí, señor. Ese era el único dinero que tenía para ellos. Todo procedía de la venta de cocaína.

—¿Y cómo se le reembolsó este dinero? ¿O acaso no se le reembolsó?

—Como ya he dicho antes, cada mes recibía mil kilos de cocaína. Así que siempre tenía acceso a sus fondos porque les devolvía entre tres y cuatro millones cada semana. Así que, si necesitaba algo en Dallas durante la semana, lo sacaba de lo que iba a enviarles de vuelta. Ese dinero jamás salió de mi bolsillo. Fue siempre dinero de los hermanos Treviño.

Gardner detuvo el testimonio de Vásquez en este punto para que el jurado pudiera hacerse una idea de las enormes cantidades de dinero que estaban ganando Los Zetas. Vásquez era solo uno de los muchos traficantes al por mayor del cártel. Estaba claro que Miguel y Omar podían permitirse gastar lo que quisieran en sus caprichos. Solo tenían que dar la orden.

Ahora era el turno de la defensa para interrogar a Vásquez. Lawson podía ver que su testimonio había hecho mella en los miembros del jurado, que habían escuchado cada palabra con estupefacción. Ante ellos había un traficante de Los Zetas contándoles que había entregado una bolsa de dinero a José Treviño en un aparcamiento fuera de Dallas. Ahora el abogado defensor de José iba a esforzarse al máximo para desacreditar el perjudicial testimonio de Vásquez para su defendido. Pero el tiempo no estaba de parte de Finn. Eran casi las seis de la tarde y el juez Sparks iba pronto a dar por terminada la jornada.

Finn se levantó y, con el ceño fruncido, caminó solemnemente hacia el centro de la sala para empezar su interrogatorio del extraficante de drogas.

—Usted se enfrentaba a unos trescientos meses en prisión hasta que empezó a cooperar, ¿no es así?

—Sí, eso creo. No sé del todo cuántos meses iban a caerme.

—Está diciéndole a este jurado que no sabe cuál era la condena que recibió en ese caso federal. ¿Es ese su testimonio? —preguntó Finn, incrédulo.

—Me está preguntando lo que sabía antes de empezar a cooperar —dijo Vásquez, parpadeando—. Cuando empecé a colaborar, no sabía cuánto tiempo de condena iba a tener.

—Y su condena se redujo casi a la mitad porque el gobierno pidió una reducción de la pena. —Sí, señor.

Finn apuntó con el dedo a Gardner, sentado en la mesa de la fiscalía.

—Y usted tiene realmente toda su esperanza puesta en que este caballero, Doug Gardner, el fiscal de este caso, cuando termine este juicio descolgará el teléfono y llamará al Fiscal Adjunto de Estados Unidos de Plano, Ernesto González, y le dirá: «Oye, Ernesto, este tipo nos ha echado una mano, vamos a reducirle todavía más la sentencia», o al menos le pedirá al juez que la reduzca más. Eso es lo que usted quiere que suceda, ¿verdad?

—Sé que van a solicitarlo; pueden pedírselo al juez y él es quien decidirá. Sí, señor.

—Muy bien. Me parece que quizá no ha entendido bien mi pregunta —repuso Finn, con más énfasis—. Eso es lo que usted espera que suceda, ¿sí o no?

—Bueno, cuando empecé...

—Disculpe, pero...

—Un momento, un momento —atajó el juez Sparks—. El testigo le está permitiendo a usted hacerle una pregunta. Y usted debe dejarle responderla.

—Sí, de acuerdo —repuso Finn, meneando la cabeza.

—Cuando me entregué al principio, firmé un acuerdo de divulgación con el gobierno donde declaraba que iba a ayudar al gobierno sin reservarme ninguna información. He dado toda la información que conozco en contra de mi padre, en contra de mi propia familia. Así que sé lo que me dijeron: que si descubrían que les había mentido, cualquier cosa que hubiera dicho quedaría eliminada por completo. Desde el primer momento supe que, al firmar ese papel, me preguntara lo que me preguntara el gobierno, si yo sabía algo tenía que decir la verdad.

—O sea, que le pregunte lo que le pregunte el gobierno, si usted puede proporcionar cualquier información al respecto, lo hará, ¿verdad?

—Sí, señor —Vásquez asintió.

—Pues diga a los miembros del jurado si usted ha participado últimamente en cualquier otro tipo de actividad criminal.

—¡Señoría! —Gardner prácticamente saltó de la silla—. ¡Objeción, desacreditación!

—Señoría, tengo una buena... —balbuceó Finn.

—No —respondió el juez, con un ademán de la mano—. Un momento. Quiero escuchar a los abogados durante cinco minutos; todos ustedes tienen mi permiso para irse a casa —dijo, mirando al jurado.

El juez ya estaba harto y, además, se estaba haciendo tarde. Toda la sala se puso en pie y observó a los doce hombres y mujeres levantarse y salir por una puerta trasera.

Cuando hubieron salido, el juez Sparks clavó la mirada en Finn, que ahora se encontraba en un aprieto. No quería revelar el sentido de su interrogatorio a Gardner y Fernald sin que el jurado estuviera presente.

—Me parece injusto decirles de antemano qué voy a hacer porque, si lo hago, ustedes van a «retocar su historia» durante la pausa de esta noche. Pero lo haré como usted me indique —dijo Finn.

—Juez, yo no puedo hablar con ese testigo, así que no hay interrogatorio —protestó Gardner.

—Lo sé, y él también lo sabe —dijo el juez Sparks.

Tras unos minutos más de discusión entre los tres, el juez decidió posponer la sesión. Finn podría interrogar a Vásquez la mañana siguiente.

LA MAÑANA SIGUIENTE, EL jurado estaba sentado y, cuando Vásquez volvió a dirigirse al estrado, Finn apareció ante él listo para el ataque.

—Si no le importa, ¿podría decir a los miembros del jurado cómo es que conoce usted tan bien las armas de asalto? Ha admitido que vendió fusiles AR-15, AK-47, armas de calibre 308 y cualquier cosa de un calibre mayor. Podía conseguir cualquier arma que quisiera; incluso, si se lo hubiera propuesto, metralletas. Usted vendía estas armas y las transportaba a México, ¿cierto?

—Sí, señor —Vásquez asintió.

—Hábleles a los miembros del jurado de la chimenea.

Vásquez vaciló.

—Bueno, tenía dinero dentro de la chimenea de mi madre.

—¿Un par de dólares? —preguntó Finn, sonriente.

—No, quinientos mil dólares.

—Quinientos mil dólares... ¿en la chimenea de su madre? —preguntó Finn, dejando que sus palabras calaran en el jurado.

Para cuando terminara su interrogatorio, el abogado se aseguraría de que los doce miembros del jurado pensaran que Vásquez era un canalla de tal calaña que no merecía que nadie creyera una palabra de lo que decía.

—Hábleles a los miembros del jurado sobre su arresto. ¿Cómo se produjo?

—Me entregué en la frontera, en El Paso.

—Usted tenía temor de que los federales de Estados Unidos fueran a por su mujer y después a por su madre porque averiguaron que tenía medio millón de dólares embutidos en la chimenea, ¿verdad?

—Sí, señor —contestó Vásquez, parpadeando.

Finn se detuvo un momento, dejando que el jurado llegara a la conclusión lógica: ¿qué tipo de hijo deja a su madre enfrentándose a cargos federales mientras él huye a México? Gardner se levantó para redirigir la situación. Quería que el jurado supiera que el gobierno era plenamente consciente del pasado delictivo de Vásquez, pero que eso no significaba que su testigo no estuviera diciendo la verdad.

—Señor Vásquez, ¿a qué organización enviaba usted las armas?

—A Los Zetas; estaban en guerra con el Cártel del Golfo y otros cárteles.

—De acuerdo. Sé que mi pregunta es obvia, pero ¿para qué necesitaban estas armas en su guerra con el Cártel del Golfo?

—Para defenderse. Estaban luchando por el territorio. Estaban matándose entre ellos.

—Y respecto al dinero de la chimenea, ¿fue usted quien hizo saber a los agentes de la ley que usted tenía dinero en la chimenea?

—No, fue mi mujer; los agentes me lo preguntaron después y yo lo confirmé. Les dije dónde estaba.

—¿Y los agentes de la ley recuperaron ese medio millón de dólares de la chimenea?

—Sí, señor.

—Señoría, ya no tengo más preguntas.

Gardner se volvió a sentar.

Finn siguió atacando a Vásquez sin éxito durante otra ronda hasta que, finalmente, el juez detuvo sus preguntas. Dieron permiso al traficante para salir de la sala y un alguacil lo acompañó por una puerta lateral hasta la celda del juzgado.

Después de Vásquez y Cuéllar, Gardner y Fernald todavía no habían concluido el curso intensivo que querían impartir al jurado sobre el dominio de Los Zetas en México y en el tráfico internacional de drogas. Pero esta vez, su testigo no iba a ser uno de los traficantes del cártel, sino una persona que realmente comprendía cómo funcionaba el imperio de las drogas de Los Zetas: uno de los contables del cártel.

Pálido y con gafas, José Carlos Hinojosa, conocido como «Charly», no era un desertor de la plaza de Piedras Negras como Poncho Cuéllar y su banda. Hinojosa se había entregado a las autoridades estadounidenses en 2008 para salvar la vida. Y aunque no podía dar testimonio de las acciones más recientes de Miguel y Omar Treviño, anteriormente había trabajado como contable de Efraín Teodoro Torres, apodado Z-14 y uno de los antiguos fundadores militares del cártel. Torres había ayudado a la organización paramilitar a convertirse en un gobierno a la sombra en Veracruz. Hinojosa, que anteriormente había sido abogado en la oficina de un fiscal federal, había ayudado a su jefe, Z-14, a llevar a su candidato a la mansión de gobernador en Veracruz y a controlar todos los estamentos del gobierno, desde la cúpula hasta las patrullas de policía local que vigilaban las calles. Ahora iba a dar testimonio de cómo los poderosos hombres de negocios de Veracruz, como Francisco Colorado, habían sido esenciales para llevar a Los Zetas al poder.

Michelle Fernald se levantó de la mesa de la acusación y avanzó hacia el estrado. A diferencia de Gardner, a Fernald le gustaba moverse por la sala. Fernald vestía falda y con su pelo rubio corto y sus elegantes zapatos, era un contrapunto enérgico al estilo más sobrio de Gardner.

—¿Sabe usted quién es Francisco Colorado Cessa? —preguntó Fernald.

—Sí —asintió Hinojosa.

—¿Tenía algún apodo?

—Nosotros lo conocíamos como Pancho Colorado.

—¿Podría usted identificarlo?

—Sí, lo veo desde aquí —dijo Hinojosa, mirando a Colorado.

—Muy bien. ¿Puede señalarle?

Hinojosa levantó la mano y señaló a Colorado, sentado en la mesa de los acusados.

—Sí, está sentado en esa mesa; lleva un traje gris.

Cuando Hinojosa lo señaló, Francisco Colorado hizo una mueca agria, como si no lo hubiera visto en la vida.

Hinojosa declaró que había conocido a Pancho Colorado, el rico ranchero de ganado y hombre de negocios de Tuxpan, Veracruz, en 2004.

—Hábleme de ADT Petroservicios. Ya hemos oído hablar un poco de esta empresa, pero dígame qué tipo de negocio era —pidió Fernald.

Hinojosa asintió.

—Se trataba de una empresa para construir autopistas, encargarse de los proyectos de Pemex, perforar, limpiar... Cosas de este tipo; cualquier cosa para la que los contratara Pemex.

Hinojosa explicó que era su jefe, Z-14, quien le había dado a Colorado millones para desarrollar la empresa, de la que Z-14 era socio. También habían inyectado millones en la campaña electoral para el puesto de gobernador de Fidel Herrera, el candidato del PRI, de modo que cuando Herrera ganara, encargara los valiosos proyectos del gobierno a ADT Petroservicios.

Hinojosa había llevado las cuentas de todo en sus libros de contabilidad para Z-14.

—Para la campaña del gobernador, lo que apunté fueron doce millones. Para la compra de la maquinaria, seis millones; para comprar algunos caballos, 180.000 dólares. Eso es lo que recuerdo, más o menos.

—¿Cuándo fue asesinado Efraín Torres?

—En marzo de 2007.

—¿Podía Pancho Colorado Cessa vender ADT Petroservicios y hacer lo que quisiera con ella?

—En aquel momento no creo que pudiera venderla, porque cuando asesinaron a Zeta 14 estaba muy endeudado con él.

Fernald se paseó lentamente ante el jurado, mirándoles a los ojos, para asegurarse de que entendían bien lo que Hinojosa estaba diciendo. Sus padres habían sido maestros y la abogada a menudo veía la sala del tribunal como su aula.

—Tenía muchísimas deudas. Así que, dígame, por favor, ¿quién pasó a ocupar la posición de Efraín Torres, Zeta 14, después de su muerte?

—Cuarenta —respondió Hinojosa.

—¿Y a quién tenía que rendir cuentas Francisco Colorado Cessa después del asesinato de Efraín Torres?

—A Cuarenta.

—¿Y cómo sabe usted eso? —preguntó Fernald.

—Porque, cuando murió Zeta 14, me hicieron reunirme con ellos. Convocaron una reunión para todo el mundo, para todos los que trabajábamos allí, e hicieron un repaso de la situación. Era para saber qué había pasado y para conseguir reunir a todos los que habían trabajado con él, con Zeta 14, para ver si íbamos a seguir trabajando con ellos, y para que ellos pudieran ver todo lo que había, todo lo que tenían, todas las deudas... Vaya, todo el estado de Veracruz.

—¿Y a quién se refiere con «ellos»? ¿Quién convocó la reunión?

—Lazcano y Cuarenta.

—¿Estuvo usted presente en la reunión?

—Sí.

—¿Rindió usted cuentas directamente a Cuarenta sobre las propiedades y el dinero de Efraín Torres? Y, si fue así, ¿le habló de Francisco Colorado Cessa?

—Sí. Le di la lista completa de todas las personas que debían dinero. No era solo Pancho. Eran muchas más personas. Pero le expliqué que, aunque le había enumerado todas esas deudas, yo no contaba con el último informe y que Zeta 14 me había dicho que él debía mucho más de lo que aparecía allí.

—¿Sabe si las deudas de Efraín quedaron saldadas entre Francisco Colorado Cessa y Cuarenta?

—Sí. Bueno, sí, porque yo tenía la lista y él me dijo: «Todas las personas que te deban dinero, tú vas y lo cobras; y las que no te paguen, pues les dices a los que están en la frontera que los hagan detener». Y entonces, un mes o un mes y medio más tarde, me llamó y me dijo que sacara a Pancho de la lista porque ya había arreglado las cosas con Francisco Colorado.

—¿Quién le llamó a usted y le dijo que lo sacara de la lista de deudores?

—Cuarenta.

El abogado principal de Colorado, Mike DeGeurin, ya estaba en pie en la mesa de la defensa, ansioso por contrainterrogar al testigo. A duras penas pudo esperar a que Fernald abandonara el atril para avanzar a zancadas hacia el centro de la sala. Iba a intentar distanciar a su cliente de la mancha que suponía hacer negocios con Z-14, como Hinojosa acababa de decir.

DeGeurin examinó sus notas y luego miró a Hinojosa.

—Supongamos que estaba devolviéndole el dinero poco a poco, no sé. Sigamos el argumento del gobierno, mi cliente está pagando sus deudas lentamente, el dinero de un préstamo que le hizo un mal tipo, puede que supiera que el banco o que el señor Torres habían recibido dinero sucio en algún momento, y él había pedido un préstamo de ese dinero y lo está devolviendo. Entonces, Torres muere en 2007. En 2008, este señor [Hinojosa] va a la cárcel. Y el gobierno dice que ese dinero que se le había prestado tiempo atrás al señor Colorado y que este le debía al señor que había muerto, son ganancias ilícitas que más adelante se pagan con fondos de una empresa muy rentable.

DeGeurin sacudió la cabeza, haciendo ondear su plateada cabellera, y frunció el ceño. Miró al juez.

—Sería casi como decir que el señor Kennedy... El viejo Kennedy vendía *whisky* casero ilegal; más tarde, sus hijos aprovecharon el dinero que su padre les había dejado en herencia y fundaron sus propios negocios. Ustedes me están diciendo que seguirían este dinero. Tiene que haber una línea en algún punto. Lo que estoy diciendo,

señor juez, es que hay mucha diferencia entre el préstamo del que
está hablando, un préstamo de seis millones, y las transferencias de
uno o dos millones de ADT en 2010 o 2011 y 2012. No es posible
señalar qué actividad y qué dinero son específicamente ilegales.

El juez Sparks se quedó mirando a DeGeurin, con una expresión ligeramente incrédula.

—¿Está usted adoptando la posición en este caso, señor De-
Geurin, que el señor Colorado no usó fondos de Los Zetas?

—Correcto.

—¿Para comprar caballos?

—Exacto —repuso DeGeurin—. Sí. No estoy del todo seguro
de qué es lo que va a decir cuando escribió en su máquina, como
dice él, que se proporcionaron 180.000 dólares al señor Colorado
para comprar caballos. El señor Colorado estaba dedicando mucho
más dinero a la compra de caballos. Estaba pagando mucho más.
Uno o dos caballos cuestan mucho más. Así que no acabo de entender qué son esos 180.000 dólares. Pero todo lo demás queda tan
lejos, señor juez, que no debería aceptarse en el caso.

—Bien, usted acaba de negar que él hubiera usado dinero de
Los Zetas para comprar caballos —dijo secamente el juez Sparks.

—Sí —asintió DeGeurin—. No usó dinero de Los Zetas, no
usó a sabiendas ningún dinero de Los Zetas porque el dinero que
usaba era dinero que se había pagado a su empresa. Y él tenía contratos, contratos legales con Pemex, y ustedes han visto la lista de
algunos de estos contratos. La petrolera le estaba pagando más de
setenta millones al año.

Lawson observó al célebre abogado defensor argumentando su
causa. En términos de oratoria, DeGeurin se movía en círculos.
Quizá pretendía, al menos, confundir al jurado. Ahora lanzaba su
segundo ataque, esta vez defendiendo, como Finn, que el testigo
del gobierno no era más que un presidiario confidente cuyo testimonio no valía ni el papel en que estaba impreso.

Hinojosa no había sido exactamente un prisionero modélico.
En South Texas había sobornado al alcaide para que le permitiera

recibir alternativamente visitas de su mujer y de su novia. Después pagó a los guardias para que no le dijeran nada a su mujer sobre su novia. También los había sobornado para que le permitieran tener un celular, que usó para negociar la liberación de su hermano y su padre, que habían sido secuestrados en México por Los Zetas después de su huida a Texas. Desde su arresto en 2008, había puesto todo lo que sabía al servicio de varios fiscales para intentar reducir su larga condena.

DeGeurin examinó a Hinojosa con expresión perpleja.

—Lo que me inquieta es que después de todos estos años de reunirse con todos estos agentes, hablando de todas estas personas, no haya sido hasta que han salido en los periódicos...

Ahora fue Fernald quien objetó.

—Señoría, de nuevo, protesto. Aparte del discurso ¿hay alguna pregunta?

—Al final la habrá —dijo Sparks, con un toque de sarcasmo—. Limítese a hacer preguntas, abogado.

—Sí. Tras muchas reuniones, la primera vez que mencionó algo sobre Francisco Colorado fue cuando la prensa publicó que el señor Colorado había sido imputado y acusado de un delito. Esta fue la primera vez que usted dijo poseer información sobre el señor Colorado. ¿Es eso cierto? —preguntó DeGeurin, entornando los ojos para mirar a Hinojosa.

—No recuerdo cuándo fue la primera... Esa fue la primera vez. Pero desde el momento en que fui arrestado, lo han sabido todo, todo sobre para quién trabajaba. Y cuando él fue arrestado me pidieron información sobre él.

—¿Está hablando de 2012?

—No lo recuerdo, pero parece que sí. Sí.

—Usted siguió cometiendo delitos susceptibles de corromper nuestro sistema judicial mientras estaba encarcelado, ¿verdad? Y no me refiero solo a los 100.000 dólares que ofreció para salir de la cárcel. ¿Hemos hablado ya de esto?

—No —Hinojosa negó con la cabeza.

—De acuerdo. Usted ofreció 100.000 dólares para salir de la cárcel, ¿no es así?

—Uno de los agentes de fianzas me dijo que con 100.000 dólares podía sacarme de la cárcel. Me dijo que me iba a sacar de la cárcel siempre que no volviera nunca más a Estados Unidos y que no debía preguntar cómo había obtenido él los 100.000 dólares. Y puesto que había conseguido sacar a otras personas, yo confié en él.

Hinojosa empezaba a sudar y a palidecer mientras DeGeurin lo machacaba con preguntas. El abogado defensor se volvió, tomó una hoja de papel de una carpeta que había en la mesa de la defensa y se acercó al estrado, agitándola con gesto teatral.

—Me he tomado la molestia de intentar descubrir la cantidad de veces que usted habló con agentes y fiscales para intentar reducir su sentencia —dijo DeGeurin.

Fernald se levantó rápidamente.

—Señoría, protesto. Si el letrado quiere testificar, que preste juramento y suba al estrado. De lo contrario que se limite a interrogar al testigo —dijo, exasperada.

—Bueno... —empezó el juez.

—Estoy estableciendo los hechos —atajó DeGeurin rápidamente.

—Está mostrándole un papel al testigo —repuso Sparks—. Voy a permitirle que haga una descripción del contenido. Pero, por favor, deje de testificar. Limítese a describir la prueba documental.

DeGeurin siguió con su melodrama. Al menos el jurado ahora estaba completamente despierto, observando con atención para ver qué iba a hacer a continuación.

—¿Estaría dispuesto a admitir que usted se reunió con agentes del gobierno al menos veintiocho veces para darles información con el fin de rebajar su condena?

Hinojosa apenas miró el papel que DeGeurin le había plantado delante.

—No recuerdo cuántas veces, pero me reuní muchas veces con agentes del gobierno. He estado encerrado durante cincuenta y cinco meses. No recuerdo si fueron cinco, diez o quince veces. Lo único que puedo decir es que fueron muchas veces.

DeGeurin siguió atacando la credibilidad de Hinojosa hasta que, a las seis de la tarde, el juez Sparks decidió finalmente dar por terminada la jornada. Los miembros del jurado parecían tan agotados como el testigo mientras desfilaban para salir de la sala.

LA PRIMERA PARTE DE la semana se había dedicado a orientar al jurado sobre cuestiones de dinero, armas y cárteles de drogas. La segunda iba a centrarse en el sector de los caballos de cuarto de milla. El cuarto día del juicio Doug Gardner convocó a la doctora Shalyn Bliss como testigo. Joven y atractiva, con una larga cabellera negra y ondulada, se sentó algo indecisa en el estrado y prestó juramento. Bliss explicó al jurado que acababa de abrir su consultorio veterinario cuando, en enero de 2012, José Treviño la contrató para supervisar su programa de cría de caballos en Lexington. Bliss dijo que su anterior jefe era un hombre trabajador y que la trató con deferencia cuando se quedó embarazada y tenía que trabajar muchas horas en la granja. Pero, por otro lado, parecía una persona extrañamente paranoica. No quería que apareciera el nombre del propietario en ninguno de los expedientes de sus caballos y le prohibió recibir visitas en la granja de comerciales farmacéuticos o de cualquier otra persona que él no conociera, lo cual a ella le pareció algo insólito.

—Durante el tiempo en que estuvo empleada por el acusado, José Treviño, ¿habló con él alguna vez sobre cómo había obtenido los fondos para comprar el rancho y los caballos? —preguntó Gardner.

Bliss asintió, nerviosa.

—Me dijo que era albañil y que había fundado una empresa constructora, y que los negocios no le habían ido demasiado bien durante los últimos años, así que decidió vender todos sus negocios e invertir en el rancho —dijo ella.

—¿Y le proporcionó los nombres de sus empresas de construcción?

—No —Bliss negó con la cabeza.

Cuando ella había empezado a trabajar en el rancho, explicó, José tenía unas tres docenas de caballos, pero en pocos meses llegó a tener hasta cuatrocientos; el rancho empezaba a estar peligrosamente superpoblado. Los caballos corrían el peligro de contraer enfermedades contagiosas o pisotearse unos a otros.

—¿Recuerda usted si José Treviño tenía todos sus caballos en el rancho? —preguntó Gardner.

—No. No todos los caballos estaban en el rancho. Había yeguas en otros criaderos, criando. Y también sabía que había otros caballos en distintas instalaciones por todo el país entrenando para las carreras.

—Cuando empezó usted a hablar con el señor Treviño, ¿fue sincero y abierto sobre el hecho de que no sabía gran cosa sobre la crianza de caballos?

—Al principio no recuerdo haber tenido ninguna conversación franca sobre este asunto. Treviño me dijo que había tenido muchas yeguas y que era propietario de los dos sementales que estaban en Texas. Después, con el tiempo, sí hablamos mucho sobre el hecho de que nunca había dirigido una operación como aquella y que él no... que había muchas cosas que no sabía.

José observaba a la doctora Bliss en el estrado mientras ella respondía con cuidado a las preguntas de Gardner. Su cara era una máscara indescifrable para Lawson. José no llevaba un enorme Rolex de oro ni iba en Ferrari. Comprendía que Bliss no hubiera sospechado nada cuando empezó a trabajar en el rancho de Lexington. Debió de haber sido toda una sorpresa descubrir que su nuevo jefe era la tapadera americana de un cártel mexicano.

CINCUENTA Y DOS

LA MAÑANA DEL LUNES, DURANTE LA SEGUNDA SEMANA DEL JUICIO, ALMA Pérez tomó asiento en la galería, frente a la mesa de los fiscales. Captó la mirada de Lawson y este le devolvió la sonrisa. Fuera, en el vestíbulo, los reporteros seguían dando vueltas buscando a alguien a quien entrevistar. Pérez se alegró de que nadie se hubiera acercado al hombre moreno y repeinado con un elegante traje de ejecutivo que hablaba por teléfono mirando por la ventana. Sabía que aquel día los periodistas no quedarían decepcionados con su testigo estrella.

El juez Sparks pidió orden en la sala. Mientras los periodistas, la madre y hermanas de José y otros miembros de la familia de los acusados iban tomando asiento en la abarrotada galería, Doug Gardner se levantó para llamar al estrado a su primer testigo.

—El gobierno llama al señor Alfonso del Rayo Mora.

Del Rayo avanzó por el pasillo y cruzó las pequeñas puertas batientes hasta llegar al frente de la sala, ante el estrado. Todos los ojos estaban clavados en aquel hombre, enfundado en su caro traje, mientras el secretario le tomaba juramento.

Lawson se sintió aliviado cuando del Rayo tomó asiento y un alguacil le trajo un vaso de agua. Había estado temiendo que le asesinaran antes de poder testificar en Austin. Le habían dicho a del Rayo que si recibía alguna amenaza o veía cualquier cosa sospechosa fuera de su casa llamara de inmediato a Pérez o a Lawson.

También le habían asignado un equipo especial para escoltarlo hasta el juzgado de Austin y de vuelta a San Antonio.

Cuando Lawson, Pérez y los fiscales se reunieron con del Rayo en Austin, examinaron las pruebas y oyeron su relato, quedaron convencidos de que no se trataba de un participante voluntario en la trama de blanqueo de dinero y retiraron la acusación contra él. Del Rayo había sido una víctima y tenía suerte de haber salido con vida. Había conseguido algo casi imposible: sobrevivir a un secuestro de Los Zetas. Y ahora era lo suficientemente valiente como para testificar, aunque ello supusiera que nunca iba a poder volver a México con su familia. Durante las semanas previas al juicio, la determinación de del Rayo para testificar no había flaqueado ni un instante. Lawson sabía que su testimonio iba a ser uno de los más fascinantes del juicio.

Intuyendo que iba a pasar algo interesante, los reporteros sentados alrededor de Pérez ya habían sacado los cuadernos y tenían los bolígrafos preparados. Cuando del Rayo empezó a contar su historia de cómo Los Zetas lo habían secuestrado en Veracruz y lo habían estado golpeando y torturando durante nueve días, la sala se sumió en un silencio tal que Pérez incluso escuchó toser a alguien en el vestíbulo exterior. Los periodistas anotaban a toda velocidad cada palabra de del Rayo, intentando no perderse ni una sola frase. Una de las hermanas de José también escribía afanosamente.

—Cuando lo secuestraron, ¿le causaron algún tipo de herida? —preguntó Gardner, con la intención de que del Rayo ayudara al jurado a hacerse una idea más vívida de lo que Los Zetas le habían hecho.

Gardner mostró algunas diapositivas en la gran pantalla que pendía sobre la mesa de los acusados, donde se veía a un del Rayo maltrecho. Estas eran las fotos que él había traído en su maletín, junto con sus informes médicos, cuando se había reunido con Lawson y Pérez en el aeropuerto de San Antonio.

—Sí. Me golpearon. Me dieron una buena paliza. Pensaba que me iban a matar —dijo del Rayo.

Había conservado la calma al principio de su testimonio, pero a medida que Gardner avanzaba por las distintas fotografías de sus manos y rostro tras recibir los golpes de Los Zetas, empezó a rompérsele la voz y se le llenaron los ojos de lágrimas mientras le describía al jurado su terrible experiencia.

—¿Sentía que tenía la opción de simplemente decirle que no a Carlos Nayen? —preguntó Gardner.

—No. Empecé a recibir llamadas con amenazas de muerte; si no conseguía ese dinero, me iban a matar a mí o a mi familia.

Gardner mostró en pantalla una serie de cheques que del Rayo había extendido a nombre de Southwest Stallion Station, propiedad de Graham.

—¿Puede explicarle al jurado para qué son estos cheques?

—Tenía muchos problemas para transferir dinero de México a Estados Unidos por motivos obvios; ya saben, es mucho dinero. Y las transferencias tardaban tiempo en llegar. Quedaban facturas por pagar a esta empresa. Así que tuve que ir yo mismo y darle los cheques a Tyler Graham.En la mesa de la defensa, los abogados de José habían decidido no adentrarse en un contrainterrogatorio de del Rayo. Solo podía abrir otras líneas de interrogatorio por parte de la fiscalía, cosa que no iba a ayudar a su cliente después de lo que el jurado acababa de ver y oír. La tensión en la sala era palpable. El testimonio de del Rayo había calado hondo en el jurado; Lawson lo veía con claridad. No cabía ninguna duda de que los miembros del jurado empezaban a comprender plenamente el terrible sufrimiento que había causado el cártel entre los mexicanos de a pie, personas como ellos, que intentaban cuidar de sus familias y seguir adelante con sus vidas. En Veracruz esto se había hecho imposible. Y ahora tenían delante a del Rayo, un hombre sin país, que solo quería volver a su casa.

El juez Sparks dio permiso a del Rayo para que abandonara el estrado. Este avanzó lentamente por el pasillo mientras todos lo miraban; un guardia le abrió la puerta para que pasara. Algunos de los reporteros tomaron rápidamente sus cuadernos y lo siguieron, con la esperanza de conseguir entrevistarlo. Pero del Rayo, rodeado de su cuerpo de seguridad, no se quedó en el vestíbulo para atenderles. Antes de que pudieran formularle siquiera una pregunta, ya se había ido.

EN SU PRESENTACIÓN ANTE el jurado, Gardner y Fernald habían ido sentando las bases para explicar el salvaje ascenso de Miguel y Omar en el imperio criminal de Los Zetas. Alfonso del Rayo era una prueba viviente del poder de Miguel en Veracruz y del papel de Los Zetas como gobierno a la sombra en estados como Veracruz, Tamaulipas y Coahuila. También habían llamado a testificar a miembros del mundo de las carreras de cuarto de milla para que mostraran lo poco reguladas que estaban las carreras y lo fácilmente que podía cambiar de manos el dinero con un rastro de papel mínimo. Aquel mundo se alimentaba del dinero y de la avaricia. Este había sido uno de los descubrimientos más inquietantes de Lawson durante la investigación. Fue triste descubrir lo rápidamente que se agotaba y sacrificaba a los caballos para conseguir ganar una carrera. Los entrenadores les inyectaban de todo, desde una mezcla bautizada como «dolor morado» hasta esteroides como clembuterol o zilpaterol para conseguir que, incluso herido, el caballo pudiera correr, aunque después acabara muriendo.

Se trataba de un mundo cruel y arriesgado que los hombres como Francisco Colorado conocían bien. Él había sido una pieza clave en la trama de blanqueo de dinero de Miguel, pero el cuerpo especial de Pennington no había podido conseguir las pruebas que necesitaban (como los extractos bancarios o los libros de cuentas de ADT Petroservicios). Michael Fernald tampoco había tenido suerte con su petición a través de Ciudad de México, igual que antes les había pasado a Pennington y a Billy Williams.

Sin embargo, como esperaba Pennington, Fernald no se había rendido. Experto en desentrañar casos de fraude de guante blanco, el joven agente del IRS había conseguido finalmente ganar terreno:

descubrió que Colorado tenía una cuenta en Miami en el banco global suizo UBS. Fernald consiguió una orden judicial y requirió información del UBS. A partir de esos documentos descubrió que el hombre de negocios había solicitado un préstamo a UBS de dieciocho millones, y eso significaba que había tenido que declarar el estado financiero de su flujo de caja y sus ganancias y pérdidas en ADT Petroservicios. Este era exactamente el tipo de pruebas financieras que el equipo había intentado encontrar durante meses.

Cuando Doug Gardner llamó a Fernald al estrado, Pennington sintió que lo embargaba una sensación de satisfacción. El testimonio de Fernald y las gráficas que iba a presentar al jurado indicarían claramente que, aunque Colorado era un hombre rico, su empresa no podía permitirse gastar millones de dólares en caballos de carreras. Tenía que haber conseguido todo ese dinero de algún otro lugar, igual que José Treviño, quien se había convertido en millonario de la noche a la mañana. Fernald también había inspeccionado las cuentas de José en el Bank of America y ahora iba a mostrar al jurado las pruebas que explicaban su repentino y misterioso enriquecimiento.

Primero, Fernald empezó a desglosar sus descubrimientos sobre las empresas dirigidas por Francisco Colorado. Un noventa y nueve por ciento de los ingresos de ADT provenían de sus contratos con la petrolífera Pemex, propiedad del gobierno de México. Aun así, los contratos con Pemex se habían visto suspendidos en dos ocasiones durante los últimos cinco años por alegaciones de fraude y por cobrar de más por sus servicios. Mientras, Colorado había seguido gastando millones y pidiendo enormes préstamos como el que había solicitado a UBS. Colorado vivía de su cuenta con ADT, mezclando sus negocios y fastuosos gastos personales, entre los que había aviones privados, hoteles de cuatro estrellas y caros caballos de carreras.

Mientras Fernald testificaba desde el estrado, Gardner iba proyectando en la pared cerca de la mesa de la defensa un gráfico ilustrado que había elaborado con la ayuda de Fernald, donde se mostraba una línea temporal de los ingresos y los gastos de ADT. La gráfica empezaba desde el principio, con la formación de la empresa en 2001 y los dieciocho millones invertidos por Z-14 antes de ser asesinado en 2007. También se reflejaban los 2,2 millones que Colorado había gastado en 2010 en la subasta de caballos de Ruidoso. El dinero se había enviado por transferencia desde ADT hasta su cuenta bancaria de Compass Bank en Estados Unidos.

En un periodo de tres años, como explicó Fernald al jurado, Colorado había gastado 10,1 millones en caballos y gastos relacionados con caballos. La conclusión a la que había llegado a partir de su análisis financiero y lo que las pruebas mostraban era que Colorado no contaba con suficiente flujo de caja en ADT para poder comprar tantos caballos y tan caros.

—No podía dirigir esta empresa y pagar sus gastos y, a la vez, comprar y pagar 10,1 millones en caballos —dijo Fernald—. El señor Colorado tenía que estar sacando el dinero de algún otro lugar.

Fernald había examinado con la misma atención las cuentas bancarias de José en el Bank of America, tres de las cuales eran personales y otras dos de negocios, vinculadas a Tremor Enterprises y a su granja de sementales en Lexington. Fernald había dedicado mucho esfuerzo y tiempo a resumir todos los números en un gráfico para el jurado. La mayoría de las personas aprenden de forma visual y él había acabado advirtiendo, con su experiencia a lo largo de los años en casos complejos de blanqueo de dinero, que si soltaba una larga retahíla de números solo lograría dormir a la mitad del jurado. Con una buena imagen iba a llegar mucho más lejos. Y lo que su gráfico mostraba era que José Treviño, un simple albañil, se había hecho millonario de la noche a la mañana, con un aumento de sus ingresos del 9.518 % cuando adquirió a Tempting Dash. Fernald también había descubierto que en la documentación financiera de José no constaban en ninguna parte los 25.000 dólares que afirmaba haber pagado por Tempting Dash, solo aparecían los 445.000 dólares del premio depositado en la cuenta de Tremor Enterprises tras la victoria de Tempting Dash en la Texas Classic Futurity.

Como Lawson había esperado, el cheque de 400.000 dólares que había encontrado en el rancho de José durante la redada había resultado ser una prueba crucial. Colorado no recibió ni cobró el cheque que Tremor Enterprises le había extendido por un caballo llamado First Fly Down aunque, según la gráfica, aquel dinero le habría ido la mar de bien. Fernald había hecho otro interesante descubrimiento sobre First Fly Down. Cuando el caballo murió, José cobró 400.000 dólares del seguro y los ingresó en la cuenta de Tremor Enterprises. Así que, teóricamente, había pagado 400.000 dólares por un caballo, pero el cheque no se había cobrado. Después había ido a cobrar el dinero del seguro. Cuando Fernald hubo explicado por completo lo que había descubierto, Gardner cedió el turno a la defensa. Esta vez la encargada de dirigir el interrogatorio del testigo iba a ser la otra abogada de José, Christie Williams. Esta explicó que los 25.000 dólares que José había usado para comprar a Tempting Dash provenían de pequeñas sumas de dinero que él había ido ahorrando durante un largo periodo y que no había ingresado en el banco. Aquella era la razón por la que Fernald no había podido encontrar ningún rastro del dinero.

Antes de que terminara, Gardner ya se había puesto en pie en la mesa de la fiscalía. No podía resistirse a responder la afirmación de Williams. Quería remarcar ante el jurado que la explicación del origen de los 25.000 dólares iniciales de José para comprar a Tempting Dash iba cambiando y que, con solo mirar sus extractos bancarios, Treviño nunca había llegado a tener 25.000 dólares en su cuenta antes de enriquecerse repentinamente en 2010.

—Agente especial Fernald, según la teoría de la señorita Williams, José Treviño tendría que haber ido retirando dinero y guardándolo bajo el colchón hasta reunir los 25.000 dólares, ¿no es así? —preguntó Gardner.

—Creo que se trata de la cuarta explicación que he escuchado sobre el origen de este dinero durante el curso de la investigación —repuso Fernald.

—¿Y cuáles son las otras tres?

—Entiendo que vendió su empresa de construcción y pagó el caballo con el dinero de la venta. Que recibió una herencia. Que su cuñado le dio una gratificación. Y ahora dice que cobrando algunos cheques.

—Agente especial, solo quiero dejar constancia de que la señorita Williams acaba de darnos una quinta teoría de cómo obtuvo el señor Treviño los 25.000 dólares para la compra de Tempting Dash, ¿es correcto? —dijo Gardner, con una sonrisa.

—Correcto. Me había descontado, sí.

CINCUENTA Y TRES

A MEDIDA QUE EL JUICIO AVANZABA HASTA SU TERCERA Y ÚLTIMA SEMANA, Lawson y Pennington todavía no habían sido llamados al estrado. Habían sido dos largas semanas sentados en la sala del tribunal, escuchando con tensión y aburrimiento a la vez. La fiscalía esperaba que, solo con la gran cantidad de testimonios y pruebas que estaban presentando ante los miembros del jurado, estos iban a quedar convencidos más allá de cualquier duda razonable de la culpabilidad de José, Colorado y los demás acusados. Lawson y Pennington iban a tener que hacer un resumen de todas las pruebas del gobierno en los últimos días. Pero todavía no les había llegado el turno. Gardner y Fernald tenían otros dos testigos cruciales.

El lunes por la mañana, a primera hora, los familiares de los acusados y otros asistentes que iban pasando en fila por los controles de seguridad advirtieron que la protección alrededor del juzgado había aumentado. Una hilera de vehículos del Departamento de Seguridad Nacional, con luces rojas intermitentes, cortaba el paso de la carretera que pasaba por detrás del edificio del tribunal mientras un testigo especial era trasladado en un coche blindado a la parte trasera del edificio.

Con el ceño fruncido y armados con rifles de asalto, los guardias patrullaban todo el perímetro del juzgado. Cuando el juez Sparks pidió orden en la sala, los periodistas sentados en la galería intentaban adivinar quién podía ser el misterioso testigo. Fuera quien fuera, se le consideraba extremadamente peligroso, a juzgar por las medidas de seguridad.

Sentada junto a los periodistas, Alma Pérez sabía que pronto iban a tener el titular del día. Le habían encomendado que entrevistara y tradujera las palabras de un testigo protegido con unas medidas de seguridad que normalmente se reservaban a terroristas y otros enemigos del estado. Lo que más recordaba de él eran sus ojos, negros y sin vida, como los de un tiburón. Eran los ojos de un asesino.

Gardner se levantó de la mesa para citar a su testigo.

—Señoría, el gobierno llama a Jesús Rejón Aguilar.

Un murmullo recorrió la galería. Rejón era más conocido como Mamito o Z-7, y era la primera vez que un miembro de Los Zetas de su nivel (era uno de los líderes militares fundadores) testificaba públicamente ante un tribunal estadounidense. Los peces gordos como él casi siempre se declaraban culpables en lugar de testificar o, si testificaban, lo hacían de forma confidencial en un juicio cerrado. Trasladar a Mamito desde Texas hasta una celda de Washington D.C. no había sido fácil. Y a Gardner le había costado lo suyo convencer a la DEA para que les prestara a su testigo estrella para su juicio.

Pero Mamito conocía a Miguel y a Omar tanto como cualquier otro integrante del cártel. Conseguir que testificara había sido una gran victoria para Gardner y Fernald. Era la primera vez que un miembro fundador de Los Zetas iba a hablar en público del funcionamiento de la hermética y brutal organización. Subirle al estrado era casi tan bueno como interrogar al propio Miguel Treviño.

Un alguacil armado escoltó a Mamito, vestido con una holgada camiseta blanca y unos pantalones grises del uniforme de la prisión, hasta el estrado, donde se sentó con aire de resignación. En la cárcel le habían afeitado la cabeza. Sus ojos, apagados y sin vida, recorrieron la sala como si esperara que sus enemigos estuvieran allí para tenderle una emboscada. Hacía dos años que lo habían arrestado en Ciudad de México y lo habían extraditado a Estados Unidos, donde se enfrentaba a una condena de entre diez años y cadena perpetua por tráfico de drogas. También estaba implicado en la muerte del agente federal del HSI Jaime Zapata, puesto que era el comandante de la región donde Zapata había sido asesinado. Tras su captura, Mamito había dejado bien claro que le echaba la culpa a Miguel Treviño de su situación.

Y ahora iba a testificar contra el hermano de Miguel. El testigo explicó que había sido cabo en las Fuerzas Especiales de México y que trabajaba en antidroga cuando se unió a Los Zetas en 1999 como guardaespaldas y sicario para el Mata Amigos, Osiel Cárdenas Guillén, líder del Cártel del Golfo.

—¿También ofreció sobornos al ejército mexicano? —preguntó Gardner.

Mamito asintió.

—Sí.

—¿Y qué hacía el ejército militar a cambio de estos sobornos?

—Nos ayudaban a luchar contra el grupo enemigo de nuestro cártel.

Gardner reprodujo algunas de las llamadas telefónicas que la DEA había grabado en 2009 en el móvil intervenido de Ramiro Villarreal. Lawson pensó que ojalá hubiera tenido aquella información al comienzo de su investigación. Por suerte, su amigo Bill Johnston había podido conseguir las grabaciones de sus compañeros de la DEA en Houston. Cuando Gardner, Lawson y Pérez volaron a D.C. para reunirse con Mamito, este identificó las voces de las grabaciones y les dio el contexto de cada llamada telefónica. En muchas de las llamadas él mismo estaba sentado con Omar y Miguel mientras este charlaba con Ramiro sobre caballos, carreras amañadas y dopaje, con lo que pudo darles más detalles sobre cada conversación. Lawson advirtió que el jurado parecía fascinado mientras escuchaban las grabaciones, sabiendo que uno de los hombres ya había muerto y que el otro, Omar Treviño, estaba en México ayudando a su hermano a dirigir el sanguinario cártel.

—¿Por qué quiso Cuarenta matar a Ramiro Villarreal?

—Porque sabía demasiado sobre el negocio de los caballos y Cuarenta había invertido mucho dinero... y Ramiro lo sabía todo. Si lo arrestaban, podía declarar. Él se sabía todos los nombres de los caballos... Podía hundirles el negocio completamente.

—¿Cuál fue la razón que le dio Cuarenta para poner a Tempting Dash a nombre de su hermano, que no tenía antecedentes?

—Quería ponerlo a nombre de su hermano porque el caballo iba a correr en Dash for Cash y, si ganaba, su valor iba a aumentar y obtendrían mucho dinero, que se quedaría en la familia.

En la mesa de la fiscalía, Lawson estaba sentado casi en frente del testigo, pero procuraba no mirarle directamente. Todavía recordaba el momento en que él y Pérez habían interrogado al narcotraficante y había tenido que enfrentarse a su fría mirada. Había querido demostrarle a Mamito que no estaba intimidado mientras Pérez traducía. Mamito les contó que era un devoto practicante de la santería, donde se invocaba a los espíritus que exigían un sacrificio de sangre.

—Puedo hacerles daño sin siquiera tocarles —les dijo, con una leve sonrisa, y Lawson apartó la mirada.

Había visto una maldad tangible en sus ojos, y eso que a Mamito se le consideraba todo un caballero en comparación con Miguel. Tanto a él como a Pérez el encuentro con el capo de la droga les había parecido tremendamente inquietante.

Cuando Gardner acabó sus preguntas, la defensa pasó a interrogar al antiguo líder del cártel. Christie Williams iba a ser la primera en intentar presentar a Mamito como un testigo poco fiable ante el jurado. Mamito, que tendría poco más de treinta años, se enfrentaba a una cadena perpetua y él, como el resto de los antiguos miembros del cártel, quería reducir esa larga sentencia a cambio de su testimonio. Cuando cumpliera su condena en Estados Unidos, se enfrentaba a más años de cárcel en México, acusado de pertenencia a organización criminal.

Williams empezó atacándole por su deserción del servicio militar.

—Así que usted tenía dieciséis años cuando entró en el ejército y lo formaron como francotirador para proteger supuestamente a los ciudadanos de su país, ¿no es así?

Gardner se levantó rápidamente de su asiento en la mesa de la acusación.

—Protesto, señoría, la pregunta es contenciosa.

—Bien, proceda, por favor —dijo el juez Sparks, haciendo una señal con la cabeza a Williams para que prosiguiera.

—¿Fue usted formado para proteger a los ciudadanos de México como miembro del ejército mexicano?

—Sí —Mamito asintió.

—Y después usted se convirtió en un militar corrupto. Dio la espalda a los ciudadanos de México y se convirtió en un sicario, ¿cierto?

—Cierto —repuso, sin ninguna emoción.

—Más adelante lo arrestaron en México por diversos asesinatos, ¿correcto?

—Me arrestaron por pertenencia a organización criminal.

—Pero también ha matado a personas, ¿no?

—Sí, correcto.

—Y ha secuestrado a personas... y las ha torturado.

—Correcto —repitió Mamito, con ojos apagados e inexpresivos.

Cualquier chispa de humanidad que hubiera podido haber en él había sido enterrada muchísimo tiempo atrás junto con los cadáveres que había dejado a su paso.

Ahora iba a ser DeGeurin quien contrainterrogara al testigo en defensa de su cliente, Francisco Colorado. DeGeurin caminó hacia el centro de la sala para abordar al antiguo sicario desde el atril.

—¿Es cierto que usted obtuvo cincuenta millones de sus negocios con Los Zetas?

Mamito asintió.

—Correcto.

—Y esos cincuenta millones, ¿dónde están ahora?

—Es parte de la guerra... Algunos fueron a la empresa que tenía. Otros, en cocaína... y otros me los quedé.

—Al final, pues, ¿cuántos millones se quedó?

—Pues quizá dos o tres millones.

—¿Y dónde están ahora esos dos o tres millones?

—Guardados en una caja fuerte.

—¿Y le ha dicho usted al gobierno dónde ha puesto ese dinero?

—Sí —asintió.

—¿Le importaría decirme dónde está?

—No tengo ninguna razón para decirle a usted dónde está ese dinero —repuso Mamito, sin inflexión.

—Por favor, sigamos con las preguntas —dijo secamente Sparks.

Tras varios minutos de discusión, DeGeurin cedió el testigo al abogado de Chevo Huitrón, Richard Esper, quien quiso dejar claro que Mamito nunca había conocido a Chevo ni lo había visto en compañía de Miguel u Omar Treviño, como habían afirmado los fiscales. Mamito testificó que solo había oído decir a los Treviño que Chevo era un buen entrenador de caballos, pero que jamás lo había visto con ellos.

—Nunca le dijeron que sospechaban que él estuviera implicado en actividades ilegales, ¿no es así?

—Sí —Mamito asintió.

Esper consiguió anotarse ese tanto y no pudo evitar un asomo de sonrisa mientras volvía a la mesa de la defensa para tomar asiento junto a su cliente. Tras toda una mañana y gran parte de la tarde, permitieron al exlíder de Los Zetas dar por terminado su testimonio y lo volvieron a llevar a la celda de contención para los detenidos en las profundidades del juzgado.

MIENTRAS DOUG GARDNER SE preparaba para llamar a su siguiente testigo, Lawson se movía, inquieto, en su asiento; se sentía cada vez más nervioso. Había preparado a Tyler Graham durante horas, así que debía estar listo para cualquier ataque que le lanzara la defensa.

Para entonces ya sabían que Graham había sido clave en la investigación del FBI y que gran parte del caso se basaba en su testimonio. Lawson sabía que arremeterían con todo e intentarían sacar de quicio a Graham para que dijera algo que le hiciera perder la credibilidad ante el jurado. Lawson se dijo que no tenía sentido estar nervioso. Nadie iba a conseguir alterar al impertérrito Tyler Graham.

Lawson no había visto al doctor Graham desde que se habían saludado en el vestíbulo el primer día del juicio. Finn, sabiamente, había decidido no convocar al patriarca de los Graham para que testificara. El jurado y el resto de la sala ahora iban a descubrir por qué. Iban a descubrir que su nieto de veintiocho años había estado cooperando con el FBI durante más de dos años y había sido una pieza clave a la hora de desmantelar a José Treviño y Tremor Enterprises. Graham, con un traje marrón y recién afeitado, se sentó en el estrado y levantó la mano derecha para prestar juramento. Lawson vio que Graham no parecía nada nervioso.

—¿Dónde está Tempting Dash? —preguntó Gardner.

—Ahora mismo está en Elgin, en Southwest Stallion Station.

—¿Y hay algún motivo en concreto por el que todavía está en Southwest Stallion Station?

—Sí, señor. Ahora mismo estamos usándolo para montar yeguas; estamos en temporada de apareamiento. Este es el tercer año que vamos a tenerlo durante una temporada entera de apareamiento.

—¿Y está usted empleando este caballo bajo un contrato con el gobierno de Estados Unidos?

—Sí, señor —Graham asintió.

Respondía a las preguntas de forma comedida y calmada, como Lawson le había aconsejado.

—¿Y cómo llegó a saber que Tempting Dash era un animal apropiado como semental? —preguntó Gardner.

—Vino a correr aquí en las carreras de otoño de Lone Star Park. Yo conocía a Eusevio Huitrón, que lo había entrenado, y él me había dicho eso, ya sabe, que iba a venir y que, bueno, que sería un buen candidato. Quiero decir que solíamos hablar a menudo de los caballos que venían del otro lado de la frontera.

Graham le explicó a Gardner que había conocido a José Treviño en el hipódromo de las afueras de Dallas y que finalmente lo había convencido para que enviara al campeón Tempting Dash para aparearlo en su granja en Elgin. Después, José le había pedido que pujara por algunos caballos en Heritage Place; su puja de 875.000 dólares por Dashin Follies había atraído la atención de alguien más aparte de los asistentes y de los medios de comunicación.

—¿En algún momento se puso en contacto con usted el agente especial Scott Lawson, allí sentado?

Gardner apuntó con el dedo a Lawson, sentado junto a Pennington en la mesa de la fiscalía.

Lawson se rebulló inquieto en la silla, intentando ignorar que toda la sala lo estaba mirando.

—Sí, señor —respondió Graham, asintiendo.

—¿Y cuál fue el acuerdo al que llegó con el agente especial Lawson y con el gobierno?

—Mi acuerdo era que solo íbamos a... que iban a estar informados sobre las operaciones del negocio de los caballos que tuvieran que ver con el señor Treviño, Carlos y el grupo.

Finalmente, explicó Graham, también había dado permiso al FBI para escuchar y grabar todas sus llamadas telefónicas.

Cuando Gardner fue preguntando a Graham para que este contara su larga historia con José, Nayen y los demás, se sintió contento de haber expuesto completamente ante el jurado la relación de Graham con el caso. Cedió a Graham a la defensa para el contrainterrogatorio. Iban a hacer todo lo posible para que el informante clave del gobierno pareciera tan culpable como los acusados. Christie Williams fue la primera que se acercó al atril.

—Veamos. Cada vez que una yegua venía a aparearse con Tempting Dash, usted ganaba mucho dinero con ello, ¿no es cierto? Podía cobrar por el cuidado del caballo, la estancia, el cruce. Y por todos los servicios veterinarios de alguien a quien ya le pagaba un salario para hacer eso, ¿verdad?

—Sí —respondió Graham.

Williams lanzó varios dardos más referentes al gran provecho que sacaba Graham de trabajar con José y sus socios. Pero ahora a la defensa se le empezaba a acabar el tiempo con Graham. El interrogatorio del exlíder de Los Zetas, Mamito, les había llevado gran parte de la mañana y de la tarde. Eran ya las seis y acababan de empezar con Tyler. El juez Sparks decidió dar la sesión de ese día por terminada y le pidió a Graham que estuviera listo a primera hora de la mañana siguiente.

CUANDO EL DÍA SIGUIENTE Graham se sentó en el estrado, la galería estaba a rebosar. Pérez advirtió que una de las hermanas de Treviño había vuelto a sacar la libreta y el bolígrafo, sin dejar de mirar con fijeza a Graham. Esta vez, otro abogado de la repleta mesa de la defensa, Guy Womack, quien representaba a Fernando García, iba a someter a Graham a una batería de preguntas sobre su papel en la investigación del FBI.

—Muy bien. ¿Así que usted intenta reclutar los mejores sementales porque, con ellos, su granja gozará de más prestigio y ganancias económicas?

—En nuestro caso nos interesa más el negocio que el prestigio, pero sí —Graham asintió.

—Muy bien. De acuerdo. Usted ha dicho que el FBI le registró como una especie de informante, ¿no es así?

—Nunca usaron la palabra «informante».

—¿Y entonces cuál usaron?

—Un ciudadano colaborador. No soy consciente de que me dieran un título.

—Muy bien. Pero usted rellena unos formularios para ellos cada noventa día más o menos, ¿cierto?

Graham asintió.

—Y, básicamente, el formulario que usted firma dice que ha prometido trabajar para el FBI bajo su dirección y no hacer nada que sea ilegal excepto si ellos se lo indican así, ¿verdad?

—Me parece que yo no trabajaba exactamente para el FBI. No me pagaban —repuso, calmado, Graham.

Womack estaba intentando ponerlo nervioso, pero Graham no iba a permitir que el abogado lo desviara de su camino, trazado con cuidado.

—Muy bien. Entonces, ¿cómo fue que acabó convirtiéndose en una de sus fuentes de información? ¿Fue usted a ellos y se presentó como candidato para trabajar para ellos?

—No, señor. No fue así.

—¿Fueron ellos los que acudieron a usted diciéndole que creían que usted había hecho algo ilegal?

—No recuerdo que ellos hubieran dicho eso. No, señor.

—Usted tenía miedo de haberse metido en problemas, ¿no es así?

—No veo ningún motivo por el que yo hubiera estado metido en problemas —repuso Graham, calmadamente.

—Y entonces, ¿cómo acabó usted convirtiéndose en un informante registrado?

—Le repito de nuevo que no recuerdo que usaran la expresión «informante registrado».

—Muy bien. Llámelo como quiera; ¿tiene una insignia del club de niños detectives o algo que pueda llevar puesto que diga «FBI»?

Womack empezaba a aturullarse porque no estaba consiguiendo llegar a ninguna parte con Graham.

Gardner se levantó para protestar.

—Señoría. No es relevante —dijo, con un asomo de exasperación en la voz.

Womack estaba acosando a Graham por pura frustración.

—Protesta admitida —concedió Sparks.

Womack siguió intentando atacar a Graham unos cuantos minutos más antes de cederlo a otro abogado defensor. Lo atacaron como boxeadores, con derechazos y fintas, intentando noquearle durante más de una hora. Pero Graham conservó la calma todo el tiempo. Su compostura bajo la presión no dejaba de impresionar a Lawson. Por suerte, Graham terminó su testimonio antes de la pausa para comer y el equipo de seguridad que el FBI le había asignado para su protección lo escoltó fuera del edificio. Igual que del Rayo, Graham salió rápidamente del juzgado antes de que los reporteros o alguien más pudieran interceptarlo.

CINCUENTA Y CUATRO

STEVE PENNINGTON SE HABÍA PASADO LAS ÚLTIMAS TRES SEMANAS SEN-
tado en la mesa de la acusación, esperando que lo llamaran al
estrado como testigo. Nunca se le había dado bien quedarse quieto.
Igual que Lawson, prefería estar fuera, trabajando en las calles,
que sentado tras un escritorio. De modo que para él fue todo un
descanso que Doug Gardner lo llamara finalmente a testificar. El
jurado y toda la sala habían recibido un seminario de tres semanas
sobre cárteles de drogas y carreras de caballos. Era mucha información la que tenían que procesar, así que ahora los fiscales querían asegurarse de que Lawson y Pennington acabaran de cerrar
el caso, pusieran la guinda en el pastel y disiparan cualquier duda
en los miembros del jurado sobre la culpabilidad de José y los otros
acusados.

Durante su larga trayectoria profesional, Pennington había estado en el estrado como testimonio más veces de las que podía
recordar. Aun así, cada vez que se sentaba en el estrado sentía ine-
vitablemente el corazón latiéndole con fuerza y empezaba a sudar
cuando notaba que todas las miradas se clavaban en él.

—¿Puede explicarle al jurado el concepto de «mezcla de fondos»? —preguntó Gardner.

La mezcla de fondos era una parte importante del argumento
de la defensa y querían que el jurado entendiera bien lo que significaba. Una queja clave en contra de los hermanos Huitrón y de

Francisco Colorado era que habían mezclado los beneficios «sucios» de la cocaína de Miguel y Omar con el dinero «limpio» y legal de sus propios negocios.

Al principio del juicio, Gardner lo había comparado con «echarse un chorrito de licor en el café».

—Sí —Pennington asintió—. Imaginemos que hay unos fondos de una fuente ilegal y se colocan junto a los ingresos de un negocio o con otros fondos provenientes de una fuente limpia. Cuando este dinero se haya juntado en un mismo lugar, se dirá que se trata de una mezcla de fondos y que ya no es posible distinguir entre fondos limpios y sucios.

Lo que Gardner también quería hacer era convencer al jurado de que los acusados sabían exactamente de dónde provenía ese dinero sucio, y eso los convertía en participantes activos de la trama en lugar de meros títeres pasivos.

—Agente especial, me gustaría dirigir su atención a algunas de las ventas de caballos. ¿Podríamos empezar por septiembre de 2010, con la venta en Ruidoso? Para refrescarle la memoria al jurado, ¿cuántos caballos se adquirieron?

—Veintitrés caballos —respondió Pennington.

—¿Y cuál fue el precio de compra?

—Algo más de 2,2 millones.

—¿Y quién extendió el cheque para pagarlos?

—Estaba firmado por Francisco Colorado Cessa.

—Y, basándose en los registros obtenidos de Southwest Stallion Station y de Paul Jones, ¿pudo usted seguir a esos caballos cuando salieron de la casa de subastas?

—Sí. Revisamos los documentos y descubrimos que veinte de los veintitrés fueron trasladados a las instalaciones de Paul Jones y a Southwest Stallion, donde fueron alojados y entrenados a cuenta de Carlos Nayen.

Gardner le pidió a Pennington que volviera a hablar sobre el caballo First Fly Down y el cheque de 400.000 dólares que Tremor Enterprises, propiedad de José, había extendido a nombre de

Francisco Colorado y que él y Lawson habían encontrado en Lexington. Pennington explicó al jurado que Colorado nunca había llegado a cobrar el cheque y que el caballo estaba siendo entrenado por Paul Jones en Los Alamitos para Tremor Enterprises. El caballo murió repentinamente, explicó Pennington, y después José había cobrado 400.000 dólares del seguro que cubría al caballo de carreras.

Otros seis de los veintitrés caballos que Colorado había comprado en Ruidoso estaban en el rancho que José tenía en Lexington. Pennington y su equipo especial habían descubierto que los caballos estaban registrados a nombre de distintos propietarios, entre ellos Víctor López, que en aquel momento ya llevaba varios meses muerto. El equipo especial de Pennington encontró dos caballos más. Uno estaba a nombre de Tremor Enterprises y el otro a nombre de Desiree Princess Ranch, una SRL creada por Fernando García. Otros seis se transfirieron a distintos miembros de la organización y seis más siguieron a nombre de Colorado, aunque se encontraban en paradero desconocido, explicó Pennington.

Gardner dirigió ahora la atención hacia otra gran subasta, esta vez en noviembre de 2011, que tuvo lugar en Heritage Place, Oklahoma.

—Además de vender cuatro caballos, ¿la organización compró diversos animales?

—Sí. Incluyendo los cuatro que se «vendieron», entre comillas, se compraron un total de doce caballos con fondos de Francisco Colorado a través de Arian Jaff.

—¿Arian Jaff, de Quick Loans? —preguntó Gardner, citando el nombre de la empresa de Jaff.

—Sí, señor. Quick Loans, Arian Jaff.

Ahora Gardner quería que Pennington explicara en qué se diferenciaba su función de la de un empleado normal del IRS con el que seguramente todo el jurado estaba familiarizado: el típico inspector de Hacienda, sentado en su oficina gris, a quien todo el mundo teme.

—¿A qué se dedica un inspector del IRS?

—Un inspector del IRS se fijará en los recibos de primer nivel para determinar si estos coinciden con lo que uno declara en su declaración de la renta.

—¿Qué es, pues, lo que hace un investigador criminal del IRS?

—Nosotros vamos más allá de los recibos para intentar determinar de dónde proceden esos fondos y si los gastos que se indican son o no legítimos.

Lo que Pennington y su equipo especial habían encontrado, como testificó él, eran principalmente transferencias bancarias e ingresos estructurados provenientes de México que iban a parar a varias casas de subastas y cuentas bancarias de Estados Unidos. José, Nayen y los demás movían los caballos de una SRL a otra y el dinero de una cuenta a otra en un elaborado truco de prestidigitación para ocultar al verdadero autor de la estrategia, Miguel Treviño.

—Muy bien, parte del auto del gobierno afirma que se ha producido un movimiento internacional de fondos. ¿Puede explicarle al jurado qué movimiento internacional de fondos se ha producido en este caso? —preguntó Gardner.

—Sí, señor. Por un lado tenemos grandes cantidades de dinero en efectivo, procedente de la venta de narcóticos en Estados Unidos, que entraba físicamente en México de contrabando. Por otra parte tenemos también varias transferencias bancarias procedentes de distintos bancos de México, como Banco Monex, Banco Regional de Monterrey, Basic Enterprises y ADT Petroservicios. También había algunas del Grupo Aduanero de Sabanco. Estas transferencias se enviaron desde México y el dinero iba destinado a bancos de Estados Unidos para comprar caballos de cuarto de milla.

—Bien. El gobierno también ha afirmado que ha habido movimiento de fondos de un estado a otro.

Pennington asintió.

—Hubo ingresos de dinero en varios bancos de Laredo, Texas, que después pasaba a cuentas de California, Arizona y otros estados.

—¿Qué bancos usaban?

—IBC Bank, Wells Fargo, UBS y Bank of America.

—¿Y cuál fue el total de gastos en caballos en esta investigación?

—Más de veinticinco millones de dólares.

Ahora Gardner preguntó a Pennington cuántos caballos había comprado José Treviño con el dinero de Tremor Enterprises o de sus empresas 66 Land o Zule Farms.

—Uno.

En casi tres años, José solo había pagado un caballo con sus cuentas del Bank of America.

Gardner miró las notas que tenía sobre el atril, dejando un momento para que el jurado comprendiera todas las implicaciones de lo que acababan de oír.

—¿Y cuánto pagó por ese caballo?

—Cinco mil quinientos dólares, creo.

—¿Y cuántos caballos en total compró Colorado Cessa?

—Creo que 121.

—Y de todos esos —preguntó ahora Gardner—, ¿cuántos seguían a nombre de Colorado cuando se produjo la redada?

—Tenía... Creo que tenía todavía cuarenta y uno a su nombre.

—Y cuando usted decidió investigar esos cuarenta y un caballos —continuó Gardner—, ¿qué descubrió sobre su ubicación?

—Varios de ellos estaban siendo cuidados en instalaciones como las de Paul Jones o Southwest Stallion Station a cuenta de Carlos Nayen. Otros fueron requisados por el IRS en Lexington, Oklahoma, California o Nuevo México.

—Y respecto a los caballos estabulados en distintas caballerizas, ¿cómo se pagaban sus gastos?

—Se pagaban con dinero de Carlos Nayen y Víctor López, y con fondos procedentes de Alfonso del Rayo Mora.

Pennington llevaba en el estrado más de una hora y el juez decidió que había llegado el momento de hacer un receso de quince minutos. La vista se reanudó con las preguntas de la defensa para Pennington. Los abogados defensores fueron alternándose para interrogar al agente del IRS, intentando mitigar la implicación de sus clientes en la trama e intentando sembrar dudas en el jurado.

Pennington había afirmado que Eusevio «Chevo» Huitrón y su hermano Jesse habían recibido más de 500.000 dólares en su cuenta de Wells Fargo para cubrir los gastos de los caballos, y que gran parte de ese dinero provenía de ingresos estructurados de Víctor López y otras personas de Laredo. El abogado de Jesse Huitrón, Brent Mayr, argumentó que su cliente no tenía ni idea de que los fondos habían sido estructurados porque era Jessica, la hija de Chevo, la que se encargaba de las cuentas. Él tampoco había hecho ninguno de los depósitos estructurados ni tenía ningún conocimiento de la naturaleza ilícita del dinero que estaba cobrando.

Los cargos que se imputaban a Jesse eran los menos sólidos de todos los acusados y su abogado lo sabía. Jesse no formaba parte de la acusación original; se le incluyó después cuando, sin saberlo, había testificado bajo juramento que colaboraba con su hermano en el negocio de los caballos de carreras. Así, de forma involuntaria, había dado pie a que también lo procesaran a él. Ahora Pennington observaba a Mayr intentando sembrar dudas en la mente del jurado. ¿Era realmente culpable su cliente? Después de casi una hora y media hostigando a Pennington con minucias insignificantes sobre cada ingreso estructurado, Mayr ya empezaba a cansar no solo al testigo, sino también al juez y al jurado. Eran casi las cinco de la tarde y Pennington había estado en el estrado una buena parte del día.

—Si me lo permite, voy a cubrir solo otras tres transacciones. Con esto ya habré acabado —dijo Mayr, hojeando sus notas.

—Puede presentar todas las transacciones que quiera —respondió el juez Sparks, que empezaba a perder la paciencia—. Lo único que está haciendo es abrumarnos con los detalles. El contenido de la última hora y cinco minutos podría resumirse con tan solo tres preguntas. Si observara al jurado como lo hago yo, vería que esto no está siendo de ningún provecho. Tres sencillas preguntas habrían clarificado el asunto.

—De acuerdo —respondió Mayr, haciendo un gesto como de pedir disculpas.

—Yo no sé qué es lo que van a decidir, pero desde luego, no están contentos —advirtió el juez Sparks.

Tras una breve pausa, Mayr terminó con su interrogatorio. Había guardado silencio durante gran parte del juicio y esta había sido su ocasión para conseguir demostrar la inocencia de su cliente, Jesse Huitrón, cosa que quizá había hecho con demasiado ahínco. Pero esto solo iban a saberlo con el veredicto del jurado. Finalmente, Pennington bajó del estrado y el juez Sparks decidió dar por terminada la jornada.

EL DÍA SIGUIENTE, MIENTRAS la sala se iba llenando de concurrentes, Lawson notó que empezaba a sudar. Hasta aquel momento, Gardner y Fernald habían llamado a cincuenta y nueve testigos, y Lawson iba a ser el último de ellos. Llevaba casi tres semanas sentado en la sala, observando silenciosamente y esperando su turno. Doug Gardner lo llamó al estrado para que prestara juramento antes de dar su testimonio. Lawson buscó rápidamente con la mirada a Pérez, sentada en las primeras hileras de la galería; ella, sonriente, le devolvió la mirada y asintió.

Aquella misma mañana, Pérez había tenido un incómodo encuentro en el baño con una de las hermanas de José, que había intentado mantener una charla trivial con ella mientras se lavaba las manos. Pérez sonrió con educación y salió rápidamente, sin decir palabra. Durante la pausa, algunos periodistas habían intentado acercarse a la madre y hermanas de José en el vestíbulo para conseguir entrevistas, pero la familia había rechazado todas las peticiones. Así que Pérez tampoco le iba a dar a la hermana de José la oportunidad de apuntar alguna cosa en su libretita.

Sobre Lawson recaía la tarea de reforzar todo el testimonio de Pennington con más pruebas: todas las fotos de vigilancia, las llamadas telefónicas grabadas y los documentos que él, Pérez y el resto del equipo habían ido recopilando a lo largo de su investigación de casi tres años. Lawson explicó que Tyler Graham y la información que les había proporcionado habían sido clave para aclarar la trama.

—En los dos años que usted estuvo trabajando con el señor Graham, ¿algún dato proporcionado por él resultó no ser cierto? —preguntó Gardner.

—No.

—¿Y cómo confirmaba la información que el señor Graham le daba?

—Su información fue confirmada a través de varios medios: documentos bancarios obtenidos por orden judicial, vigilancia realizada a partir de la información que nos proporcionó, interrogatorios de otros testigos e informes de otros agentes de la ley.

Gardner fue pasando las fotos que Lawson y Raúl Perdomo habían tomado en la subasta y los momentos posteriores en la All American Futurity. Una imagen gigante de Carlos Nayen en la subasta con su camisa rosa quedó proyectada en la pantalla que había tras la mesa de la defensa. Gardner se detuvo en la foto de Nayen enviando un mensaje en su BlackBerry.

—¿Sabe a quién estaba enviándole el mensaje?

—A través de otros informantes, sabemos que se trataba de Miguel Treviño —repuso Lawson.

Christie Williams, abogada de José, se puso en pie de un brinco.

—Protesto, señoría. Testimonio de oídas.

Gardner reformuló su pregunta.

—¿Sabe usted personalmente a quién estaba enviándole el mensaje?

—No.

Gardner repasó con Lawson varias operaciones de vigilancia que había realizado con Pérez y otros agentes. En una de las vigilancias a Víctor López cuando este hizo una entrega de dinero frente al hotel La Posada, en el centro de Laredo, pudieron tomarle fotos en que se le veía dejando la bolsa de lona en la camioneta de su agente encubierto. El jurado pareció recibir de buen grado las imágenes después de los detalles financieros que habían tenido que digerir durante el testimonio de Pennington. Finalmente, Gardner llegó al día de la redada en el rancho de José y la BlackBerry que Lawson había descubierto escondida en un cajón de la habitación de José. Hubiera sido su billete dorado para capturar a Miguel, el santo grial de su investigación, pero las cosas no salieron como había planeado.

—¿Encendió el teléfono? —preguntó Gardner.

—Sí.

—¿Y recuerda los contactos específicos que vio?

—No había ningún contacto guardado en el teléfono, solo un número de México.

—¿Solo uno en toda la agenda de contactos?

—Sí —Lawson asintió.

Gardner se alejó de esta línea de interrogación para ir por otros derroteros. No iban a ponerse a examinar lo que había pasado después. No iba a servirles para el caso que les ocupaba. Él había hecho su parte enviando el número de teléfono, pero Miguel y Omar seguían libres, dirigiendo sus masacres e introduciendo tráileres con cocaína desde México. Pero Lawson no podía extenderse ahora en eso.

CUANDO LAWSON TOMÓ DE nuevo asiento en la mesa de la acusación, el gobierno decidió dar por concluidos sus alegatos. La sala era ahora territorio exclusivo de la defensa. Cada uno de los abogados, incluyendo a Christie Williams en nombre de José Treviño, pidió que el tribunal emitiera un veredicto de absolución para su cliente. El gobierno no había mostrado suficientes pruebas ni había demostrado que alguno de los acusados estuviese participando a sabiendas en una conspiración para blanquear dinero sucio en el sector de las carreras de cuarto de milla en Estados Unidos. Uno a uno, fueron alegando lo mismo. Era el último recurso de su estrategia y no perdían nada intentándolo, aunque eran conscientes de que había muy pocas esperanzas de que surtiera efecto. —Se rechaza la petición —dijo el juez Sparks tras unos minutos de debate—. Que entre el jurado.

Los abogados de la defensa decidieron no llamar a ningún testigo al estrado a excepción de Richard Esper, que representaba a Chevo Huitrón. Cuando Esper llamó a Shae Cox, una de las antiguas empleadas de Chevo, explicó por qué. Esper estaba abriendo territorio sin explorar para la fiscalía, cosa que podía acabar dañando a su cliente. Cuando Esper terminó de hacerle preguntas fáciles a su único testigo, Gardner se acercó con impaciencia al atril para el contrainterrogatorio.

—Muy bien. Veo que usted ha afirmado que Chevo Huitrón es un excelente entrenador, ¿cierto?

—Sí —Cox asintió.

—Y usted también ha declarado que era extremadamente honrado, ¿no es así?

—Sí.

—¿Recuerda también su respuesta ante la pregunta de si alguna vez lo vio hacer algo ilegal o turbio? —inquirió ahora Gardner, preparándose para dar el golpe de gracia.

—¿Que si recuerdo la pregunta? Sí —respondió Cox.

—¿La recuerda, pues? —preguntó Gardner de nuevo.

—Sí, la recuerdo.

—¿Sabía usted que el veintiséis de agosto de 2011 Chevo Huitrón fue suspendido y multado...

—Protesto, señoría —exclamó Esper, levantándose de un brinco—. Regla 404(b).

—Protesta rechazada —dijo el juez—. Ha sido usted quien ha puesto todas estas pruebas en su interrogatorio directo.

En otras palabras, Esper había abierto la puerta llamando a Cox al estrado para testificar y ahora Gardner iba a arrancar esa misma puerta de sus goznes.

—¿Es usted consciente de que el veintiséis de agosto de 2011, Chevo Huitrón fue suspendido y multado por dopar a dos caballos con clembuterol en Retama Park?

342 MELISSA DEL BOSQUE

—Sí. Soy consciente de que hubo esos problemas —dijo ella, ahora con aspecto nervioso.

—¿Es usted consciente de que el diecisiete de junio de 2011, Chevo Huitrón fue multado por dopar a un caballo con polietilenglicol?

—No sabía cuál era la pena por eso —respondió.

—¿Es usted consciente de que el veintiséis de julio de 2010, Chevo Huitrón fue suspendido y multado por acuerdos fraudulentos y soborno de personal de la pista de carreras?

Gardner enumeró varias multas y suspensiones más contra Chevo por dopar a caballos.

—¿Sabía usted que aplicó descargas eléctricas a Tempting Dash en una carrera amañada?

—No —negó con la cabeza.

—¿No sabía usted eso? —preguntó Gardner—. De acuerdo, y ahora que sabe usted todo esto, ¿cambia su opinión sobre la extrema honradez de Chevo Huitrón?

—Sigo creyendo que se trata de una persona honrada —respondió ella, vacilante—. Sí.

—Señoría, ya no tengo más preguntas.

Gardner dio la espalda a Cox y el juez dio permiso a la testigo para bajar del estrado. La galería se llenó de murmullos tras el intenso interrogatorio al que se la había sometido. Subir a Cox al estrado había sido más perjudicial que beneficioso para Chevo Huitrón.

CINCUENTA Y CINCO

EL ÚLTIMO DÍA DEL JUICIO, LA TENSIÓN ERA VISIBLE EN EL ROSTRO DE LOS abogados de ambos bandos mientras se preparaban para pronunciar sus alegatos finales en un último esfuerzo por convencer al jurado.

El equipo legal de José había decidido no hacerle subir al estrado para testificar. Los demás acusados también habían guardado silencio durante el juicio. Iba a ser el abogado principal de José, David Finn, quien hablaría en nombre de su cliente. Finn caminó hacia la tribuna del jurado y, una vez allí, se paseó delante de ellos, manteniendo el contacto visual con todos mientras iba hablando.

—Recuerden cuándo ha pasado todo esto. Esta acusación fue cursada un mes antes de las elecciones presidenciales de México y tres meses antes de las elecciones de Estados Unidos. ¿Por qué las presidenciales? ¿Por qué es importante eso? Intenten recordar ese verano, qué es lo que estaba pasando en Washington. Se desató el caos sobre la operación Fast and Furious y el señor Zapata; el agente Zapata fue asesinado con armas proporcionadas por la ATF.

Finn meneó la cabeza con expresión de horror.

—Los Zetas que andan buscando están en México. Y pregúntense esto: ¿por qué tenemos una lucha contra las drogas? Hay un problema aquí en Estados Unidos. Si deja de haber demanda, entonces no necesitamos el suministro. Pero también hay un problema en México, ¿no es así? La corrupción. Cuarenta y Cuarenta y dos están, en teoría, en México. No están escondiéndose en las colinas de Afganistán como Osama bin Laden. ¿Acaso ustedes no creen que, si el gobierno mexicano quisiera realmente encontrar a estos tipos, no lo habría hecho ya? Pero aquí estamos. Si el gobierno no puede detener a los hermanos que quiere, van entonces a por el hermano que no ha hecho nada.

Aquí Finn intentó afianzar su argumento de que José no era más que una cabeza de turco por los numerosos crímenes de sus hermanos y que él era la verdadera víctima de aquel juicio.

—O José es el criminal más inteligente del planeta o es inocente —dijo Finn, mirando al jurado—. El FBI le ha estado hostigando a él y a su familia año tras año. Y aquí estamos. Cero más cero más cero es igual a cero. La responsabilidad de aportar pruebas en un caso criminal corresponde al gobierno, y se trata de una gran responsabilidad. Y esta es la razón por la que el gobierno puede sentarse cerca de ustedes mientras nosotros estamos al otro lado de la sala. Y es también la razón por la que el gobierno tiene el primer turno y la última palabra —continuó, volviendo a menear la cabeza—. Se trata de aportar pruebas que los convenzan a ustedes más allá de la duda razonable, sin un «quizá», sin un «posiblemente», ni siquiera con un «probablemente». Aportar pruebas que les convenzan a ustedes más allá de la duda razonable es un listón muy elevado. Es decir, deben ustedes contar con la certeza moral, puesto que tendrán que vivir con su veredicto. Y recuerden que son un grupo de personas, no un equipo. Deliberar no es lo mismo que capitular. Deliberar no implica llegar a un compromiso porque, se lo avanzo ahora: seguramente se olvidarán de este juicio. Pero dentro de dos, tres, cuatro años, en un momento tranquilo, quizá estarán con su familia en un parque nacional y se pararán a pensar en José y se preguntarán: «¿Llegué a la conclusión correcta? ¿El gobierno realmente lo demostró todo más allá de toda duda razonable?».

Finn se sentó, con expresión solemne.

Doug Gardner iba a tener la última palabra antes de que finalmente el jurado saliera a deliberar. Se levantó y caminó hacia el atril, donde su voz iba a oírse claramente por el micrófono en toda la sala. Volvió a mostrar las fotos de cada acusado en la pantalla para que las contemplara el jurado.

—Estas pruebas están aquí para que ustedes las repasen durante sus deliberaciones. Pero lo que quiero hacer durante unos cuantos minutos es repasar unos fragmentos de estas pruebas para demostrarles que cada uno de los acusados participó en esta conspiración de forma consciente.

Gardner fue pasando las diapositivas, mostrando imagen tras imagen de pruebas clave: las transcripciones de las llamadas intervenidas, la foto de la hija y el hijo de José haciendo los signos de «40» y «42» con las manos en la foto de celebración de Tempting Dash como ganador.

—Lo que importa para estas personas es el ego. El orgullo. Ganar la carrera de caballos al coste que sea. Dejar un legado para su familia. Lo que les importa es ser el mejor entrenador, independientemente de si el caballo está dopado, de si lo estimulan con descargas o de si tienen que sobornar a los encargados de abrir las puertas en la carrera para que el caballo salga antes —dijo, dirigiéndose directamente al jurado—. Lo que les importa es tener el mejor caballo y llevarse el dinero. No es algo que han ganado con su sudor, damas y caballeros. Es algo que han ganado con el dinero de sus hermanos. ¿En quién confiamos más que en la familia? Y esta es la razón por la que José Treviño tiene los caballos.

Tras el alegato final de Gardner, el juez Sparks dio permiso al jurado para retirarse de la sala. Todos los concurrentes sentados en la abarrotada galería observaron a los doce hombres y mujeres mientras salían lentamente de la sala y eran escoltados a una estancia en la parte trasera del edificio, donde iban a deliberar durante las siguientes horas o días. Ni Doug Gardner ni Michelle Fernald podían saber cuánto iba a tardar la deliberación del jurado, pero se sentían contentos con las pruebas que habían presentado y el número de testigos que habían testificado. Aunque el jurado decidiera que no podía aceptar el testimonio de hombres como Mamito, tendría que tener en cuenta el testimonio de Tyler Graham y otros profesionales del sector de los caballos, además de la tremenda cantidad de pruebas financieras que Pennington y su equipo especial les habían proporcionado. En cualquier caso, preveían una larga espera. Era poco después del mediodía del miércoles y el juez Sparks ya se había hecho a la idea de que el veredicto podía retrasarse hasta el viernes o incluso el lunes, puesto que era posible que el jurado tuviera que resolver diferencias de opiniones.

El equipo de la fiscalía se reunió en la quinta planta del tribunal, en una oficina reservada para el fiscal federal. Pidieron una pizza y se pusieron cómodos para la larga espera. Les iba a costar concentrarse en otros casos o hacer algo de provecho mientras estaban pendientes del veredicto. Lawson y Pérez empezaron a jugar a las adivinanzas sobre cuándo tendrían el veredicto. Lawson no esperaba nada como mínimo hasta el día siguiente.

Pero, para su sorpresa, la llamada del secretario del juez Sparks llegó cuando no habían transcurrido siquiera cuatro horas.

—El jurado está listo para dar su veredicto —le dijo a Gardner.

El equipo bajó a toda prisa las escaleras hasta la sala de Sparks, sorprendidos todavía de que el jurado hubiera llegado a un veredicto tan rápidamente. Fernald estaba preocupada; pensaba que podía ser una mala señal.

El juez Sparks golpeó varias veces con el mazo para poner orden en la sala mientras la familia de los acusados, los periodistas y demás asistentes tomaban asiento rápidamente. Lawson notó una subida de adrenalina cuando se sentaba en la mesa de la fiscalía. Pérez parecía nerviosa, rebulléndose en su asiento. Lawson también sintió un repentino nerviosismo mientras uno de los miembros del jurado se levantaba para leer el veredicto.

—Culpable.

La palabra retumbó por toda la sala.

Lawson miró triunfalmente a Pérez. A lo largo de su investigación habían pensado muchas veces que aquel día quizá no llegaría nunca.

El jurado declaró que todos los acusados eran culpables a excepción de Jesse Huitrón. Tenían la sensación de que las pruebas habían dejado dudas razonables de que Jesse hubiera participado a sabiendas en la trama. Su hermano, Chevo Huitrón, no había tenido tanta suerte. Los miembros de la familia sentados en la galería alrededor de Pérez lloraban y se abrazaban entre sí. La madre de José agachó la cabeza. Jesse Huitrón se sentía dividido entre la euforia de haber sido liberado y el dolor de ver cómo los alguaciles escoltaban a su hermano, Chevo, por una puerta lateral junto a José Treviño, que caminaba con expresión desafiante. Lawson vio que este último todavía no había asimilado el veredicto del jurado. Todavía no era consciente de que iba rumbo a una celda de prisión y no a su rancho de Lexington.

Lawson había pensado que en aquel momento se sentiría mucho más satisfecho. Después de tanto tiempo, finalmente se había hecho justicia. Pero no podía sacudirse un sentido de frustración por el hecho de que Miguel y Omar siguieran todavía libres.

CINCUENTA Y SEIS

LAWSON Y PÉREZ VOLVIERON A SU TRABAJO EN LAREDO Y SE CONCENTRA-ron en terminar el caso. Todavía esperaban capturar a sus fugitivos en México, pero sabían que tenían muy pocas posibilidades si estos no volvían a entrar en territorio estadounidense.

Pero el 15 de julio, dos meses después del veredicto de José, Pérez recibió un mensaje a primera hora de la mañana que le suscitó una cierta esperanza. Una fuente de México le dijo que Miguel Treviño había sido arrestado. Pérez fue rápidamente a darle la noticia a Lawson. Se permitieron ser algo optimistas pero, a la vez, dudaban de la veracidad de la información. En otras ocasiones les habían llegado nuevas de la detención de Miguel, pero siempre conseguía escabullirse, para vergüenza de los agentes de la ley de ambos lados del río. Sin embargo, a lo largo de la mañana fueron llegando cada vez más rumores de la frontera que coincidían en lo mismo: Miguel Treviño había sido capturado. Empezaron a albergar la esperanza de que fuera cierto.

A media tarde, cuando ya creían que se trataba de otro falso rumor, llegó por correo electrónico el boletín de una agencia de seguridad oficial dirigido a la oficina local de Laredo. Cuando abrieron el correo, vieron la fotografía de un hombre con las manos esposadas a la espalda rodeado de soldados en una pista de tierra. Reconocieron aquellos ojos oscuros y amenazadores. Era Miguel Treviño. Según la nota, había sido arrestado aquella misma madrugada del lunes en una autopista desierta fuera de Nuevo Laredo. Viajaba con su contable y con un guardaespaldas en su camioneta plateada cuando un helicóptero de la marina lleno de soldados con fusiles de alto calibre los había interceptado en la carretera. Treviño llevaba una gran cantidad de munición, varias armas y dos millones en efectivo en un maletín para sobornar a los militares o policías que todavía no estuvieran de su parte. Quizá había intentado, como en tantas ocasiones, comprar a los militares que lo detuvieron. Pero esta vez no había funcionado. Le había tocado la papeleta. Quizá se había vuelto demasiado peligroso, demasiado volátil para que los hombres que de verdad gobernaban en México pudieran seguir controlándolo. Los soldados lo arrestaron sin un solo disparo.

Aquel a quienes muchos consideraban uno de los peores asesinos en masa de la historia de México estaba finalmente en una celda de la cárcel en Ciudad de México. Había llegado a lo más alto del crimen organizado escalando sobre los cadáveres que dejaba a su paso. Aunque Miguel los había esquivado, Lawson y Pérez podían sentirse orgullosos de que su legado ya no iba a ser el rancho en Lexington, los campeonatos de carreras y los carísimos sementales. No, se le recordaría por las fosas comunes y los barriles de cenizas: esos serían los únicos recuerdos del legado de Miguel Treviño.

Más tarde, cuando la historia salió en las noticias y aparecieron más fotografías y un vídeo de Miguel escoltado por militares, con el rostro oculto bajo tapabocas oscuros dirigiéndose hacia un helicóptero que los esperaba, supieron que esta vez el narcotraficante no iba a poder huir. Con la cara hinchada y cubierta de contusiones enrojecidas, ya no era el esbelto asesino que había sido. Vestido con un polo negro y ropa militar, parecía agotado y en baja forma, aunque sus ojos seguían ardiendo con la misma intensidad. Por primera vez en varios años, los dos agentes dejaron de tener la sensación de que sus cabezas podían rodar en cualquier momento.

Al final del día, Lawson, Pérez y el resto del equipo de crímenes violentos se fueron a un bar cercano a celebrarlo. Raúl Perdomo levantó un vaso de chupito de tequila y los demás hicieron lo mismo para brindar a la salud de Lawson y Pérez. Y después bebieron celebrando el final del imperio criminal de Miguel.

CINCUENTA Y SIETE

DOS MESES DESPUÉS DEL ARRESTO DE SU HERMANO, JOSÉ TREVIÑO VOLVIÓ a sentarse en la mesa de la defensa en la sala del juez Sparks, esta vez para conocer su sentencia. En esta ocasión no llevaba un traje nuevo, sino el uniforme a rayas rojas y blancas de la cárcel. Aunque su rostro reflejaba una fría indiferencia, evitaba mirar hacia la repleta galería, donde estaban sentadas sus hermanas y su madre en la fila trasera. Aunque durante el juicio había permanecido en silencio, su equipo de abogados había decidido no subirle al estrado. Tras conocer el veredicto había despedido a David Finn y contratado a Kirk Lechtenberger, otro importante abogado criminalista de Dallas.

Se enfrentaba a una sentencia máxima de veinte años por blanqueo de dinero, y esta era su última oportunidad de conseguir algo de clemencia. Francisco Colorado, enfundado en un mono de prisión naranja, estaba a su lado. A diferencia de José, que mantenía la mirada clavada en el juez y los fiscales, Colorado se puso a buscar con los ojos a su mujer y a sus dos hijos, Pancho y Antonio, sentados en la galería. Igual que José, Colorado también se enfrentaba a la máxima sentencia. Pero cuando fue a sentarse en la mesa de los acusados, no parecía abatido como José. Colorado había traído a su socio de negocios desde México para testificar bajo juramento ante el juez que por las arcas de ADT Petroservicios nunca había pasado dinero sucio de las drogas. Siendo como era un experimentado hombre de negocios, todavía esperaba cambiar el rumbo de la sentencia a su favor.

Iba a ser el primero en enfrentarse a la sala antes de que el juez pronunciara su sentencia. Colorado se levantó de la silla y se dirigió al juez y a la mesa de la fiscalía.

—A lo largo de todo este proceso se han dicho muchas cosas sobre mí como persona y sobre mi empresa, ADT Petroservicios; por desgracia, todavía no hemos llegado a la verdad completa —dijo en español, meneando la cabeza—. Durante el periodo en que se produjeron los hechos de que se me acusa, ADT Petroservicios firmó contratos públicos. No se le regaló nada; la empresa consiguió contratos de oferta pública por un valor que supera los 450 millones de dólares en un periodo que comenzó antes de que siquiera existieran Los Zetas. Por haber seguido mis instintos me he visto tres veces en la bancarrota. Quiero que sepa, señoría, que a base de trabajo duro y perseverancia he conseguido levantar el vuelo como el ave fénix —dijo, ahora mirando directamente al juez, con los ojos llenos de lágrimas—: he sobrevivido a dos guerras muy intensas. La primera, hace diecisiete años, fue la que luché contra mi adicción a la cocaína y a otros defectos de carácter que tenía. Y la segunda es la que estoy peleando ahora, intentando demostrar que soy un hombre bueno y decente. Por eso me entregué a las autoridades voluntariamente, cuando vi en los periódicos y en internet mi nombre ligado a este vergonzoso caso —Colorado lanzó una mirada desafiante—. Pero también quiero decir que, en muchas ocasiones, los hechos no son lo que parecen ser cuando los miras, sino situaciones circunstanciales. Y, en este caso concreto, tengo un gran dilema. Quiero preguntarle qué haría usted si estuviera haciendo su trabajo y recibiera una llamada que le dijese: «Haga el favor de comprar esto o su familia morirá de tal y tal forma». Es difícil.

Mientras Gardner y Fernald esperaban que el intérprete terminara de traducir la declaración de Colorado al inglés empezaron a alarmarse. Colorado estaba intentando plantear un motivo de defensa completamente nuevo en su caso, diciendo que lo habían extorsionado a punta de pistola, como a Alfonso del Rayo, de modo que se vio obligado a ayudar a Miguel Treviño y a sus hermanos. La defensa de Colorado nunca había planteado la extorsión durante el juicio y la presentaba ahora, en la fase de la sentencia, algo que para el juez era completamente inadmisible.

—Espere un momento —dijo el juez Sparks, levantando la mano—. Vamos a tomarnos un breve receso para hablar con su cliente.

El juez puso el ventilador para que los asistentes no pudieran oír la conversación que tenía lugar en el estrado.

Tras unos cinco minutos, el juez reanudó la sesión.

—¿Listo para proseguir, señor DeGeurin?

—Sí, estamos listos —el abogado asintió con una mirada contrita en la cara—. Gracias, señoría.

—Señor Colorado Cessa, por favor —dijo el juez haciéndole un gesto para que prosiguiera con su soliloquio.

Colorado habló de lo mucho que amaba a su familia y les volvió a dirigir una sonrisa, mirando a la galería para, acto seguido, volverse hacia el juez.

—Y para usted, señoría, con todo respeto —dijo, con ademán teatral, abriendo un libro del tamaño de una Biblia en una página concreta—, me gustaría citar un párrafo de Don Quijote de la Mancha...

—He leído el libro —atajó el juez Sparks, bruscamente.

Colorado empezó a leer en español mientras un traductor iba repitiendo lo que decía en inglés.

—Como le dijo Sancho a Don Quijote —explicó Colorado—: «No tema, mi señor, porque llegada la hora de su juicio tendrá ante sí a un hombre sabio cuyo mazo, según los que saben, obra a favor del Señor y no de los hombres». Gracias, señoría.

Colorado cerró el libro con aires de haberlo dicho todo y volvió a su asiento.

A continuación le llegó el turno al socio de Colorado, Ramón Segura. El puñado de reporteros que había en la sala esperaban que la sentencia fuera rápida, pero ahora parecía que Colorado solo acababa de empezar. Segura se levantó y prestó juramento para después sentarse en el estrado. Era un hombre delgado, de facciones hundidas y voz grave de fumador empedernido. A medida que testificaba de la integridad de su trabajo en ADT, Michelle Fernald y Doug Gardner se miraban como si poseyeran un secreto que solo ellos dos conocían.

Cuando hubo terminado, Fernald se acercó al atril para el contrainterrogatorio. Tras acribillar a Segura con preguntas sobre la cantidad que Los Zetas habían invertido en ADT, prosiguió con una línea de interrogaciones que dejó a todas las personas de la galería preguntándose a dónde quería llegar.

—¿Cuándo fue la última vez que tuvo algún contacto con Francisco Colorado Cessa?

—Mantengo un contacto diario —repuso Segura.

—¿Y desde que ha sido encarcelado también?

—Sí.

—Finalmente, señor Segura, ¿alguna vez ha estado implicado en algún tipo de actividad delictiva con ADT Petroservicios, Francisco Colorado Cessa o en actividades en nombre de la empresa o del señor Colorado Cessa?

—No.

—Le recuerdo a usted que está bajo juramento —dijo Fernald, con énfasis.

—Sí, señora —asintió Segura.

—Señoría, ya no tengo más preguntas —dijo Fernald.

Mientras se dirigía de vuelta a la mesa de la fiscalía, le costó ocultar una expresión de satisfacción. Lawson veía que los periodistas sentados en la galería parecían perplejos. Algo sucedía, y esperaban que los fiscales desvelaran pronto el misterio, antes de la tarde, para que la noticia pudiera salir en la siguiente edición del periódico.

Tras el extraño intercambio con el socio de Colorado, ahora era el momento de que José hablara con el juez. Se levantó y caminó solemnemente hacia el atril. Su discurso fue directo, en un claro

354 MELISSA DEL BOSQUE

contraste con el dramático monólogo de Colorado. José le dijo a la sala que le parecía humillante encontrarse en el juzgado y que era un hombre inocente. Su cambio de fortuna, afirmó, se debía íntegramente a la compra de Tempting Dash.

—El caballo que compré para mí y para mi mujer, y todo lo que he comprado desde entonces, y todo lo que gestiono son las ganancias en los hipódromos de un caballo que vendí. Con todo esto gané 4,2 millones, y de esos 4,2 millones, 2,6 eran ganancias directas de carreras —dijo, dirigiéndose al juez—. Y, como ya he dicho, siento mucho que se dijera en el juicio que soy un Zeta. Quedó demostrado que nunca he mostrado ninguna conducta agresiva hacia nadie.

Cuando José se sentó, su nuevo abogado alegó ante el juez que José solo debería ser sentenciado a diez años y no al máximo de veinte, que era lo que temía que el gobierno iba a pedir. Cuando el abogado de la defensa tomó asiento, Doug Garner se acercó al atril para dirigirse al juez.

—El señor Lechtenberger tiene razón en lo que teme. El gobierno quiere pedir 240 meses de condena. Que el acusado tomara ese dinero, sabiendo que estaba manchado de sangre y sufrimiento, justifica plenamente que el tribunal imponga una sentencia de veinte años, la máxima según la ley.

El juez Sparks se quedó un momento en silencio, al parecer digiriendo lo que Gardner acababa de decir. Paseó la mirada por toda la sala para acabar dirigiéndola a José.

—Señor Treviño, nadie en este tribunal ha afirmado que sea usted un Zeta. A usted se le acusa de gestionar dinero de Los Zetas y a mí no me queda ninguna duda de que eso fue lo que hizo —empezó Sparks—. Las pruebas fueron, desde luego, abrumadoras. Usted tuvo la oportunidad de negarse, pero decidió no hacerlo. Al margen de que estuviera o no al corriente de los asesinatos, o de todas las demás cosas que sucedieron, el hecho es que gran parte de ese dinero pasó por sus manos y fue usted quien acabó teniendo todos los caballos. Afirmar que usted consiguió todo esto por sus propios medios, como acaba de alegar su defensa, no tiene ninguna lógica. Le condeno a 240 meses bajo custodia de la Agencia Federal de Prisiones».

Se oyeron gritos procedentes de la zona trasera de la galería, donde estaban las hermanas, la madre y demás familiares de José. Este hizo ver que no oía nada y no se volvió. Mantuvo los ojos fijos en el juez mientras leía el resto de la sentencia. Durante el juicio se había mostrado desafiante, pero ahora Lawson lo veía con actitud resignada. Su expresión no reveló gran cosa mientras un alguacil lo escoltaba fuera de la sala. Colorado fue también condenado a veinte años de cárcel. Mientras que José había aceptado su destino con estoicismo, Colorado se mostró sorprendido y conmocionado cuando el juez leyó su sentencia en voz alta. Los reporteros de la galería pronto descubrieron por qué.

Por su participación en la trama, Fernando García fue condenado a trece años y Chevo Huitrón, a ocho. Zulema, la mujer de José, fue condenada a tres años de libertad condicional y su hija mayor, Alexandra, que ahora tenía veintidós años y estaba a punto de dar a luz a su primer hijo en California, a dos años. Adán Farías y Felipe Quintero, los entrenadores de caballos de California, fueron condenados cada uno a tres años de libertad condicional. Y el joven Raúl Ramírez, que tanta conmoción había causado en la subasta de Ruidoso, fue condenado a un año de cárcel.

Parecía que, finalmente, el caso llegaba a su fin, especialmente porque Miguel estaba en prisión en México. Pero cinco miembros de la trama de blanqueo, Omar Treviño, Sergio «Saltillo» Guerrero, Luis Aguirre y otros dos hombres (Erick Jovan Lozano y Gerardo Garza Quintero, que se habían añadido posteriormente, al igual que Jesse Huitrón, en una acusación posterior) seguían siendo prófugos de la justicia en México. Lawson y Pérez temían que Miguel todavía intentara vengarse. Juntos habían conseguido dejar malherida a la cúpula de Los Zetas. Habían arrestado a su hermano mayor, José, pero Omar seguía libre, convertido ahora en el nuevo líder del cártel.

Cuando el juez Sparks decidió que la sala se tomara un receso, Gardner y Fernald dijeron a los reporteros que pululaban por el vestíbulo que se quedaran, porque iba a suceder algo fuera de lo común.

—Creo que querrán quedarse aquí un rato más —dijo Gardner al grupo de reporteros que esperaban con impaciencia conocer el secreto.

La mente de Lawson estaba muy lejos, todavía dándole vueltas a la escena que acababa de producirse en el aparcamiento del edificio y que la prensa descubriría muy pronto. Pero, tras unos pocos minutos, Fernald y el resto del equipo dijeron a los reporteros que se fueran a casa.

—Vuelvan mañana a primera hora —prometió Gardner con una sonrisa cómplice.

A PRIMERA HORA DE la mañana se conoció, finalmente, el secreto, durante una apresurada rueda de prensa fuera del tribunal. Fernald y Gardner estaban de pie junto a su jefe, el fiscal federal Rod Pitman, quien anunció al grupo de periodistas que, el día anterior, mientras el juez Sparks leía la sentencia de Colorado, su hijo mayor, Pancho, y su socio Ramón Segura, habían sido detenidos en el estacionamiento del edificio acusados de soborno.

Pancho Colorado Jr. y Segura planeaban poner una bolsa de golf con 1,2 millones en el maletero del carro del juez Sparks a cambio de una sentencia más leve para Colorado. Lawson veía en el rostro de los reporteros que todo empezaba a encajarles: la desmesurada confianza que Colorado había mostrado el día anterior y su conmoción posterior cuando el juez dictó la sentencia máxima de veinte años.

Pitman dijo a los reporteros que el FBI había descubierto la trama en agosto, a través de conversaciones grabadas que Segura, Colorado y su hijo habían mantenido en la cárcel. La oficina del FBI de Austin había organizado una operación encubierta con un informante que se hizo pasar por un amigo íntimo del juez Sparks y que haría las veces de intermediario para el dinero del soborno. Pitman explicó a los reporteros que el juez Sparks no había estado al corriente del intento de soborno y de la operación encubierta para pescar a Segura y al hijo de Colorado in fraganti.

—El juez no tenía la menor idea de todo esto —explicó Pitman.

Ahora la línea de preguntas que había seguido Michelle Fernald el día anterior sobre si Segura había participado en algún tipo de conducta delictiva con Colorado cobraba sentido. Había sorprendido a Segura mintiendo bajo juramento.

Los periodistas, Lawson, Pérez y los demás agentes vivieron la experiencia surrealista de entrar en una sala frente a la del juez Sparks para presenciar la lectura de cargos contra Pancho Colorado Jr. y Ramón Segura, quien todavía llevaba el traje de ejecutivo con que había declarado como testigo el día anterior. La única diferencia era que ahora llevaba grilletes sobre los mocasines. Ambos estaban estupefactos mientras el juez federal Andrew Austin ordenaba que los retuvieran sin fianza durante dos semanas hasta que se celebraran sus audiencias. A ambos podían caerles hasta cinco años de cárcel por intentar sobornar a un juez federal, y Francisco Colorado padre podía enfrentarse a un aumento de su condena de veinte años. Colorado había probado suerte, pero le había salido el tiro por la culata. El experimentado hombre de negocios había perdido la partida.

CINCUENTA Y OCHO

JOSÉ TREVIÑO HABÍA HECHO UN TRATO CON DOUG GARDNER Y MICHELLE Fernald de no vender sus caballos más preciados hasta que no fuera del todo seguro que iba a ir a la cárcel. Antes del juicio creía tener la oportunidad de salir sin cargos del tribunal. Con aquellos cinco caballos, entre ellos Tempting Dash, Dashin Follies y Mr. Piloto, podía reconstruir fácilmente su imperio. Pero las cosas no habían salido como él esperaba. Había sido condenado a veinte años de cárcel. Y ahora hasta el último de sus caballos iba a venderse al mejor postor.

Iba a ser un evento histórico. Los caballos de este calibre no solían subastarse y, en todo caso, nunca a la vez. El 1 de noviembre de 2013 se dieron cita en Heritage Place algunos de los hombres más legendarios de las carreras de cuarto de milla de Estados Unidos, entre ellos el ahora octogenario Charles «Doc» Graham con su característico sombrero Stetson de color tostado. Algunos potentados de países latinoamericanos y agentes de caballos de algunos de los mayores compradores de Estados Unidos se paseaban por el abarrotado recinto donde se celebraba la venta, junto con los curiosos que habían venido a echar un vistazo a los «caballos de Los Zetas» que habían salido en las noticias. Para Lawson era difícil no fijarse en los jóvenes con gorras de béisbol de Ed Hardy tachonadas con diamantes de imitación o chaquetas Ferrari de cuero, hablando español entre susurros en sus móviles Nextel. Sabía que el símbolo de Ferrari había sido adoptado por Los Zetas, ya que el elegante coche de competición era uno de los favoritos de Miguel.

Lawson observó a un mozo de cuadra que paseaba al fogoso Mr. Piloto por la pista. Pérez se había quedado en Laredo; ya había pasado demasiados meses lejos de su familia. A Lawson le habría gustado que ella le acompañara. Aquel iba a ser el gran día de la clausura de la investigación: su capítulo final. Lawson llevaba una chaqueta marrón bajo la que ocultaba su Glock. Los últimos caballos de la subasta, Tempting Dash entre ellos, se contaban entre las posesiones más preciadas de Miguel Treviño. Y aunque Miguel estuviera en una cárcel mexicana, seguía teniendo mucho poder. Lawson sabía que, con sus millones, Miguel podía comprar casi cualquier cosa, incluida su libertad. Antes que él, muchos otros capos habían dirigido sus operaciones desde la cárcel y otros, como el líder de Sinaloa, Joaquín «El Chapo» Guzmán, habían conseguido escapar «milagrosamente». A su parecer, un hombre tan despiadado como Miguel era capaz de cualquier cosa. Además, su hermano Omar todavía seguía libre y dirigiendo el cártel en su ausencia. Podían enviar un sicario para ajustarle las cuentas. O cualquier enemigo de Miguel podía comprar a Tempting Dash y los demás caballos para provocar al capo, lo cual podía generar más muerte y destrucción.

Tyler Graham no estaba muy lejos de Lawson, valorando los caballos que aparecían en la pista. Sus ojos se encontraron con los de él y Graham lo saludó con la cabeza. Pero mantuvo la distancia. Parecía tranquilo, como siempre, pero Lawson sabía que estaba dándole vueltas a muchas cosas. Si Miguel y sus hermanos decidían vengarse de alguien, Graham sería el primero de la lista. Lawson, Pennington y el resto de su equipo especial lo vigilaban de cerca, a él y a su abuelo. Lawson tenía buena sintonía con Graham después de trabajar juntos durante dos años, pero también era consciente de que la suya era una relación de colaboración, no de amistad, forjada por la necesidad.

Brian Schutt y algunos agentes de Waco a los que Pennington había reclutado para su protección estaban apostados en sillas plegables ante el establo de Dashin Follies. Les preocupaba que los hombres de Treviño pudieran robar los caballos. Para un observador externo, el grupo parecía compuesto de vaqueros de verdad, con sus sombreros de *cowboy* y sus botas desgastadas. Pero los habituales de las subastas ya los conocían como «los chicos del IRS». Como Jeff Tebow, el encargado de Heritage Place, ya había advertido a Pennington durante su primera visita, muchos meses atrás, «no hay secretos en el hipódromo». Y pronto descubrió que tampoco había secretos en Heritage Place. No tenían ningún deseo de pasar desapercibidos: esperaban que su presencia armada fuera suficientemente disuasoria como para evitar que cualquier miembro del cártel intentara algo. Steve Junker no conseguía disimular su condición de policía urbano mientras observaba minuciosamente todo lo que sucedía a su alrededor. Kim Williams, que caminaba a su lado con gastadas botas de vaquera, resultaba más convincente como aficionada a los caballos.

En la zona de ventas, frente a Lawson, estaba Steve Pennington. Su tarea sería evaluar a cualquiera que ganara las pujas y asegurarse de que no acababan de venderle de nuevo el caballo a Los Zetas o a algún otro cártel. Les había costado muchísimo trabajo descubrir y documentar durante años cómo se habían comprado aquellos caballos a través de una sofisticada red de compradores fraudulentos. El juicio de José había supuesto un mensaje para todos los cárteles. Pero con solo ver los grupos de hombres vestidos con chaquetas Ferrari de cuero y tejanos con brillantes incrustados enviando mensajes y haciendo fotos a los caballos que iban a subastarse, resultaba difícil creer que su mensaje hubiera quedado claro. Lo que Pennington había aprendido en su larga carrera era que los criminales tienen una memoria muy corta. Y que, mientras tuvieran miles de millones de dólares procedentes del mercado negro, siempre iban a estar buscando formas de blanquearlos.

El subastador anunció que había llegado el momento de pujar por Tempting Dash. Lawson advirtió que Graham se había acercado más a la plataforma elevada por encima de la pista donde estaba el subastador. Pero esta vez no había ningún caballo desfilando sobre la pista. Debido a su contagiosa enfermedad de la sangre, Tempting Dash había tenido que quedarse en cuarentena en Southwest Stallion Station, en Texas. Los pujadores iban a tener que conformarse con dos grandes pantallas que iban mostrando fotos del semental campeón, junto con sus carreras y premios en metálico ganados, mientras el subastador daba inicio a la puja.

Pennington y el resto del equipo especial también se habían acercado para ver qué pasaba. Tempting Dash era el caballo que había recibido más atención y cobertura de la prensa durante el largo juicio. Para José y sus hermanos, aquel caballo era una especie de talismán, la base sobre la que se había construido Tremor Enterprises y el legado que pensaban dejar al mundo antes de que todo se fuera al traste durante la redada, aquella madrugada.

Tyler Graham estaba en pie junto a la pista; su abuelo, que lo sobrepasaba en estatura, estaba detrás de él. Lawson había advertido que ambos habían estado hablando entre sí con discreción, cosa que lo había hecho sospechar. No le gustaban las sorpresas. Los veteranos del sector le habían dicho que el semental sería el que alcanzaría el precio más elevado de la subasta y quizá de todo el año. Las pujas subían sin parar, a ritmo de guiños y gestos de cabeza tan sutiles que, para un observador inexperto, habría sido difícil distinguir. Pero ahora Lawson veía que el doctor Graham y Tyler estaban pujando por el semental, cuyo precio rondaba casi el millón de dólares. A Lawson le pareció una idea imprudente, especialmente teniendo en cuenta que Miguel Treviño ya tenía a Graham en su lista negra.

Graham nunca le había mencionado a Lawson que tenía intención de pujar por Tempting Dash. Ahora le preocupaba que Pennington y los demás pudieran pensar que les había ocultado esa información a propósito. La osadía de Graham le parecía increíble. Quizá el criador pensaba que, en cierto modo, el caballo le pertenecía. Había tenido a Tempting Dash durante casi tres años, y el caballo le había aportado a su granja un nuevo prestigio. Aunque su valor era innegable, aquel semental de seis años también le había traído muchos quebraderos de cabeza a Graham.

A medida que las pujas iban subiendo, Lawson pensó mentalmente en las posibles consecuencias negativas que podrían producirse si Graham y su abuelo se salían con la suya. Pero entonces advirtió que el doctor Graham mostró una expresión de enfado y, acto seguido, se dio la vuelta. Tyler Graham se quedó allí, callado, observando la situación, convertido ahora en un espectador más. La puja había llegado a los 1,7 millones y el subastador, con el aliento entrecortado por la emoción, anunció al ganador de la subasta: John Simmons.

Lawson sintió un alivio enorme. Los Graham habían perdido a Tempting Dash en su puja contra un asesor financiero de Texas.

El precio de 1,7 millones de dólares por Tempting Dash era el mayor que jamás había alcanzado un caballo de cuarto de milla en una subasta pública en Estados Unidos. Los demás caballos de José se vendieron por mucho menos de lo que Lawson había esperado. Superados los precios exorbitantes tan normales cuando los hombres de José compraban y vendían caballos entre sí, las pujas habían vuelto a un nivel más realista. Dashin Follies, que José había comprado por 875.000 dólares, fue ahora vendida por 260.000 dólares a un ranchero de Brasil. ¡Mr. Piloto se vendió por 85.000 dólares! Un precio irrisorio para el ganador de la prestigiosa All American Futurity. No cabe duda de que la revelación durante el juicio de que la carrera había sido amañada tuvo algo que ver con la drástica reducción del precio de este caballo.

Finalmente, y para alivio del equipo, todos los caballos del cártel se habían vendido sin ningún incidente. Puede que su presencia en la subasta hubiera desbaratado los planes de venganza, o quizá las potenciales repercusiones violentas de los Treviño o de Los Zetas suponían un precio demasiado alto para cualquier mexicano que pudiera estar interesado. Miguel Treviño estaba entre rejas, pero no fuera de juego. Y Omar no había sido detenido todavía. El equipo había neutralizado la trama familiar para blanquear el dinero. Pero eran conscientes de que el caprichoso mundo de las carreras de cuarto de milla seguía siendo muy atractivo para cualquiera que quisiera blanquear millones, lo cual, algún día, podía llevarles de nuevo a Heritage Place.

Pero ahora había llegado el momento de la celebración. Después de tres años de intenso trabajo Lawson necesitaba un cierre de etapa, de modo que, acompañado de Pennington y otros dos agentes del equipo especial, se dirigió al Cowboys, un cavernoso *pub* del centro de Oklahoma City. Era una noche de miércoles, pero el lugar estaba casi lleno. El local tenía una pista de monta de toros junto a la pista de baile para aquellos que preferían jugar con la muerte a lomos de un toro vivo que arriesgarse a bailar al ritmo de la música *country*. Una camarera se dirigió a la esquina de la pista de baile donde estaban Lawson y Pennington y les sirvió una ronda de bebidas. Ambos se pusieron a inspeccionar el lugar, buscando a alguien que hubiera podido invitar a dos agentes federales fuera de servicio. Lawson reconoció a Tyler Graham de pie en una esquina oscura cerca de ellos; estaba rodeado por un grupo de amigos que bebían y reían. A Lawson no le sorprendió que Graham también estuviera de celebración. La investigación había finalmente terminado y José y Miguel estaban en la cárcel. Graham había acabado perdiendo a Tempting Dash, pero había podido disfrutar de él mientras duró la situación y, además, por fin se había librado de Lawson y del FBI. Lawson suponía que nunca se había hecho ilusiones reales; el doctor Graham se había asegurado bien de ello. Tampoco él se hacía ninguna ilusión. Se abrió paso hasta Graham, que levantó su cerveza en un brindis cuando le vio.

—Quiero darte las gracias por todo lo que has hecho —dijo Lawson, dándole un apretón de manos—. Lo hemos conseguido.

—Sí, lo hemos conseguido —Graham sonrió y tomó un sorbo de cerveza—. ¡No hay duda de que lo hemos conseguido!

EPÍLOGO

UN MES DESPUÉS DE QUE JOHN SIMMONS COMPRARA A TEMPTING DASH EN
la subasta recibió un correo electrónico en su oficina de Texas.
El mensaje, escrito en español, lo amenazaba de muerte si no entregaba a Omar Treviño todas las ganancias obtenidas por cruzar a
Tempting Dash. En el correo también había otro mensaje: a Tyler
Graham más le valía ir con cuidado. Simmons contactó inmediatamente con el FBI.

La única sorpresa para Scott Lawson era que la amenaza no hubiera llegado antes. Miguel y José estaban en la cárcel, pero Omar
todavía estaba al frente de Los Zetas en México. Lawson le dijo a
Graham que se tomara unas vacaciones de un par de semanas y
que no le dijera a nadie a dónde iba. Mientras Tyler estaba fuera,
Lawson y Pérez se dedicaron a consultar con sus fuentes en México
para ver hasta qué punto Omar estaba a dispuesto llevar a cabo
lo que había prometido. Un analista informático del FBI rastreó
el correo electrónico y dijo que se había enviado desde el estado
fronterizo de Coahuila, en México, donde Los Zetas todavía gobernaban a sus anchas. El cártel había quedado debilitado por los
numerosos arrestos y por la guerra con sus enemigos, pero Lawson
no dudaba ni por un momento de que Omar pretendía cumplir
su amenaza. Una tarde, poco después de que Simmons recibiera
el correo electrónico, alguien disparó al camión del capataz de su
rancho cuando este volvía a los establos.

POR SUERTE PARA TYLER Graham y para el nuevo propietario de Tempting Dash, Omar Treviño empezó a estar cada vez más ocupado intentado evitar que el cártel se siguiera dividiendo. En marzo de 2015, Omar fue finalmente detenido en San Pedro Garza García, uno de los municipios más exclusivos de Monterrey, donde había estado viviendo durante más de un año con su mujer e hijos. En el vídeo que grabó el ejército mexicano, Omar aparecía dirigiéndose escoltado hacia un helicóptero militar que lo esperaba; su aspecto era el de un hombre desgastado y consumido. Tenía treinta y ocho años, pero aparentaba al menos diez más. Durante los días siguientes, los noticieros de la televisión fueron presentando las propiedades del líder de Los Zetas: numerosas mansiones en Monterrey, dos almacenes llenos de lanchas motoras y coches de lujo, y un elegante helicóptero negro italiano en un aeródromo privado. Para quienes vivían en las chabolas de las afueras de las ciudades y en los barrios olvidados, las riquezas de los narcotraficantes ofrecían una visión alternativa a la extrema pobreza y a toda una vida de hambre y precariedad.

DESPUÉS DEL JUICIO CELEBRADO en abril de 2013, Francisco Colorado, José Treviño, Fernando García y Chevo Huitrón recurrieron inmediatamente su sentencia. Sin escatimar gastos, Colorado contrató al legendario abogado y experto en derecho constitucional Alan Dershowitz para que le representara ante la Corte de Apelaciones del quinto circuito de Estados Unidos en Nueva Orleans. En mayo de 2015, este tribunal concedió una revisión del juicio a Colorado y anuló la sentencia de prisión de ocho años de Chevo Huitrón por falta de pruebas. La Corte de Apelaciones también dictaminó que el gobierno no había aportado pruebas suficientes para demostrar que Miguel Treviño hubiera blanqueado dinero sucio a través de la empresa ADT Petroservicios de Colorado. Aun así, el tribunal ratificó las condenas de José Treviño y Fernando García.

Pero la libertad de Colorado duró poco. En noviembre de 2015, Colorado, que para entonces tenía 54 años, recibió un segundo veredicto de culpabilidad, esta vez antes de presentarse ante el juez Donald Walters de Austin. Lo sentenciaron a veinte años de cárcel. Durante el juicio, Carlos Nayen y Fernando García testificaron por primera vez para intentar reducir sus largas sentencias. El testimonio de Nayen fue especialmente dañino para el hombre a quien consideraba una de sus figuras paternas, ya que explicó que Miguel Treviño enviaba camiones cargados de dinero al rancho de Colorado en Veracruz. A cambio de sus testimonios, García y Nayen salieron de la cárcel en 2017.

En otro juicio, Colorado recibió otros cinco años por su intento de sobornar al juez Sparks. Su hijo, Pancho, y su socio, Ramón Segura, pasaron un año en la cárcel. ADT Petroservicios sigue su actividad en Tuxpan, Veracruz.

Cuando Colorado fue condenado por segunda vez, Los Zetas ya eran una organización más débil y dividida. Kiko Treviño, sobrino de Miguel y Omar, se convirtió en el líder de un nuevo grupo, llamado Cártel del Noreste, y se dedicó a luchar contra otras facciones de Los Zetas. Kiko, de quien se decía que era incluso más sádico que sus tíos, fue arrestado en Houston en septiembre de 2016. Ahora que sus líderes principales estaban muertos o en la cárcel, el Cártel del Golfo también se dividió, pero la violencia no cesó, ya que las distintas facciones seguían despedazándose entre sí en el estado fronterizo de Tamaulipas, que lleva casi dos décadas sin ver la paz. En el resto de México, el Cártel de Jalisco Nueva Generación, una organización paramilitar creada para luchar contra Los Zetas, está hoy arrebatándoles cada vez más terreno. En México, las muertes causadas por las guerras entre narcotraficantes ya han superado las bajas civiles de las guerras de Irak y Afganistán. En 2017, Alfonso del Rayo y su familia no han vuelto todavía a Veracruz, uno de los estados más castigados por la guerra entre narcos. Del Rayo ha solicitado asilo político en Estados Unidos, que rara vez concede protección a las familias que huyen de la violencia en México.

Tanto Miguel como Omar están en la cárcel de máxima seguridad El Altiplano, en las afueras de Ciudad de México, que se hizo famosa en 2015 por la huida de Joaquín «El Chapo» Guzmán, que consiguió escapar por un túnel en una motocicleta montada sobre unos rieles. Estados Unidos ha presentado solicitudes de extradición para Miguel y Omar por cargos de asesinato y tráfico de drogas, pero México rara vez extradita a los jefes de cárteles del país. La extradición de un preeminente líder de un cártel como Guzmán ha hecho que el equipo tenga una cierta esperanza de que algún día los hermanos Treviño puedan sentarse ante un tribunal estadounidense.

En diciembre de 2014, Scott Lawson fue transferido a Tennessee. Pero no consiguió cortar con Laredo a pesar de lo mucho que había presumido de ello con Pérez. Tras el juicio de 2013 en Austin, Lawson se enamoró de una chica de Laredo. Se casaron en noviembre de 2016. La pareja compró una pequeña finca en una zona rural de Tennessee y piensan comprarse algunos caballos. Ahora en casa de los Lawson hay jalapeños en la mesa con cada comida y tamales caseros en Navidad.

Pérez sonreía viendo el cumplimiento de su predicción.

—Te dije que al final acabaría cazándote una chica de Laredo —le dijo, bromeando, a Lawson cuando este le anunció su compromiso.

Pérez tuvo a su cuarto hijo en 2015 y fue ascendida a enlace fronterizo; ahora colabora siempre que puede con sus homólogos de México. Sigue trabajando en casos de bandas criminales violentas en Laredo. Pero echa de menos a su antiguo compañero.

En 2015 otro semental alazán fascinó al mundo de las carreras de cuarto de milla. El caballo se llamaba Kiss My Hocks y fue uno de los primeros potros de Tempting Dash en Southwest Stallion Station. José Treviño le había dado a Tyler Graham varios potros hijos del campeón como pago parcial por alojar y cruzar a sus caballos. Kiss My Hocks ganó más de un millón de dólares en premios, el doble que Tempting Dash, y volvió a poner a Southwest Stallion Station en primera línea como granja de sementales superiores. Finalmente, Graham había conseguido lo que siempre había querido, pero jamás podría haber imaginado el precio que tendría que pagar por su éxito.

Pennington y su Waco Treasury Task Force jamás dejaron de trabajar. Cuatro meses después de la captura de Omar, su suegro, Jesús Fernández de Luna, fue arrestado en Ciudad de México por conspiración criminal y cargos por blanqueo de dinero. Fernández había estado comprando caballos en Estados Unidos todo ese tiempo para Omar, incluso durante el juicio de su hermano José. Entre sus compras estaba First Tempting Dash, hermano del campeón de carreras Tempting Dash. A la Waco Treasury Task Force se le asignó la tarea de trabajar en la parte estadounidense del caso.

Tras el arresto de José y de su red, y del mayor vendedor al por mayor de cocaína de Los Zetas en Dallas, Brian Schutt y Steve Junker advirtieron que era imposible encontrar un solo gramo de cocaína pura en las calles. Habían conseguido alterar el próspero mercado de la cocaína en Dallas, y ello les aportó una cierta satisfacción. Pero llevaban demasiado tiempo trabajando en su campo como para creer que la situación podía prolongarse mucho tiempo. Finalmente, el mercado fue invadido por la heroína y la metanfetamina, y los emprendedores del mundo de las drogas volvieron a ponerse manos a la obra creando nuevas y mortíferas mezclas para abastecer la creciente demanda. En octubre de 2016, Schutt se jubiló. Pennington y Junker tendrán que aceptar pronto la jubilación obligatoria. Kim Williams, a quien todos esperaban ver junto a Billy Williams como jefa del equipo especial, obtuvo un ascenso a sargento en el Departamento de Policía de Irving y se retiró del equipo en 2016. El futuro de la Waco Treasury Task Force es incierto. Tras veintiocho años de lucha contra el narcotráfico, Pennington tenía a veces la sensación de andar en círculos. Lawson también tenía pensamientos similares, especialmente después de la excarcelación de Chevo Huitrón y el nuevo juicio que se concedió a Colorado. Mientras Lawson asistía al segundo juicio de Colorado en el juzgado federal de Austin, cayó en la cuenta de que el caso de blanqueo de dinero le había costado cinco años de su vida. A veces se preguntaba si las imputaciones habían conseguido cambiar algo. Había demasiado dinero circulando, el mercado negro era demasiado extenso y atractivo, y había demasiada demanda. Ya no era el audaz e ingenuo novato de Laredo que pensaba que logrando que se hiciera justicia conseguiría darle la vuelta a la guerra contra el narcotráfico.

En julio de 2015, Lawson volvió con su hermanastro mayor al condado de Hardeman para poner una señal conmemorativa en recuerdo de su padre, Mike Lawson, en un tramo de autopista que se había dedicado al antiguo jefe de policía del condado. Docenas de amigos, vecinos, periodistas y personalidades locales acudieron al homenaje. Era evidente que la vida de su padre había dejado huella en su comunidad rural. Subido en una escalera para ayudar a su hermano con los últimos ajustes de la placa conmemorativa de su padre, se asombró viendo los numerosos rostros de quienes habían acudido a honrar a su policía local y volvió a sentir la llamada de seguir los pasos de su padre.

AGRADECIMIENTOS

Me enamoré de México de niña, cuando vivía en San Diego, California. La primera vez que crucé la frontera, a los siete años (o quizá algo antes), la comida estaba más rica, los colores parecían más vivos y las personas eran más cordiales de lo que jamás había visto en Estados Unidos. Sentí que había encontrado mi segundo hogar.

Escribo esto porque sé que este libro describe a México desde el prisma poco favorable (aterrador, incluso) de las guerras del narcotráfico y de Los Zetas. Pero es precisamente mi gran amor por este país lo que me lleva a escribir sobre la devastadora violencia que lo ha sacudido en los últimos años. El periodo que se describe en este libro —finales de 2009 hasta 2013— es uno de los peores, ya que durante este tiempo Miguel Treviño y Los Zetas alcanzaron el punto álgido de su poder. Durante estos años la violencia me afectó de forma personal cuando empezó a devorar los estados mexicanos de Nuevo León, Coahuila y Tamaulipas, todos en la frontera entre Texas y México. Como periodista encargada de cubrir la región, cada vez se me rompía más el corazón escribiendo sobre terribles asesinatos, secuestros y fosas comunes que jamás se investigaron y cuyos autores nunca fueron puestos a disposición de la justicia. Y con la misma inmensa tristeza tuve que escribir sobre mis valientes compañeros en México, asesinados cada vez en mayor número por intentar revelar la verdad que subyace tras la violencia, y es que la guerra de las drogas tiene más que ver con la política y la corrupción que con las drogas en sí.

Lo que me llevó a la investigación de José Treviño y sus hermanos fue la oportunidad de comprender los orígenes de la pesadilla sobre la que yo llevaba tantos años informando. En el juicio de José, por primera vez miembros de Los Zetas fueron citados ante un tribunal para declarar sobre el funcionamiento interno de la hermética organización. Esto me ayudó a comprender cómo habían llegado a convertirse en el gobierno de facto en lugares como Coahuila y Veracruz. Los agentes federales encargados del caso, en especial Scott Lawson, Alma Pérez y Steve Pennington, fueron muy amables y respondieron a mis cientos (o miles) de preguntas durante los tres años que estuve informando sobre la investigación. Tengo una enorme deuda con ellos por su paciencia y confianza. También quiero dar las gracias a la agente especial del FBI Michelle Lee, coordinadora con los medios de comunicación de la oficina del FBI en San Antonio, que siempre me brindó su ayuda durante todo el proceso de redacción de este libro. Cualquier discrepancia que la agencia pueda tener con la forma en que es presentada en estas páginas es responsabilidad única de la autora y no de la agente Lee. También quiero darles las gracias a los integrantes de la Waco Treasury Task Force: Brian Schutt, Steve Junker, Kim Williams y al agente especial del IRS Billy Williams por su tiempo y paciencia.

Sería inexcusable no expresar mi agradecimiento al ex agente especial del FBI Art Fontes, al ex agente supervisor de la DEA Leo Silva, al ex agente especial sénior de la DEA Pedro Ayarzagoitia y a los agentes especiales de la DEA Kyle Mori y Bill Johnston. También tengo una deuda de gratitud con el agente especial del FBI Raúl Perdomo, el agente especial del FBI Jason Hodge, el investigador de homicidios del Departamento de Policía de Laredo Ernie Elizondo, el agente especial supervisor del FBI David Villarreal y el agente especial del IRS Michael Lemoine. Estoy también en deuda con todas mis fuentes en México que dedicaron su tiempo a explicarme cómo funcionan las carreras de caballos y el crimen organizado.

Nunca podría haber escrito este libro sin la bendición de la dirección del *Texas Observer* y de mis compañeros y amigos de la redacción que me concedieron el tiempo necesario para escribirlo, aunque ello significara más trabajo para ellos. También quiero darle las gracias a The Investigative Fund, especialmente a Taya Kitman y a Esther Kaplan, que han respaldado mi trabajo y me han ayudado a seguir adelante en los momentos más duros. También tengo una deuda de gratitud con la Lannan Foundation, que se ha convertido en una ayuda inestimable para mi trabajo en la frontera. Todo el equipo de Ecco, incluido mi editor, Zachary Wagman, y su ayudante, Emma Janaskie, tiene también toda mi gratitud, así como mi agente, Farley Chase.

También estoy en deuda con varios amigos: Karen Davidson, Karen Olsson, Athena Ponce y Dave Mann, que han ido leyendo varias versiones del manuscrito a lo largo de los años y me han dado su valiosísima opinión para mejorar el libro. El maravilloso S. Kirk Walsh también ha sido un lector y editor impagable que me ha ayudado enormemente. Quiero dar también las gracias a mi amiga Jazmine Ulloa, que empezó este viaje conmigo cuando escribimos el reportaje para la revista en 2013, y a la incomparable periodista Ginger Thompson, que escribió por primera vez sobre José Treviño y Tremor Enterprises en 2012 y ha sido una fuente de inspiración durante los años en que he estado escribiendo este libro. También tengo una deuda de gratitud con otra periodista excepcional, Cecilia Ballí, mi compañera de la sección de crímenes, que me acompañó a varios hipódromos y subastas. También quiero mostrar mi agradecimiento por su apoyo sin límites a Jordan Smith, Glynis Laing, Liz Pierson, Katie Wells, Jessica Montour, W. K. Stratton, Karen Tannert y Kim Sherman. Tengo una deuda de gratitud con Guadalupe Correa-Cabrera por ayudarme a entender mejor cómo funciona el crimen organizado en México. Y también muchísimas gracias a Rebecca y Guadalupe Massey, y a Alfredo Corchado, Angela Kocherga, Jason Buch y a toda la banda de los Camineros por seguir fieles a México y a la frontera, a pesar de pasar por los momentos más duros del periodismo.

Y, finalmente, a mi familia, que han soportado mis largas ausencias (incluso cuando estaba en casa) y me han permitido escribir este libro y, además, ser feliz. Los quiero mucho.

NOTA SOBRE LAS FUENTES

Este libro se fundamenta extensamente en entrevistas realizadas a agentes federales del FBI, el IRS y la DEA, así como a fiscales federales. He leído también miles de páginas de transcripciones judiciales, no solo las del juicio a José Treviño, sino las de docenas de juicios a miembros del cártel de Los Zetas.

El nombre «Alma Pérez» es un seudónimo que la agente del FBI me pidió que usara para la seguridad de su familia. También se han cambiado los nombres de los miembros de su familia. Por motivos de privacidad, el nombre «Verónica Cárdenas» es también un seudónimo, igual el de la exnovia de Scott Lawson. Todos los demás nombres del libro son auténticos.

Tyler Graham, una fuente clave para la investigación del FBI, declinó ser entrevistado para este libro; también lo hizo José Treviño. Para reconstruir las escenas y situaciones en que participaron me he basado en testimonios del tribunal, relatos de agentes y otros que interactuaron con ellos, grabaciones de llamadas intervenidas y otros documentos de investigación. En todas las citas directas me basé en el relato de agentes que estaban presentes, transcripciones judiciales, grabaciones de llamadas intervenidas, documentos de investigación e informes de los medios de comunicación, citados en la sección de notas finales. Además, entrevisté a varios expertos en el sector de las carreras de cuarto de milla y a un policía en México; todos ellos solicitaron permanecer en el anonimato porque temían posibles represalias.

NOTAS

UNO

1 *El agente especial Scott Lawson*: Entrevista de la autora con el agente especial del FBI Scott Lawson.

2 *En aquel entonces, en 2005*: Alex Chadwick, «Drug Cartel Battles Escalate in Nuevo Laredo» (entrevista con Alfredo Corchado, corresponsal del *Dallas Morning News*), NPR, 26 julio 2005, http://www.npr.org/templates/story/story.php?storyId=4771483.

4 *Cada día, más de doce mil*: «International Trade», Laredo Development Foundation, http://www.laredoedc.org/site-selection/international-trade/.

5 *Los Zetas eran una nueva clase de cártel*: George Grayson y Samuel Logan, *The Executioner's Men: Los Zetas, Rogue Soldiers, Criminal Entrepreneurs, and the Shadow State They Created* (New Brunswick, NJ: Transaction, 2012).

DOS

8 *Acababan de escapar por los pelos*: «Aterroriza la balacera», *El Mañana de Nuevo Laredo*, 22 octubre 2009.

10 *Villarreal se puso en su Nextel*: Grabación de la DEA, 21 octubre 2009.

11 *Cuando la economía del tráfico de drogas*: Jason Lange, «From Spas to Banks, Mexico Economy Rides on Drugs», Reuters, 22 enero 2010, http://www.reuters.com/article/us-drugs-mexico-economy-idUS-TRE60L0X1 20100122.

11 *los generales, las fuerzas del orden y los políticos*: June S. Beittel, «Mexico: Organized Crime and Drug Trafficking Organizations», Congressional Research Service, 22 julio 2015, pp. 7-9.

11 *Pero hacia el año 2000, comenzó a verse*: Ibíd.

12 *Los fundadores militares del cártel:* George Grayson, «Los Zetas: The Ruthless Army Spawned by a Mexican Drug Cartel», Foreign Policy Research Institute, 13 mayo 2008, http://www.fpri.org/article/2008/05/los-zetas-the-ruthless-army-spawned-by-a-mexican-drug-cartel/#note5.

13 *Casi la mitad del comercio entre ambos países:* Port of Entry: Laredo Impact on the Texas Economy, 2015, https://comptroller.texas.gov/economy/economic-data/ports/laredo.php.

14 *En 2008, Lazcano había encargado también*: George Grayson y Samuel Logan, *The Executioner's Men: Los Zetas, Rogue Soldiers, Criminal Entrepreneurs, and the Shadow State They Created* (New Brunswick, NJ: Transaction, 2012).

15 *Los Zetas entrenaban:* Alfredo Corchado, *Midnight in Mexico: A Reporter's Journey Through a Country's Descent into Darkness* (Nueva York: Penguin Press, 2013).

15 *Sin embargo, en 2010 el balance no era demasiado positivo*: Molly Molloy, «The Mexican Undead: Toward a New History of the "Drug War"», *Small Wars Journal*, 21 agosto 2013, http://smallwarsjournal.com/jrnl/art/the-mexican-undead-toward-a-new-history-of-the-"drug-war"-killing-fields.

15 *Más perturbador todavía:* «Transcript: Janet Napolitano Sits Down with CNN's Wolf Blitzer», *The Situation Room with Wolf Blitzer*, 19 marzo 2009, via AZCentral.com, http://archive.azcentral.com/news/articles/2009/03/19/20090319brewertranscript0319.html.

16 *En un solo mes:* Testimonio de Mario Alfonso Cuéllar ante el tribunal.

17 *Eran un clan numeroso y extendido:* Trasfondo familiar de Treviño procedente de un informe de inteligencia del FBI.

TRES

19 *Los de Investigaciones de Seguridad Interior:* Melissa del Bosque y Patrick Michels, «Homeland Insecurity», *Texas Observer*, 7 diciembre 2015, https://www.texasobserver.org/homeland-security-corruption-border-patrol/.

19 *Dos meses en su nuevo trabajo:* Entrevista de la autora con el agente del FBI Scott Lawson.

21 *Un estadounidense había pujado:* Ben Hudson, «Highest Selling Broodmare Ever Brings $875,000», *Track*, febrero 2010, http://www.heritage-place.com/sales_2010/Winter2010/HighestSellingBroodmare.pdf.

22 *Para Hodge, la entrevista:* Entrevista de la autora con el agente especial del FBI Jason Hodge.

CUATRO

24 *El abuelo de Graham, Charles «Doc» Graham:* Brooke Prather, «"Doc", an American Dreamer», Department of Animal Science, Texas A&M University, 4 febrero 2015, http://animalscience.tamu.edu/2015/02/04/doc-an-american-dreamer/.

25 *Criados a partir de pequeños y robustos caballos españoles:* Robert Moorman Denhardt, *Quarter Horses: A Tale of Two Centuries* (Norman: University of Oklahoma Press, 1967).

25 *Tyler Graham estaba comenzando a despuntar:* Cynthia McFarland, «If I Ruled the Horse Business», *Track*, marzo 2014, http://tqha.com/wp-content/uploads/If-I-ruled-the-horse-business-Tyler-Graham.pdf.

27 *En el interior, Graham se mostró tranquilo:* Descripción de la oficina a partir de la visita de la autora a Southwest Stallion Station en julio de 2013.

27 *Graham hizo un gesto para indicar a Lawson y a Hodge:* Entrevista de la autora con el agente especial del FBI Scott Lawson.

29 *Graham explicó que su amigo:* Testimonio de Tyler Graham ante el tribunal, abril 2013.

30 *Incluso había soltado 12.000 dólares:* Ibíd.

31 *Hubo una redada en Dallas:* Transcripción del tribunal en el juicio de Juan Francisco Treviño, diciembre 1995.

32 *En una ocasión, Miguel:* Jason Buch, «Trial Exposed Zetas' U.S. Ties», *San Antonio Express-News*, 29 enero 2012, http://www.mysanantonio.com/news/local_news/article/Trial-exposed-Zetas-U-S-ties-2798216.php.

CINCO

36 *Había pasado los últimos cinco años:* Entrevista de la autora con la agente especial del FBI Alma Pérez.

38 *Pero en el año 2005:* Marla Dickerson, «Mexican Police Chief Is Killed on His First Day», *Los Angeles Times*, 10 junio 2005, http://articles.latimes.com/2005/jun/10/world/fg-chief10.

38 *Las dos localidades:* Embajada y consulados de Estados Unidos en México, https://mx.usembassy.gov/embassy-consulates/nuevo-laredo/nuevo-laredo-history/.

39 *De los más de 13.500 agentes del FBI:* Cifras proporcionadas por el FBI, 15 marzo 2017.

SEIS

40 *Trabajando en su primer caso de secuestro:* Entrevista de la autora con el agente especial del FBI Scott Lawson.

45 *Con cinco años ya:* Entrevista de la autora con la agente especial del FBI Alma Pérez.

50 *Graham llamó con una novedad:* Testimonio de Tyler Graham ante el tribunal, abril 2013.

SIETE

52 *solo había dos cosas:* Entrevista de la autora con el agente especial del FBI Scott Lawson.

OCHO

54 *Treviño convocó una reunión:* Testimonio de Carlos Nayen ante el tribunal.

54 *En Nuevo Laredo, convoyes:* Blanche Petrich, «Nuevo Laredo, campo de batalla entre cárteles», *La Jornada,* 14 junio 2011, http://www.jornada.unam.mx/2011/06/14/index.php?section=politica&article=004n1pol.

55 *Y peor aún, Miguel:* Testimonio de Jesús Rejón Aguilar ante el tribunal.

55 *Los 21.500 dólares que pedían por él:* Acusación sustitutiva, 4 diciembre 2012.

55 *Mario Alfonso Cuéllar:* Testimonio de Mario Alfonso Cuéllar ante el tribunal.

56 *Colorado y Barradas estaban ya tan metidos:* Testimonio de Carlos Nayen ante el tribunal.

NUEVE

59 *Lawson se sentó en la mesa de conferencias:* Entrevista de la autora con el agente especial del FBI Scott Lawson.

59 *El centro de operaciones de la DEA:* Página web de la DEA en Houston, www.dea.gov/divisions/contacts/hou_contact.shtml.

DIEZ

62 *La última vez se habían citado:* Entrevista de la autora con el agente especial del FBI Scott Lawson.

64 *Es la All American Futurity:* Página web de Ruidoso Downs, http://www.allamerican-ruidoso.com/.

ONCE

66 *En la habitación del Best Western:* Entrevista de la autora con el agente especial del FBI Raúl Perdomo.

66 *Graham abrió la puerta:* Entrevista de la autora con el agente especial del FBI Scott Lawson.

71 *Durante la carrera de 2006 se estableció un récord mundial:* Página web de Ruidoso Downs, http://www.allamerican-ruidoso.com/.

72 *Había sido Ramiro Villarreal:* Testimonio del agente especial del IRS Steve Pennington en la vista sobre la detención de José Treviño, julio 2012.

72 *Constituir una SRL era un trámite muy fácil:* Stephen Fishman, «How to Form an LLC in Texas», Nolo.com, http://www.nolo.com/legal-encyclopedia/texas-form-llc-31745.html.

DOCE

80 *Ramiro Villarreal se secó el sudor:* Entrevista de la autora con el antiguo agente supervisor de la DEA Leo Silva.

80 *Durante los tres últimos años:* Testimonio del agente especial del IRS Steve Pennington ante el tribunal.

80 *Con la ayuda de un hombre:* Entrevista de la autora con Mauricio Páez.

81 *El día después de la subasta:* Testimonio del agente especial de la DEA René Amarillas ante el tribunal.

81 *Miguel estaba en el radar de la DEA:* Entrevista de la autora con el antiguo agente supervisor de la DEA Leo Silva.

82 *Villarreal suplicó que le soltaran:* Entrevista de la autora con un agente del orden mexicano, concedida con la condición de que su nombre permaneciera anónimo por razones de seguridad.

TRECE

83 *En aquel momento estaban colaborando:* Entrevista de la autora con el agente especial del FBI Scott Lawson.

85 *Un comandante de la policía mexicana:* «Investigator in Missing Jet Skier Case Beheaded», CBS News, 12 octubre 2010, https://www.cbsnews.com/news/investigator-in-missing-jet-skier-case-beheaded/.

86 *Había realizado tareas de vigilancia:* Entrevista de la autora con la agente especial del FBI Alma Pérez.

CATORCE

88 *Ramiro Villarreal había cumplido su parte del trato:* Entrevista de la autora con un oficial anónimo de la policía mexicana.

89 *Habían colgado pancartas gigantes:* Diego Enrique Osorno, *La guerra de Los Zetas: Viaje por la frontera de la necropolítica* (Grijalbo, 2013).

89 *El cártel también almacenaba armas:* Testimonio de Jesús Rejón Aguilar ante el tribunal.

89 *El agente especial Amarillas:* Entrevista de la autora con un oficial anónimo de la policía mexicana.

90 *Varios días después de la operación frustrada:* Ibíd.

90 *Sin embargo, cuando Miguel mandó:* Testimonio de Carlos Nayen ante el tribunal.

91 *En Nuevo Laredo, esperó:* Entrevista de la autora con el antiguo agente supervisor de la DEA Leo Silva.

91 *Miguel saludó a Villarreal:* Ginger Thompson, «A Drug Family in the Winner's Circle», *New York Times*, 12 junio 2012, http://www.nytimes.com/2012/06/13/us/drug-money-from-mexico-makes-its-way-to-the-racetrack.html.

QUINCE

93 *Le explicó que Graham:* Entrevista de la autora con el agente especial del FBI Scott Lawson.

96 *En el Don Martin:* Entrevista de la autora con la agente especial del FBI Alma Pérez.

DIECISÉIS

97 *A finales de 2010:* E. Eduardo Castillo y Katherine Corcoran, «Two Powerful Cartels Dominate in Mexico Drug War», Associated Press, 1 octubre 2011, vía Fox News, http://www.foxnews.com/world/2011/10/01/2-powerful-cartels-dominate-in-mexico-drug-war.html.

97 *A comienzos de diciembre, del Rayo:* Entrevista de la autora con Alfonso del Rayo.

DIECISIETE

105 *Lawson llevaba ya un año en Laredo:* Entrevista de la autora con el agente especial del FBI Scott Lawson.

106 *Una tarde invitó a cenar a Pérez:* Entrevista de la autora con la agente especial del FBI Alma Pérez.

DIECIOCHO

108 *Cuando se incorporó de nuevo al trabajo:* Entrevista de la autora con el agente especial del FBI Scott Lawson.

109 *No encontró ningún vínculo [...], pero sí una breve mención:* «Escándalo de Pancho Colorado salpica campañas en Veracruz», *Proceso,* 15 junio 2012, http://www.proceso.com.mx/310996.

110 *Había investigado un poco a Chevo Huitrón:* Testimonio del fiscal Doug Gardner ante el tribunal.

110 *No era raro que a los caballos de carreras se les inyectara toda clase de sustancias:* Ray Paulick, «Horse Dies After Winning Ruidoso Futurity; Trainer Banned», *Paulick Report,* 13 junio 2013, http://www.paulickreport.com/news/ray-s-paddock/horse-dies-after-winning-ruidoso-futurity-trainer-banned/.

110 *El índice de caballos dopados que se estaban desplomando:* Walt Bogdanich, Joe Drape, Dara L. Miles y Griffin Palmer, «Mangled Horses, Maimed Jockeys», *New York Times,* 24 marzo 2012, http://www.nytimes.com/2012/03/25/us/death-and-disarray-at-americas-racetracks.html?pagewanted=all&_r=0.

111 *Uno de los sementales más famosos del sector de cuarto de milla:* Lazy E Ranch, http://lazyeranch.net/stallions.asp.

DIECINUEVE

112 *Alfonso del Rayo había pasado las fiestas navideñas:* Entrevista de la autora con Alfonso del Rayo.

113 *Había sido senador:* «Fidel Herrera Beltrán», Red Política, http://www.redpolitica.mx/yopolitico/perfil/fidel/herrera-beltran.

115 *Lawson estaba sentado sobre su escritorio:* Entrevista de la autora con el agente especial del FBI Scott Lawson.

VEINTE

116 *Alfonso del Rayo tomó el primer vuelo:* Entrevista de la autora con Alfonso del Rayo.

117 *El linaje de Blues Ferrari estaba entre los mejores:* Testimonio de Russell Stooks ante el tribunal.

119 ¡Vendido *por 310!:* «Heritage Place 2011 Winter Mixed Sale Is Highest Grossing in History», Stallion eSearch, 15 enero 2011, http://stallionesearch.com/default.asp?section=21&story=8875.

119 *Jason Hodge y uno de los oficiales de las fuerzas especiales*: Entrevista de la autora con el agente especial del FBI Scott Lawson.

120 *Tebow había pasado de estar entusiasmado*: Testimonio de Jeff Tebow ante el tribunal.

120 *La demanda internacional de nuestros caballos*: «Heritage Place 2011 Winter Mixed Sale Is Highest Grossing in History», Stallion eSearch, 15 enero 2011, http://stallionesearch.com/default.asp?section=21&story=8875.

VEINTIUNO

122 *Tras la subasta de invierno en Heritage Place*: Entrevista de la autora con el agente especial del FBI Scott Lawson.

122 *Su función como semental*: Testimonio de Tyler Graham ante el tribunal.

123 *Lawson aún no le había hablado a Graham*: Entrevista de la autora con el agente especial del FBI Scott Lawson.

126 *El vestíbulo del hotel Omni*: Ibíd.

VEINTIDÓS

130 *Graham había perdido a Tempting Dash*: Entrevista de la autora con el agente especial del FBI Scott Lawson.

130 *Lawson tomó el celular, que vibraba*: Ibíd.

132 *El histórico e imponente hotel*: «History», La Posada Hotel, http://laposada.com/history/.

133 *Lawson se sentó cerca de su Chevy*: Entrevista de la autora con el agente especial del FBI Scott Lawson.

134 *Voy a hablar con los de aduanas*: Entrevista de la autora con el agente especial del FBI Raúl Perdomo.

134 *Corpulento, de veintitantos años*: Fotografías de vigilancia proporcionadas por el FBI.

VEINTITRÉS

136 *La división de Laredo*: Estadísticas de la oficina del fiscal general en Laredo, 8 mayo 2017.

136 *Pero sin un fiscal federal*: Entrevista de la autora con el agente especial del FBI Scott Lawson.

VEINTICUATRO

139 *Era difícil para Lawson*: Entrevista de la autora con el agente especial del FBI Scott Lawson.

140 *Hodge puso al corriente a Gardner*: Entrevista de la autora con el fiscal Doug Gardner.

140 *Este programa se había creado*: «Organized Crime Drug Enforcement Task Forces», Departamento de Justicia de EE. UU., https://www.justice.gov/criminal/organized-crime-drug-enforcement-task-forces.

141 *Llamada Waco Treasury Taskforce*: Entrevista de la autora con el agente especial del IRS Steve Pennington.

VEINTICINCO

143 *En veinticinco años*: Entrevista de la autora con el agente especial del IRS Steve Pennington.

143 *El IRS contaba con menos de tres mil investigadores*: «Our Legacy & Importance to America», *History – IRS-Criminal Investigation (IRS-CI)*, http://www.fleoa.org/downloads/history_irs-ci.pdf.

144 *especialmente tras la aprobación, en 1993*: Glenn Kessler, «History Lesson: More Republicans Than Democrats Supported NAFTA», Fact Checker, *Washington Post*, 9 mayo 2016, https://www.washingtonpost.com/news/fact-checker/wp/2016/05/09/history-lesson-more-republicans-than-democrats-supported-nafta/.

145 *Williams había pedido la presentación*: Entrevista de la autora con el agente especial del IRS Billy Williams.

145 *A finales de la década de 1980*: «Mutual Legal Assistance Cooperation Treaty with Mexico», 16 febrero 1988, https://www.oas.org/juridico/mla/en/traites/en_traites-mla-usa-mex.pdf.

VEINTISÉIS

147 *En su oficina de Waco*: Entrevista de la autora con el agente especial del IRS Steve Pennington.

148 *A lo largo de los años*: Entrevista de la autora con el agente de la Waco Treasury Taskforce Brian Schutt.

VEINTISIETE

150 *Lawson llamó a Graham*: Entrevista de la autora con el agente especial del FBI Scott Lawson.

151 *Tenían una sala de escuchas*: Entrevista de la autora con la agente especial del FBI Alma Pérez.

151 *Graham le dijo que buscara*: Entrevista de la autora con el agente especial del FBI Scott Lawson.

153 *Alma sabía, sin embargo, que si se comprometía:* Entrevista de la autora con la agente especial del FBI Alma Pérez.

153 *No creía que fuera fácil persuadir a Villarreal:* Ibíd.

VEINTIOCHO

156 *La frustración de Lawson se intensificó:* Entrevista de la autora con el agente especial del FBI Scott Lawson.

156 *Tras buscar unos minutos:* Clau Viernes, «Muere sujeto calcinado tras accidente automovilístico», *RN Noticias*, 11 marzo 2010, http://www. rnnoticias.com.mx/nuevo-laredo/muere-sujeto-calcinada-tras-accidente-automovilistico.

157 *Chevo respondió enseguida:* Entrevista de la autora con Eusevio «Chevo» Huitrón.

VEINTINUEVE

158 *En México, las carreras de caballos:* Entrevista de la autora, bajo condición de anonimato, con el administrador de un hipódromo mexicano.

159 *Los principales dirigentes del cártel:* Testimonio de Carlos Nayen ante el tribunal.

159 *Un ranchero de Monterrey:* Entrevista de la autora con Leo Silva, antiguo agente supervisor de la DEA.

159 *Lawson pensó, pues, que era un golpe de suerte:* Entrevista de la autora con el agente especial del FBI Scott Lawson.

160 *A los veinte minutos:* Entrevista de la autora con la agente especial del FBI Alma Pérez.

161 *Los mozos de cuadra, paseadores y jinetes de ejercicios:* Patricia Leigh Brown, «Behind the Racetrack, a Tough Existence for "Backstretch" Workers», *California Watch*, 4 septiembre 2011, http://californiawatch.org/dailyreport/behind-racetrack-tough-existence-backstretch-workers-12174.

TREINTA

162 *Cuando Pennington y la Waco Treasury Taskforce:* Entrevista de la autora con el agente especial del FBI Scott Lawson.

163 *Sentado junto a Brian Schutt, Pennington escuchaba:* Entrevista de la autora con el agente especial del IRS Steve Pennington.

163 *Si aquella idea la hubiera propuesto:* Entrevista de la autora con el fiscal Doug Gardner.

165 *Lawson tomó el bolígrafo:* Entrevista de la autora con el agente especial del FBI Scott Lawson.

166 *Subieron al Chevy de Lawson:* Entrevista de la autora con la agente especial del FBI Alma Pérez.

167 *Su celular no se encendía:* Entrevista de la autora con el agente especial del FBI Scott Lawson.

168 *Pérez tendría que ocuparse del caso:* Entrevista de la autora con la agente especial del FBI Alma Pérez.

TREINTA Y UNO

170 *Él y Billy Williams:* Entrevista de la autora con el agente especial del IRS Steve Pennington.

171 *Junker no iba a poder trabajar:* Entrevista de la autora con el agente de la Waco Treasury Taskforce Steve Junker.

171 *Aunque solo tenía treinta y dos años, Williams:* Entrevista de la autora con la agente de la Waco Treasury Taskforce Kim Williams.

172 *Dos semanas después de que Lawson:* Entrevista de la autora con el agente especial del FBI Scott Lawson.

TREINTA Y DOS

173 *Tyler Graham había hecho una consulta exhaustiva:* Entrevista de la autora con el agente especial del FBI Scott Lawson.

173 *Pero José no destinaba nada de este dinero:* Ibíd.

173 *una devastadora sequía:* Grabación telefónica consensuada proporcionada por el FBI.

TREINTA Y TRES

175 *Cuando Alfonso del Rayo:* Entrevista de la autora con Alfonso del Rayo.

176 *A mediados de julio, Graham:* Grabación telefónica consensuada proporcionada por el FBI.

177 *En Veracruz, del Rayo:* Entrevista de la autora con Alfonso del Rayo.

178 *La primera semana de agosto de 2011:* Grabación telefónica consensuada proporcionada por el FBI.

TREINTA Y CUATRO

179 *Se habían acabado las botas de trabajo usadas:* Entrevista de la autora con el agente especial del FBI, Scott Lawson.

179 *Graham no se lo creía:* Testimonio de Tyler Graham ante el tribunal.

180 *La tarde siguiente:* Entrevista de la autora con el agente especial del FBI Scott Lawson.

181 *Pérez esperaba que tuviera razón:* Entrevista de la autora con la agente especial del FBI Alma Pérez.

TREINTA Y CINCO

182 *En septiembre de 2011:* Entrevista de la autora con el agente especial del FBI Jason Hodge.

182 *En casa, Alma había hablado:* Entrevista de la autora con la agente especial del FBI Alma Pérez.

183 *Lawson echó un vistazo al artículo de portada:* Entrevista de la autora con el agente especial del FBI Scott Lawson.

TREINTA Y SEIS

185 *No mucho después de la reunión:* Entrevista de la autora con el agente especial del FBI Scott Lawson.

185 *José le preguntó a Graham:* Testimonio de Tyler Graham ante el tribunal.

186 *José le pidió una vez más a Graham:* Testimonio del agente especial del IRS Steve Pennington ante el tribunal.

186 *Los medios que cubrían la carrera: Track*, julio 2011.

186 *Era evidente que José estaba muy orgulloso:* Testimonio del agente especial del IRS Steve Pennington ante el tribunal.

187 *El Cártel de Sinaloa respondió:* «Los "Mata Zetas" reivindica la matanza de Veracruz», *El País*, 30 septiembre 2011, http://internacional. elpais.com/internacional/2011/09/28/videos/1317209317_454012. html.

187 *El 23 de noviembre:* «Las autoridades de Sinaloa localizan 23 cadáveres en tres municipios», CNN México, 23 noviembre 2011, http:// expansion.mx/nacional/2011/11/23/las-autoridades-de-sinaloa-localizan-20-cadaveres-en-dos-municipios.

188 *Al día siguiente, Los Zetas:* «26 cadáveres son abandonados en vehículos en una avenida de Guadalajara», CNN México, 24 noviembre 2011, http://expansion.mx/nacional/2011/11/24/cadaveres-en-tres-camio-netas-son-abandonados-en-un-avenida-de-guadalajara.

188 *En julio de 2011, el ejército mexicano:* «Top Zetas Drug Boss "El Mamito" Captured», NBC News, 4 julio 2011, http://www.nbcnews. com/video/nbcnews.com/43633033#43633033.

189 *Cuando Jaff llegó a su oficina:* Testimonio de Arian Jaff ante el tribunal.

TREINTA Y SIETE

190 *A Pennington le gustaba plantearse todas sus investigaciones:* Entrevista de la autora con el agente especial del IRS Steve Pennington.

192 *Pérez y Lawson salieron para San Antonio:* Entrevista de la autora con el agente especial del FBI Scott Lawson.

193 *En Dallas, Billy Williams, agente especial del IRS:* Entrevista de la autora con el agente especial del IRS Billy Williams.

193 *Mientras que quienes ocupaban los cargos más elevados:* Entrevista de la autora con el agente especial del IRS Steve Pennington.

195 *Trabajando con Tyler Graham:* Entrevista de la autora con el agente especial del FBI Scott Lawson.

TREINTA Y OCHO

196 *Parecía que la DEA:* Entrevista de la autora con el agente especial del FBI Scott Lawson.

196 *Seis meses después de que Pennington:* Ibíd.

197 *A Pérez le costaba mirar a Cuéllar:* Entrevista de la autora con la agente especial del FBI Alma Pérez.

198 *Cuéllar les explicó que en 2007:* Testimonio de Mario Alfonso Cuéllar ante el tribunal.

203 *Miguel y Omar habían matado:* Entrevista de la autora con la agente especial del FBI Alma Pérez.

205 *Tras la entrevista:* Ibíd.

206 *Vásquez explicó que su contacto principal:* Testimonio de José Vásquez Jr. ante el tribunal.

207 *El aviso de Cuéllar sobre Miguel:* Entrevista de la autora con el agente especial del IRS Steve Pennington.

TREINTA Y NUEVE

208 *Cuando Lawson y Pérez volvieron:* Entrevista de la autora con el agente especial del FBI Scott Lawson.

208 *En mi opinión, creo que tenemos:* Entrevista de la autora con el agente especial supervisor del FBI David Villarreal.

CUARENTA

210 *Finalmente, la investigación:* Entrevista de la autora con el agente especial del FBI Scott Lawson.

212 *López se había reunido brevemente con José:* Testimonio del agente especial de la ICE Ed O'Dwyer ante el tribunal.

CUARENTA Y UNO

214 *Pero, a medida que avanzaba la primavera:* Entrevista de la autora con el agente especial del FBI Scott Lawson.

214 *Pérez también estaba teniendo dificultades:* Entrevista de la autora con la agente especial del FBI Alma Pérez.

216 *Cuando parecía que las cosas no podían:* Entrevista de la autora con el agente especial del FBI Scott Lawson.

219 *A medida que la redada progresaba:* Entrevista de la autora con el agente especial de la DEA Kyle Mori.

220 *Con tanta presión policial:* Entrevista de la autora con el agente especial del FBI Scott Lawson.

CUARENTA Y DOS

221 *Tras la redada, Carlos Nayen:* Testimonio de Carlos Nayen ante el tribunal.

221 *Con Nayen desaparecido:* Testimonio de Felipe Quintero ante el tribunal.

221 *Fernando García, que no había estado:* Testimonio de Fernando García ante el tribunal.

224 *José se había vuelto cada vez más desconfiado:* Entrevista de la autora con el agente especial del FBI Scott Lawson.

CUARENTA Y TRES

226 *Desde enero de 2010, Pennington:* Entrevista de la autora con el agente especial del IRS Steve Pennington.

227 *Ya habían pasado tres semanas:* Entrevista de la autora con el agente especial del FBI Scott Lawson.

227 *Sin que Lawson y su equipo lo supieran:* Entrevista de la autora con Ginger Thompson.

229 *Steve Pennington se tomó la noticia:* Entrevista de la autora con el agente especial del IRS Steve Pennington.

229 *Tras un mes de negociaciones en un tenso:* Entrevista de la autora con el agente especial del FBI Scott Lawson.

CUARENTA Y CUATRO

231 *Pennington y Billy Williams:* Entrevista de la autora con el agente especial del IRS Steve Pennington.

232 *Durante varias semanas, los supervisores:* Ibíd.

233 *Para cuando Pérez llegaba:* Entrevista de la autora con la agente especial del FBI Alma Pérez.

235 *Tras la conversación Lawson se sentía consternado:* Entrevista de la autora con el agente especial del FBI Scott Lawson.

CUARENTA Y CINCO

239 *Pero, aun así, no pudo resistirse:* Entrevista de la autora con el agente especial del FBI Scott Lawson.

241 *Ahora que ya no tenían que pensar en la boda:* Entrevista de la autora con la agente especial del FBI Alma Pérez.

CUARENTA Y SEIS

243 *La noche antes de la redada:* Entrevista de la autora con la agente especial del FBI Alma Pérez.

244 *En Oklahoma, Lawson paseaba:* Entrevista de la autora con el agente especial del FBI Scott Lawson.

244 *El Departamento de Estado de los Estados Unidos:* Jason Buch y Guillermo Contreras, «Agents Go After Zetas in Raids», *San Antonio Express-News*, 13 de junio de 2012, http://www.mysanantonio.com/news/local_news/article/Agents-go-after-Zetas-in-raids-3628244.php.

246 *En San Antonio:* Entrevista de la autora con la agente especial del FBI Alma Pérez.

246 *Aun en el caso de que hubieran conseguido:* Entrevista de la autora con el agente especial del FBI Scott Lawson.

247 *Todavía era de noche cuando:* Entrevista de la autora con el agente del cuerpo especial de Laredo Ernie Elizondo.

247 *Mientras salían de las afueras:* Entrevista de la autora con la agente especial del FBI Alma Pérez.

247 *Estaba a punto de enfrentarse, finalmente:* Entrevista de la autora con el agente especial del FBI Scott Lawson.

250 *Sacó un cheque:* Entrevista de la autora con el agente especial del IRS Steve Pennington.

250 *Solo quiero que me escuche:* Informe 302 del FBI presentado durante el juicio, abril de 2013.

252 *Lawson pudo ver que esta forma:* Entrevista de la autora con el agente especial del FBI Scott Lawson.

CUARENTA Y SIETE

253 *En Oklahoma, Lawson esperaba:* Entrevista de la autora con el agente especial del FBI Scott Lawson.

254 *Mientras Pennington trabajaba con Lawson:* Entrevista de la autora con el agente de la Waco Treasury Taskforce Brian Schutt.

254 *Billy Williams, Steve Junker:* Entrevista de la autora con el agente de la Waco Treasury Taskforce Steve Junker.

255 *El cuerpo especial había dejado:* Entrevista de la autora con el agente de la Waco Treasury Taskforce Brian Schutt.

255 *Si vemos un coche lleno de sicarios:* Entrevista de la autora con el agente de la Waco Treasury Taskforce Steve Junker.

257 *Brian Schutt tenía sus propias:* Entrevista de la autora con el agente de la Waco Treasury Taskforce Brian Schutt.

260 *Cuando volvieron a Laredo:* Entrevista de la autora con el agente especial del FBI Scott Lawson.

260 *Alfonso del Rayo había estado viviendo:* Entrevista de la autora con Alfonso del Rayo.

261 *Pero del Rayo ni siquiera había:* Entrevista de la autora con el agente especial del FBI Scott Lawson.

262 *A José se le había acabado:* Steve Andersen, «Top Quarter Horse Owners Indicted in Connection with Mexican Drug Cartel», *Daily Racing Form*, 15 junio 2012, http://www.drf.com/news/top-quarter-horse-owners-indicted-connection-mexican-drug-cartel.

CUARENTA Y OCHO

264 *En otro embrollo más con la DEA:* Entrevista de la autora con el agente especial del FBI Scott Lawson.

265 *Pennington no tenía esta opción:* Entrevista de la autora con el agente especial del IRS Steve Pennington.

265 *A Pérez se le hacía cada día más:* Entrevista de la autora con la agente especial del FBI Alma Pérez.

267 *Dos semanas después de que Lawson hablara:* Entrevista de la autora con el agente especial del FBI Scott Lawson.

CUARENTA Y NUEVE

269 *A través de testigos dispuestos a colaborar:* Entrevista de la autora con el agente especial del IRS Steve Pennington.

270 *La mañana siguiente, Fernald:* Entrevista de la autora con el agente especial del IRS Michael Fernald.

272 *El amigo de Lawson, el agente especial de la DEA:* Entrevista de la autora con el agente especial de la DEA Bill Johnston.

272 *El único inconveniente:* Entrevista de la autora con el agente especial del IRS Steve Pennington.

CINCUENTA

274 *En octubre de 2012, Heriberto Lazcano:* Randal Archibold, «Mexico Kills a Drug Kingpin, but a Body Gets Away», *New York Times*, 9 octubre 2012, http://www.nytimes.com/2012/10/10/world/americas/mexico-zetas.html.

275 *Los agentes no habían recibido:* Entrevista de la autora con el agente especial del FBI Scott Lawson.

277 *Como amazona consagrada:* Entrevista de la autora con el agente especial del IRS Steve Pennington.

CINCUENTA Y UNO

280 *A los departamentos del sheriff y de policía:* Entrevista de la autora con el agente de la Waco Treasury Task Force Steve Junker.

280 *Bob Rutherford, un agente especial del IRS:* Entrevista de la autora con la fiscal federal Michelle Fernald.

281 *Había pedido que las salas del nuevo juzgado:* Ken Herman, «Our New Federal Courtroom: Too Big and Too Small», *Austin American-Statesman*, 11 mayo 2013, http://www.mystatesman.com/news/opinion/herman-our-new-federal-courthouse-too-big-and-too-small/SyQmFaPj0oRFZIouD47BVL/.

282 *Era el juicio más complejo en el que había participado jamás:* Entrevista de la autora con el agente especial del FBI Scott Lawson.

283 *Pero para entonces Finn:* Ibíd.

285 *Este caso es, en realidad:* Declaración inicial de Doug Gardner en el juicio.

286 *Scott Lawson estaba sentado:* Entrevista de la autora con el agente especial del FBI Scott Lawson.

289 *En esta historia hay más, muchísimo más:* Declaración inicial de David Finn en el juicio.

295 *Gardner se acercó al estrado:* Testimonio de Mario Alfonso Cuéllar ante el tribunal.

297 *Vásquez explicó al jurado:* Testimonio de José Vásquez Jr. ante el tribunal.

304 *Michelle Fernald se levantó de la mesa:* Testimonio de José Carlos Hinojosa ante el tribunal.

308 *Lawson observó al célebre abogado defensor:* Entrevista del autor con el agente especial del FBI Scott Lawson

311 *Bliss explicó al jurado:* Testimonio de la doctora Shalyn Bliss ante el tribunal.

CINCUENTA Y DOS

313 *La mañana del lunes, durante la:* Entrevista de la autora con la agente especial del FBI Alma Pérez.

313 *Del Rayo avanzó por el pasillo:* Testimonio de Alfonso del Rayo ante el tribunal.

316 *Este había sido uno:* Entrevista de la autora con el agente especial del FBI Scott Lawson.

317 *descubrió que Colorado tenía:* Entrevista de la autora con el agente especial del IRS Michael Fernald.

317 *Primero, Fernald empezó a desglosar:* Testimonio del agente especial del IRS Michael Fernald ante el tribunal.

CINCUENTA Y TRES

322 *Sentada junto a los periodistas, Alma Pérez:* Entrevista de la autora con la agente especial del FBI Alma Pérez.

323 *Y ahora iba a testificar contra:* Testimonio de Jesús Rejón Aguilar ante el tribunal.

326 *Mientras Doug Gardner se preparaba:* Entrevista de la autora con el agente especial del FBI Scott Lawson.

327 *Lawson no había visto al doctor Graham:* Ibíd.

CINCUENTA Y CUATRO

332 *Steve Pennington se había pasado:* Entrevista de la autora con el agente especial del IRS Steve Pennington.

338 *El día siguiente, mientras la sala se iba llenando:* Entrevista de la autora con el agente especial del FBI Scott Lawson.

338 *Aquella misma mañana, Pérez:* Entrevista de la autora con la agente especial del FBI Alma Pérez.

338 *Sobre Lawson recaía la tarea:* Testimonio del agente especial del FBI Scott Lawson ante el tribunal.

341 *Cuando Esper llamó a Shae Cox:* Testimonio de Shae Cox ante el tribunal.